EDMOND COURBAUD
Professeur adjoint à la Sorbonne.

LES PROCÉDÉS D'ART DE TACITE DANS LES HISTOIRES

LIBRAIRIE HACHETTE ET Cie
79, BOULEVARD SAINT-GERMAIN, PARIS
1918

LES PROCÉDÉS D'ART

DE

TACITE

DANS LES « HISTOIRES »

EDMOND COURBAUD

Professeur adjoint à la Sorbonne.

LES PROCÉDÉS D'ART

DE

TACITE

DANS LES « HISTOIRES »

LIBRAIRIE HACHETTE ET Cie

79, BOULEVARD SAINT-GERMAIN, PARIS

1918

INTRODUCTION

J'ai toujours regretté que Gaston Boissier n'ait
pas écrit sur l'art de Tacite le livre qu'il nous devait, qu'il était plus à même qu'aucun autre
d'écrire, et qui aurait complété son étude sur
Tacite historien[1]. Car, sans aller jusqu'à prétendre
que Tacite, moins l'artiste, « c'est presque n'importe qui, *unus e multis*[2] », il reste vrai que l'artiste
est ce qu'il y a en lui de plus captivant, qu'il a
eu d'ailleurs la prétention d'en être un, l'histoire
étant à ses yeux (comme pour tous les Romains
jusqu'à Suétone) essentiellement une œuvre d'art[3],

---

1. Ce n'est pas, bien entendu, qu'il n'ait touché à la question sur
sa route. Je signale, en particulier, dans le chapitre II de son *Tacite*
les §§ VI et VII. Il y a là une quinzaine de pages très « suggestives »
(p. 85-101). Mais on aurait voulu plus encore ; et ce qu'il a donné,
ne fait qu'augmenter le regret qu'il n'ait pas donné davantage. —
Je signalerai aussi trois leçons professées au Collège de France, dont
on juge, il est vrai, d'une façon un peu lointaine à travers le
compte rendu de la *Revue des cours et conférences*, mais où l'on
peut cependant recueillir de précieuses indications de détail (années : 1896, 30 janvier ; 1898, 3 février ; 1899, 6 juillet). Enfin
quelques notes prises à l'un de ces cours m'ont été communiquées
par M. Riottot, un fidèle auditeur, que j'ai plaisir à remercier ici.
2. Faguet, *Revue latine* du 25 septembre 1903, n° 9, p. 541.
3. L'histoire est aussi pour Tacite une œuvre d'enseignement
pratique, qui sert à l'éducation du citoyen et surtout à l'éducation

et qu'enfin, s'il a eu de l'influence sur la postérité,
« s'il a occupé les esprits des hommes depuis dix-
huit cents ans », c'est à son génie d'artiste qu'il le
doit.

Tout cela, certes, Gaston Boissier l'a su mieux
que personne. Comment donc a-t-il laissé de côté
ce qui nous semble capital? Émile Faguet s'est
aussi posé la question, et voici sommairement sa
réponse : Parler de l'homme, du citoyen, du moraliste, du politique, c'était affaire de science ; mais
parler de l'artiste, ce n'était plus qu'une affaire
de goût ; c'était mettre en jeu la sensibilité, cette
chose incertaine et variable, changeante avec les
heures et plus encore avec les personnes, et sur quoi
rien ne se fonde de définitif. Quand on veut écrire
« un livre strictement scientifique », il faut bon gré
mal gré s'en tenir à ce qui est objet de science,
c'est-à-dire vérité démontrable et acceptable pour
tout érudit.

Si Gaston Boissier a effectivement pensé de la
sorte, nous avons le droit de trouver qu'il a eu trop
de scrupules. D'abord, quand une sensibilité est de
qualité rare, comme l'était la sienne, il est toujours
intéressant de la voir se manifester. Et puis, est-il
sûr que les jugements esthétiques ne relèvent que
de la sensibilité de chacun? Sans doute, l'œuvre
d'art ne se laisse pas démonter, comme on compte
un à un les rouages d'une machine. Il y a en elle

de l'homme. Elle montre les passions humaines en action, découvre le fond des âmes, et par là elle est une école de morale. Mais
cela même résulte d'une *peinture* de ces passions. L'art est le moyen
nécessaire.

de l'inexplicable, part mystérieuse du génie, *divina vis ingenii*. Mais cette œuvre tient aussi par bien des liens à la terre ; ses racines plongent dans le sol. Si les éléments subtils qui achèvent de la former nous échappent, il s'y mêle à la base, et dans le corps ou la masse, d'autres éléments plus grossiers qu'il est possible de saisir. Tout artiste, quelque grand qu'il soit, demeure plus ou moins l'homme de son pays et de son temps ; il puise à de certaines sources ; il subit des influences, ou réagit à l'encontre, ce qui est encore une façon d'être modifié par elles ; il a des procédés de composition et d'expression qui lui deviennent familiers, qui tournent en habitudes, qui finissent même quelquefois par dégénérer en manies. Retrouver ces sources, démêler ces influences, déterminer ces procédés, c'est entreprendre une tâche où l'on ne met toujours rien de soi-même, impersonnelle et objective au premier chef, une tâche qui est donc, elle aussi, proprement scientifique.

Je voudrais aujourd'hui étudier Tacite de cette manière, non point Tacite tout entier, mais le Tacite des *Histoires* : limitons, afin d'arriver à des conclusions plus précises, le champ de nos recherches. — Alors pourquoi choisir les *Histoires* plutôt que les *Annales ?* — Si puissant que soit l'intérêt de celles-ci, avouerai-je que les *Histoires* me paraissent plus passionnantes encore ? Je ne vois rien de plus prodigieusement dramatique, dans l'antiquité latine, que l'année 69 de notre ère, avec son accumulation de faits inouïs, quatre princes se succédant en quelques mois au pouvoir et trois

d'entre eux tombant sous le fer, deux guerres civiles, la guerre étrangère mêlée à la guerre intérieure, le Capitole incendié, Rome prise d'assaut et
mise au pillage, les armées en pleine anarchie, les
provinces en pleine révolte, l'Empire se disloquant
et sur le point de crouler, Alléguerai-je encore que
Tacite, âgé d'une quinzaine d'années à la mort de
Néron, semble avoir puisé dans les tragiques spectacles qu'il a eus sous les yeux, dont il a connu les
témoins et les acteurs, une émotion qui s'est commu-
niquée à son récit et l'a rendu plus vibrant ? Mais ce
serait faire intervenir des préférences personnelles,
qui doivent être justement exclues de cette étude.

La raison qui a guidé mon choix est différente :
les *Histoires* se prêtent mieux que les *Annales* à la
démonstration que je me propose. Œuvre voisine
des débuts et déjà cependant œuvre de transition,
elles sont le meilleur observatoire où l'on puisse se
placer, pour juger exactement les procédés d'art de
Tacite. La *Vie d'Agricola* et la *Germanie*, qui les
ont précédées, n'étaient que des essais, par lesquels l'auteur, jusque-là connu comme orateur,
voulait préparer l'opinion au nouvel emploi de son
activité ou s'y préparer lui-même, à l'imitation de
Salluste, avant de passer à une plus vaste entreprise. C'est avec les *Histoires* qu'il aborde vraiment
le genre historique. Aussi son art encore jeune est-il
un art encore naïf. Influences et procédés s'y éta-
lent davantage. Plus tard, ils sauront s'envelopper,
ils se cacheront mieux. A cette époque, au contraire, on les perçoit en plein jour, avec toute la
netteté désirable.

J'ajoute que nous avons, pour les règnes de Galba et d'Othon, un récit très voisin de celui de Tacite : ce sont les biographies que Plutarque nous a laissées des deux empereurs. Quelque opinion que l'on ait, au reste, sur la parenté de l'un de ces récits avec l'autre ou sur leur rapport avec une source commune, de toutes façons, du point de vue de l'art où nous sommes placés, il y aura entre eux matière à comparaison instructive. Les *Annales* ne nous offriraient pas semblable avantage.

Enfin, si l'on considère, non plus les grandes œuvres seules, mais l'ensemble des écrits de Tacite, les *Histoires* remises à leur rang dans la série, entre l'*Agricola* et les *Annales*, s'offrent à nous comme le point central, et comme l'instant critique aussi, celui où l'on se demande quelle sera l'orientation définitive de l'écrivain.

Tacite, en tant qu'artiste, est un composé du poète et de l'orateur. Mélange curieux, car orateur et poète ne font pas toujours bon ménage, et chacun d'eux est plutôt tenté d'exclure son rival. Les qualités nécessaires à l'un et à l'autre ne sont pas du même ordre, si même parfois elles ne se contredisent. Le poète a besoin d'être un peintre : peintre non seulement des âmes, mais des corps et de tous les objets extérieurs, de ce qui se voit, se touche, tombe sous la prise des sens. Le monde des couleurs et des formes, non moins que le monde intérieur, voilà l'étendue de son domaine. L'orateur, lui, a pour but unique de convaincre et de persuader, d'agir sur l'esprit et de toucher le cœur ; s'il a bien enchaîné ses arguments, s'il a provoqué des émotions, il est content, il ne cherche rien au delà. Et cette différence se reflète dans le style : ici, le développement régulier et continu, une abondance qui s'épanche, le terme noble et général, rien de trop saillant, l'effet obtenu surtout par le mouvement; là, l'imprévu, le rare, le caprice, toutes les audaces, toutes les envolées, tous les éclairs.

Tacite, poète, est donc peintre, « le plus grand peintre de l'antiquité » selon Racine, l'un des plus grands tout au moins. Italien, il a aussi un fond d'orateur; et même les circonstances qu'il a traversées, le milieu où il a vécu, ont commencé par développer en lui les qualités — et les défauts — oratoires. Rendu à toute sa nature, il est varié, pittoresque, imagé, autant et plus qu'éloquent; il enferme ses figures dans le raccourci de l'expression. Mais il a été élevé par les rhéteurs ; pendant vingt-cinq ans, il s'est exercé à la parole; il a parlé comme avocat, comme magistrat. Enseignement de l'école, profession, vie publique pèsent de tout leur poids sur l'écrivain ; au début il a, fortement empreinte, la marque de ce passé. Ce n'est pas impunément qu'on subit si longtemps l'entraînement presque exclusif de l'éloquence, et, qu'on le veuille ou non, il en demeure toujours quelque chose. Sa carrière littéraire ne sera qu'un effort soutenu pour dépouiller les habitudes contractées et donner plus d'essor au génie personnel. Il n'y arrivera pas sans peine. Y arrivera-t-il même jamais complètement ? Aucun exemple ne met davantage en lumière à quel point l'éducation par la rhétorique façonnait tous les cerveaux, puisque les mieux doués, puisqu'un Tacite lui-même n'a pas échappé au tour d'esprit qu'elle impose. Quand d'abord il prend la plume pour retracer la vie d'Agricola, son beau-père, il atteste par le choix du sujet, qui est un éloge biographique, et par la manière dont il le traite, sous forme de plaidoyer en faveur de la modération politique, que, nouvel historien, il n'est toujours qu'un orateur. A la fin de sa vie, dans les *Annales*, l'orateur finira presque par disparaître. Les *Histoires*, à mi-route, forment la transition. Les deux tendances, qui se disputent l'écrivain, y sont aux prises et, comme elles se font à peu près équilibre, la lutte est vive, aussi vive qu'intéressante pour le critique. La rhétorique de l'*Agricola* s'y retrouve; mais la vigueur éclatante des *Annales* s'y annonce et, dans les tableaux ou le style, la touche du maître.

Telles sont les influences générales, antérieures à la composition de l'œuvre. Il faut y joindre les influences particulières, c'est-à-dire les conditions où l'œuvre elle-même a pris naissance : elle a été lue dans les lectures publiques. Si nous n'avons du fait aucune preuve positive, les témoignages indirects ne manquent pas.

Ces lectures, à l'époque de Nerva et de Trajan, avaient une vogue incroyable : il suffit de parcourir la correspondance de Pline, pour voir la place qu'elles occupent dans la société du temps. Lorsque,

sous Auguste, Asinius Pollion eut l'idée d'inviter
non seulement ses amis, mais un public nombreux[1]
à venir, dans une salle spéciale construite comme
un théâtre, l'entendre lire ses ouvrages, il ne se
doutait peut-être pas qu'il créait une institution ; il
ne prévoyait pas, à coup sûr, le prodigieux succès
qu'elle obtint. Ce fut presque aussitôt une fureur,
qui trouva le moyen de croître encore au cours du
Ier siècle, et qu'expliquent le goût de tout le monde
pour les lettres dans le désœuvrement politique
d'alors, l'abondance de la production littéraire et la
peine qu'avaient les auteurs, quand l'imprimerie
n'existait pas, à se faire vite connaître. Tous les
genres successivement paraissent dans ces lectures,
les petits vers comme de juste, la poésie légère des
hendécasyllabes, mais les grandes œuvres aussi,
l'épopée avec Lucain et Stace, la tragédie avec
Sénèque, l'éloquence avec Pline le Jeune. L'histoire n'avait pas tardé à s'y montrer : Pollion le
fondateur s'était chargé de l'introduire ; après lui,
un Velleius Paterculus destine uniquement ses
écrits à des auditions de ce genre. Certain petit
fait en dit long sur l'importance qu'elles avaient
prise[2] : un jour que l'empereur Claude se prome-
nait au Palatin, il entend de bruyantes acclamations partir d'une salle voisine ; il s'informe ; on lui
répond que l'historien Servilius Nonianus lisait un

1. Les amis étaient invités par des billets portés à domicile
(per codicillos), le public par voie d'affiches (per libellos). La
salle de lecture s'appelait *auditorium* et les auditeurs étaient désignés
par le mot *populus*, comme au théâtre.
2. Pline, *Ep.*, I, 13, 3.

de ses ouvrages ; sur-le-champ il pénètre dans l'*auditorium* pour venir écouter, lui aussi, et applaudir le lecteur. De tout ce que nous savons, il n'est pas exagéré de conclure que la littérature de l'Empire presque entière a été une littérature de lectures publiques.

Tacite aurait-il donc, un des rares, échappé à la mode ? Sa *Vie d'Agricola* est une preuve que la mode l'a saisi, comme les autres[1]. L'on peut déjà présumer qu'il ne s'en est pas tenu à cette seule expérience et qu'il l'a renouvelée pour les *Histoires*. Mais la présomption, grâce aux lettres de Pline, approche de la certitude. D'abord ces lettres confirment que l'habitude était générale, au début du second siècle, de produire dans les lectures les ouvrages d'histoire[2]. Puis, si elles ne disent pas formellement que les *Histoires* de Tacite furent soumises au jugement de ce tribunal mondain, elles le donnent à entendre, et voici de quelle façon :

D'après les calculs de Mommsen[3], la correspondance s'étend de l'an 97 aux années 108 ou 109. Or, jusqu'en 106, elle ignore les *Histoires*; le silence sur elles est complet[4]. Ou bien Tacite ne

---

1. Cet opuscule de genre académique était tout indiqué pour figurer au programme des séances de lectures. Nous savons en effet par Pline (*Ep.*, VIII, 12, 5), qu'on y lisait l'éloge des victimes de Domitien. Or, Agricola n'était peut-être pas mort empoisonné par le tyran (Tacite rapporte le bruit au ch. 43 de sa biographie, sans le prendre à son compte); mais il était mort pour le moins suspect et en disgrâce.

2. Pline, *Ep.*, VII, 17, 4 : *horum recitatio usu iam recepta est.*

3. *Étude sur Pline le Jeune* (trad. Morel, 15e fascicule de la *Bibliothèque de l'École des Hautes Études*), p. 7-24.

4. *Ibid.*, p. 81 82.

s'était pas mis à l'œuvre tout de suite après la publication de l'*Agricola* en 98, ou si (ce qui est plus
vraisemblable) il s'y était mis, il n'avait encore rien
publié, *membranis intus positis*. Il est difficile de
croire que, le travail une fois entrepris, Pline n'en
ait pas eu connaissance, cet ami très cher, doublé
d'un littérateur toujours aux aguets ; mais, évidemment, Tacite ne lui avait montré aucun de ses
essais. Telle était la situation, lorsque brusquement, dans une lettre de 106, il est question des
Histoires, et Pline aussitôt prend le ton de l'enthousiasme ; du premier coup il célèbre en elles un
ouvrage « assuré de l'éternité »[1]. Comment expliquer cette chaleur soudaine d'admiration, sinon
par le succès extraordinaire qu'elles venaient
d'obtenir? Dirons-nous que l'admiration est de
complaisance et que Pline grossit les éloges par
l'effet de l'amitié? Non ; car peu après il demande
instamment à Tacite de ne pas oublier, dans le récit
de l'année 93, le procès de Baebius Massa, uniquement parce qu'ayant joué à cette occasion un rôle
« digne, selon lui, des anciens[2] », il tient à ce que
son nom figure dans des histoires « qui seront im-
mortelles »[3]. Comme le remarque M. Fabia[4], sa
vanité nous est le meilleur garant de sa parfaite
sincérité. Seulement M. Fabia ne veut voir dans
ce témoignage que « l'expression d'une opinion
personnelle ». La vanité même de Pline me prouve

1. Pline, *Ep.*, VI, 16, 2 *scriptorum tuorum deternitas.* — 2. *Ep.*,
VII, 33, 9. — 3. *Ep.*, VII, 33, 1 et suiv.
4. Fabia, *Les ouvrages de Tacite réussirent-ils auprès des contemporains?*, dans la *Revue de Philologie*. 1895; p. 2-3.

le contraire ; pour se risquer avec autant d'assu-
rance, il fallait qu'elle fût appuyée par l'admiration
générale. La vanité dépend tout entière de l'opinion d'autrui. Être seul de son sentiment peut convenir à l'orgueilleux, qui se suffit à lui-même, non
point au vaniteux, qui a besoin de l'approbation du
public. La conduite de Pline, les termes dont il se
sert à l'adresse de Tacite, tout me paraît signifier
le succès, un grand succès.

Mais pourquoi n'aurait-ce pas été un succès de
librairie ? En 106, daté de la première lettre qui
nous parle des *Histoires*, l'ouvrage était loin d'être
achevé : Pline est sollicité alors de fournir des renseignements sur l'éruption du Vésuve de l'an 79 et
la mort de son oncle Pline l'Ancien qui périt dans
la catastrophe[1]. Tacite, dont l'intention est de conduire son récit jusqu'à l'avènement de Nerva (19
septembre 96), n'est donc pas encore arrivé à la
moitié de son entreprise. Assurément, sans attendre
d'avoir fini, il aurait pu livrer par fragments son travail au libraire et, sinon par livres détachés (ce qu'il
n'a certainement pas fait, puisqu'en 106 rien n'avait
encore paru), au moins par groupes de livres (le
règne de Vespasien, qui était peut-être terminé à
ce moment[2], se prêtait fort bien à une publication
séparée). Ce qui s'oppose à cette hypothèse, c'est
que la diffusion d'un ouvrage par la copie manus-

1. Pline, *Ep.*, VI, 16 et 20.
2. La mort de Vespasien est du 23 juin 79, l'éruption du Vésuve
du 23-24 août suivant. Quand Tacite demande à Pline les renseignements sur le mois d'août, c'est-à-dire sur le règne de Titus,
il se peut donc qu'il ait achevé le règne de Vespasien.

crite était nécessairement une voie assez lente. Pour
sortir du cercle des intimes, des amis, des connais-
sances plus ou moins directes, elle demandait du
temps [1]. Une seule chose explique l'incroyable éclat
que produisit l'apparition des *Histoires,* une publicité
rapide et retentissante. Eh bien! les lectures donnaient justement cette publicité, et elles seules la
donnaient. Elles étaient sous l'Empire « ce qu'est
chez nous le théâtre, où un auteur qui réussit devient célèbre en une soirée [2] ». C'étaient elles, ne
l'oublions pas, qui avaient fait auparavant la réputation d'un Stace, la gloire d'un Lucain [3].

Enfin, à défaut d'autres indices, l'œuvre trahirait
à elle seule qu'en l'écrivant son auteur a plus d'une
fois songé à la *recitatio.* J'attribue pour une part
à cette fâcheuse habitude — l'autre part étant im-
putable à la rhétorique, — ce que l'on y rencontre
d'expressions recherchées, de tours raffinés, de
pensées trop ingénieuses ou subtiles, de grâces trop
étudiées, toutes choses qui sentent le désir de
plaire, d'être admiré, d'amener les auditeurs à se
récrier d'aise. Que dire notamment de ces phrases

1. Il semble, d'ailleurs, que Tacite ne se pressait point pour la
publication définitive. Si les lettres de Pline VII, 20 et VIII, 7,
datées de 107-108, font allusion aux *Histoires* (ce qui n'est pas impossible), elles prouveraient que Tacite, après l'épreuve de la lecture publique, communiquait à Pline le manuscrit, pour qu'il le
revît une dernière fois et y apportât quelques retouches au besoin.
Il y aurait donc eu trois étapes dans la façon de procéder de
Tacite : la partie terminée de l'ouvrage est d'abord lue dans un
auditorium ; elle est ensuite soumise à Pline ; elle est enfin donnée
au libraire.
2. Gaston Boissier, *Tacite,* p. 119.
3. Jusqu'au moment où Néron, jaloux des succès de son rival
lui eut défendu de continuer à lire son poème.

brillantes, polies et taillées à facettes, dont s'orne
la fin de tel développement, de tel paragraphe? «
N'entendons-nous pas les applaudissements qui les
saluaient autrefois? Et n'ont-elles pas l'air de quê-
ter les nôtres encore aujourd'hui[1]?

Vouloir être applaudi et, pour l'être, sacrifier
aux goûts de l'auditoire, c'est en effet le grand
écueil de la lecture devant un public de gens du
monde. Ce n'en est pas moins, pour quiconque accepte de courir l'aventure, la grande tentation[2] ; et
l'on a beau s'appeler Tacite, il arrive que les Tacite
eux-mêmes y succombent. Comme c'était aussi le
résultat auquel aboutissait l'éducation chez le rhéteur, et que dans les écoles de déclamation il fallait, pour contenter celui qui prenait la parole,
élève ou maître, que les auditeurs transportés
en vinssent à battre des mains, à trépigner d'enthousiasme, à ne plus pouvoir demeurer en
place, il s'ensuit que déclamations et lectures publiques travaillaient dans le même sens et concou-
raient au même but. Combinant ainsi leur action,
elles exerçaient une influence énorme, qu'on résumera d'un mot : elles poussaient l'orateur ou l'écrivain à rechercher « l'effet ».

1. M. Fabia admet, lui aussi, que la préface des *Histoires* par exemple a dû « ravir l'assistance mondaine des lectures publiques »
(*Revue des Études anciennes*, t. III, 1901, p. 76).
2. On connaît le mot de Bossuet : « Qui veut plaire, le veut à
quelque prix que ce soit. »

Or il y a diverses manières de viser à l'effet, et pour ma part j'en vois trois principales. On peut employer le morceau large et ample, très monté de ton, lancé à pleine voix et sur un mode vibrant; c'est la tirade, lieu commun qui aspire à la grandeur. On peut aussi, procédé inverse, recourir au morceau délicat, très soigné, de petites dimensions, qui prétend valoir par sa petitesse même et ses qualités de détail; à côté du grand ou du grandiose, c'est le joli et le fin; en ce cas, pour terminer, on lance le trait, la *sententia*, où se condense tout l'effort d'un esprit ingénieux. Et l'on peut, retenant quelque chose des deux manières précédentes, mêlant l'imprévu de la seconde à l'éclat de la première, rechercher l'effet par le dramatique: c'est alors le coup de théâtre. Non que tout soit mauvais, bien entendu, dans ces procédés. Dire d'un récit ou d'un tableau qu'il est dramatique, suffit souvent à en marquer le mérite. La *sententia*, de son côté, c'est parfois la formule qui caractérise et résume une situation; cela peut être aussi la trouvaille psychologique, le mot qui éclaire un sentiment ou peint tout un personnage. Le mouvement oratoire enfin devient, selon les moments, une nécessité qui s'impose; il faut savoir élever la voix et certaines choses ne peuvent être dites que d'un certain ton. Mais voici le danger; il est proche, et il est grave. La formule, trop profonde ou subtile, confine à l'obscur et au précieux; la tirade tend au grossissement, à l'exagération, à l'enflure; et le goût du dramatique lui-même est fâcheux, quand un auteur, pour rendre les événements plus pathétiques, les altère.

S'il y a de l'effet, de grands effets obtenus, un
peu trop d'effets chez Tacite, nous saurons maintenant où aller en chercher les causes particulières.
Il est clair que sa nature l'y portait, elle aussi : un
Romain a toujours, en dépit qu'il en ait, un goût
de mise en scène. Mais les circonstances avaient
fortifié la tendance. Il y a cédé, — jusqu'au jour
où il se débat contre elle pour essayer de la domi-
ner. Donnons-nous le spectacle de cette lutte, en
étudiant tour à tour dans les *Histoires* le prologue,
les récits et les tableaux, les portraits, les discours,
le style.

———————

Il va de soi que je considère Tacite comme un artiste original,
c'est-à-dire que les matériaux lui étant fournis du dehors (ceux du
moins qu'il n'a pas tirés de souvenirs personnels), l'emploi de ces matériaux lui appartient en propre. Cette déclaration si naturelle est
cependant nécessaire, après les efforts de philologues modernes
pour montrer qu'on apprécie Tacite « au-dessus de sa véritable
valeur » (Fabia, *Sources de Tacite*, p. xi). Or cette valeur qui se
trouve remise en question, ce n'est pas seulement celle de l'historien, c'est celle même de l'écrivain.
    Ainsi M. Fabia, l'un des derniers critiques, commence par ne
reconnaître à Tacite qu'un mérite d'ordre littéraire ; pour lui,
l'historien est décidément « médiocre » (p. 310 et 454) et « ne
gagne pas toujours à être relu souvent et de près » (*Rev. des Ét.
Anc.*, 1903, V, p. 329). Puis ce mérite littéraire, il le lui retire
aux trois quarts, pour en faire honneur « aux devanciers, prosa-
teurs ou poètes », Virgile, Salluste, Sénèque (*Sources*, p. 126), à
la société du temps (p. 127), surtout à la source principale, Pline
l'Ancien. En somme Tacite se serait à peu près contenté de reproduire le modèle qu'il avait choisi, et chez lequel il aurait puisé,
jusqu'à lui prendre « avec la matière la forme » (p. 450 et déjà
306), « avec le fait l'expression » (p. 454). Et nous aurions là une
exacte application de ce que l'on appelle « la loi de Nissen ».
    On se demande alors comment, au milieu de tant d'emprunts,
le style peut continuer d'appartenir à l'emprunteur (p. 127 et 454),
être même qualifié de style « très original » (p. 126). C'est pourtant la conclusion de M. Fabia. — On se demande en outre, puis-

que Tacite est à ce point tributaire de Pline l'Ancien, par quelle
injustice c'est Tacite qui a eu la gloire, et non Pline, et d'où vient
que les Romains de l'époque de Trajan, qui lisaient les deux ouvrages et pouvaient les comparer, ont accueilli celui de Tacite avec la
faveur que nous avons vue. M. Fabia n'ignore pas l'objection et
essaie d'y répondre (p. 116 et suiv.) : les Romains n'estimaient que
l'originalité de la forme. Mais il ne faudrait pas avancer en même
temps que cette forme est pour une bonne part l'œuvre d'autrui, et
que les contemporains trouvaient partout autour d'eux les
« prétendus mots à la Tacite » (p. 127).

Il y a lieu de s'étonner aussi du maladroit enthousiasme de
Pline le Jeune, garantissant à son ami, le copiste, une immortalité
dont il ne croyait pas pouvoir assurer le bénéfice à son oncle, le
modèle. — A quoi l'on répond : Procéder comme faisait Tacite,
c'était « une chose ordinaire et en quelque sorte nécessaire, dont il
ne valait pas la peine de parler » (p. 209). — C'est bien vite dit.
Quand on a montré tout ce que, fond et forme, le modèle a fourni,
a-t-on le droit d'ajouter, même du point de vue d'un Romain, que
le service rendu était mince ? Nous ignorions enfin que Pline
l'Ancien, simple compilateur, entasseur de notes, fût l'artiste
merveilleux que nous révèlent les *Histoires*, qu'il a été pourtant,
il le faut bien, s'il en est l'inspirateur autant qu'on l'affirme. Ce
que nous avons conservé de son œuvre, ne nous permettait pas de
concevoir pour ce qui s'en est perdu une si haute opinion. La ressemblance qui apparaît entre lui et Tacite tient aux traces d'affectation et de recherche qui se trouvent encore chez celui-ci, qui sont
en effet la marque du temps, mais aussi ce qu'il y a de moins bon
dans son style. M. Fabia finit lui-même par avouer que Pline n'est
pas un bon écrivain (p. 124, n. 4), qu'il existe, de l'un à l'autre,
la distance d'un écrivain médiocre à un écrivain de génie (p. 306).
Après cet aveu sa thèse n'est-elle pas compromise ? Voilà bien des
contradictions, tout au moins bien des difficultés !

Reste, il est vrai, la fameuse question des rapports de Tacite et
de Plutarque. On voudrait parvenir à expliquer les analogies singulières que le premier livre des *Histoires* et la première moitié du
deuxième ont avec les biographies de *Galba* et d'*Othon*; il faut
avoir le courage de dire qu'on ne le peut pas.

Trois hypothèses se présentent : ou Plutarque a puisé chez
Tacite, ou Tacite a puisé chez Plutarque, ou tous les deux ont
puisé à une source commune. La troisième hypothèse est invéri-
fiable ; les historiens antérieurs à Tacite et à Plutarque, parmi lesquels on cherche la source commune, sont tous aujourd'hui pour
nous comme s'ils n'avaient pas été. De plus l'objection formulée
tout à l'heure contre Pline l'Ancien, vaut également contre n'importe
quel autre, et j'en reviens toujours à ceci : comment, alors que tant
de choses n'appartiennent point à Tacite, ni la plupart des rec her-
ches historiques (*Sources*, p. 118), ni maintes appréciations des per-

sonnes et des faits (p. 128), ni un grand nombre même de phrases (p. 451), l'admiration des anciens s'est-elle égarée sur lui, au point d'avoir négligé complètement un Cluvius Rufus, un Messala, ou tel encore peut-être, auquel aurait dû être rapporté tout l'honneur.

La deuxième hypothèse (Tacite copiant Plutarque) ne paraît guère soutenable, dès qu'on réfléchit, et, en fait, elle n'a pas été sérieusement soutenue. Abordant une période de l'histoire romaine pour laquelle il existait des sources latines, Tacite, dit très justement M. Fabia (p. 2), « aurait-il songé à copier le récit d'un Grec qui, du reste, n'était pas un véritable historien, mais un biographe ? »

La première hypothèse (Plutarque copiant Tacite) n'est point certaine. Il nous manque, pour arriver à la certitude, des éléments nécessaires. Les deux auteurs étant contemporains, il faudrait être sûr que ce sont bien les *Histoires* qui ont précédé les vies de *Galba* et d'*Othon*, et non celles-ci qui ont paru avant les *Histoires*. Or nous ne savons même pas (quoi que prétende M. E. G. Hardy, *Studies in Roman History*, 1906, p. 309 et suiv.), si, dans la série des biographies de Plutarque, les vies des empereurs étaient les premières ou les dernières en date. Faute de ces données chronologiques, il est impossible de rien conclure; en sorte que le problème des sources de Tacite est bel et bien, en l'état actuel de la science, un problème insoluble. Quelque pénible qu'il soit de se résoudre à ignorer, une fois de plus sachons ignorer.

Si je n'adopte pas toutes les conclusions de M. Fabia (intégralement maintenues depuis 1893, voir *Rev. de Phil.*, 1912, p. 79-80), il m'est agréable, en finissant, de dire ce que je lui dois et combien j'ai profité de ses nombreuses recherches en tout genre. Nul sans doute ne connaît mieux que lui notre auteur. Par la masse des documents réunis, des matériaux classés, des faits scrutés, analysés, discutés, son ouvrage sur les *Sources*, ses articles de la *Revue des Études Anciennes*, de la *Revue de Philologie*, du *Journal des Savants* sont désormais, avec l'*Onomasticon Taciteum*, les instruments indispensables à quiconque entreprend un travail sur Tacite.

LES PROCÉDÉS D'ART
DE
TACITE

DANS LES « HISTOIRES »

CHAPITRE PREMIER

LE PROLOGUE

I

Les *Histoires* s'ouvrent par un prologue. Dès le début nous saisissons, dans cet emploi du prologue, l'influence de la rhétorique et une tradition venue des écoles. Que l'on ne dise pas que des préambules existaient chez les plus anciens historiens latins, dans un temps qui précéda l'introduction de la rhétorique à Rome. Il n'y a rien de commun entre les préambules des vieux annalistes et le prologue mis à la mode vers la fin de la période républicaine. Ces annalistes, gens naïfs, inexpérimentés, débutants en histoire, se proposaient surtout

de raconter les événements qu'ils avaient vus eux-mêmes
et auxquels souvent ils avaient pris part : c'était là l'essentiel de leur tâche. Seulement, avant d'arriver à l'histoire contemporaine, ils avaient pour habitude de tracer
un abrégé des époques précédentes et, remontant jusqu'aux origines, ils commençaient par accueillir les
légendes sur la fondation de Rome, pour dire ensuite
brièvement les temps intermédiaires. Le poète Naevius
avait déjà procédé de même sorte dans son récit de la
1ʳᵉ guerre punique. Pour le fond, les histoires des Fabius
Pictor et des Cincius Alimentus ressemblaient singulièrement à ce récit, tout comme à l'inverse l'épopée de
Naevius, dans sa forme sèche et prosaïque, paraissait un
travail de chroniqueur plutôt que l'œuvre d'un poète.
Est-ce d'ailleurs Naevius, qui avait donné aux annalistes l'idée d'ajouter cet étrange préambule ? Ou Naevius lui-même ne faisait-il que reproduire un usage
plus ancien ? Toujours est-il que telle était la façon
dont les historiens primitifs concevaient le prologue :
un résumé de tous les événements, même légendaires,
antérieurs à ceux de leur époque[1].

Caton, grand ennemi des rhéteurs — bien qu'il eût
aussi sa rhétorique, fondée sur son expérience personnelle —, parmi beaucoup d'innovations qu'il apporte
à l'histoire, réforme le préambule. Deux fragments
conservés de ses *Origines* nous montrent qu'il l'em-
ployait, pour indiquer, au début de son ouvrage, de
quelle manière il comprenait le genre. Après avoir
déclaré que les grands hommes doivent compte à l'État
de leur repos non moins que de leur activité, il parlait
des avantages d'un récit où se transmet le souvenir des
belles actions[2]. Quelles étaient les dimensions de ce

1. Les histoires grecques de la période alexandrine semblent avoir
connu quelque chose de semblable. — 2. Fr. 2 et 3 (H. Peter).

prologue ? Contenait-il des réflexions déjà étendues ? Ou se bornait-il à énoncer, sans y insister, une idée intéressante ? Dans tous les cas, c'était quelque chose de nouveau, et qui s'accorde bien avec ce que nous savons de l'homme, esprit original dont la trace subsiste partout où il a passé.

Mais ces développements, qui peut-être n'étaient encore qu'un germe ou une ébauche, vont prendre toute leur importance sous l'influence de la rhétorique grecque. Celle-ci, tenue d'abord en suspicion, chassée même des écoles publiques et obligée de se renfermer dans l'intérieur des familles, avait fini par s'implanter peu à peu en Italie, à mesure que, la victoire détendant l'ancienne sévérité, les Romains se laissaient séduire par une civilisation supérieure. Au dernier siècle de la République, à l'époque de Sylla, la rhétorique a cause gagnée ; elle obtient le droit d'être enseignée, non plus seulement en grec, mais même en latin ; ses écoles deviennent nombreuses et regorgent d'élèves ; elle s'empare de tous les esprits. Qu'enseigne-t-elle ? Sans doute bien des minuties ; elle a la manie des divisions et des subdivisions ; elle réduit trop souvent l'éloquence à n'être que l'application mécanique d'un certain nombre de recettes. Néanmoins, par delà l'exagération et les détails puérils, quand on regarde au principe lui-même, on ne peut méconnaître que le principe était juste. C'est un métier que de faire un livre, selon le mot de La Bruyère ; c'est un métier aussi que de parler en public, et il y faut, comme en tout, un apprentissage. Un orateur, ignorant des règles du discours, peut bien remporter un succès, qu'il devra aux circonstances, à l'inspiration du moment, au hasard. Mais les moyens de renouveler ce succès en tout temps, en toutes circonstances, qui les lui donnera ? La rhétorique. Cela revient à dire que la véritable œuvre oratoire ne se contentera pas d'être un coup de réussite ; elle sera une œuvre d'art savant et réfléchi, ou encore une œuvre d'art tout court. Elle saura présenter au public les matériaux dont elle dispose, faits, idées, arguments, et les ordonner de la façon la plus propre à produire l'impression qu'elle désire. Et par exemple, pour me borner à ce point, l'art consistera, au lieu de se jeter brusquement dans le sujet, à y préparer l'auditeur, auquel on ménagera une entrée facile et agréable, plaçant en tête de l'ouvrage l'exorde, dans le même dessein qu'on place un vestibule devant un appartement ou un portique devant un temple.

Du discours l'exorde passa bientôt aux autres genres. *Eloquentia*, par une extension de sens, conforme d'ailleurs à l'étymologie, en vint à désigner tout ce qu'on exprime par des mots (*omne quod eloquimur*), autrement dit la littérature en général. Mais l'œuvre oratoire n'en demeurait pas moins, aux yeux des Romains, la plus haute et la plus belle des œuvres littéraires ; elle restait le mode suprême d'expression, la reine de cet empire : ce sont les termes de Quintilien, *rerum pulcherrima, regina rerum oratio*[1]. Inévitablement, elle exerça son action sur ce qui lui était inférieur. Toute œuvre donc, qu'elle fût écrite ou parlée, tendit à entrer dans les formes ou les cadres de la rhétorique, et à se rapprocher de ce que l'on regardait comme la perfection de l'esprit humain.

On était surtout frappé des avantages de l'exorde. Bien disposer le lecteur dès le début, commencer d'une manière engageante, surtout quand le sujet devait être grave, semblait avoir la plus grande utilité. De là cette passion singulière qui se manifeste alors pour les préambules, et qui ne s'expliquerait pas d'autre sorte. Cicéron les multiplie en tête de ses traités de rhétorique et de

_____

1. Quintil., *Inst. Orat.*, I, 12, 16 et 18.

philosophie. On sait qu'il en avait de tout préparés à l'avance[1], qui n'attendaient dans ses cartons que l'occasion d'en sortir, — et en sortaient même plutôt deux fois qu'une, comme le montre la plaisante histoire qui lui arriva, le jour où il employa pour son traité *de la Gloire* un prologue qui avait déjà servi pour ses *Académiques*[2]. Varron de son côté, lorsqu'il compose le *de Re rustica*, entend bien, fidèle aux enseignements de l'école, donner de l'agrément à une matière qui en a trop peu. Le vieux Caton, qui n'avait pas été chez le rhéteur, quand il avait à écrire sur l'agriculture, ne faisait point tant de façons ; il se contentait d'être utile. Mais Varron veut plaire ; et il met sa littérature dans des prologues, ne pouvant guère la mettre ailleurs. Il encadre ses préceptes sur la construction d'une ferme, le choix d'un bon fumier, l'élevage des oiseaux de basse-cour dans de petites scènes curieuses et vivantes, une réunion d'amis chez le gardien d'un temple ou un tableau de lutte électorale. De l'exemple de Varron, et déjà de la mésaventure de Cicéron, nous conclurons que les préambules n'avaient souvent aucun rapport avec le sujet ; ils pouvaient n'être que des ornements littéraires, destinés à piquer et à retenir l'attention.

C'est en effet comme beaux ornements que les poètes, de leur côté, les emploient. Tels sont, chez Lucrèce, l'invocation à Vénus, cette merveille de grâce et d'éclat qui ouvre le *Poème de la Nature,* ou, en tête des autres chants, les divers éloges de la philosophie et du philosophe Epicure, hymnes débordants d'enthousiasme. Il

1. Cic., *ad Attic.*, XVI, 6 : *Habeo volumen prooemiorum ; ex eo eligere soleo, cum aliquod σύγγραμμα institui.*

2. *Ibid.* C'est en relisant sur mer ses *Académiques* qu'il s'aperçut de son erreur. Sans se troubler, il envoya à son éditeur, Atticus, un nouveau préambule, qui devait être collé à la place du précédent.

ne faut pas y voir seulement un hommage à la déesse
fécondante de l'univers ou l'expression d'une pieuse
reconnaissance pour le génie sauveur de l'humanité.
Ces prologues jouent aussi le rôle qui est d'ordinaire
réservé dans la poésie didactique aux « épisodes » ;
Lucrèce s'en sert afin d'embellir son ouvrage, dont il
craint que l'austérité scientifique ne paraisse trop rebu-
tante au lecteur. — Et de même le préambule du 3ᵉ chant
des *Géorgiques*. Morceau ajouté après coup, à l'occasion
d'une lecture que Virgile devait faire de son poème à
Auguste malade en Campanie, c'est un morceau d'apparat, une pièce décorative, comme une somptueuse ta-
pisserie, où se déroule par avance, sous forme allégo-
rique, l'œuvre à venir, l'épopée promise à César, enve-
loppant de ses plis magnifiques l'œuvre présente, dont
elle relève ainsi la noblesse.

Le succès du prologue est donc attesté par l'accueil qu'il
reçoit des poètes, des philosophes, des savants. Il est à la
mode. On veut en mettre partout; on en mettra dans l'histoire. Comment l'histoire se serait-elle tenue à l'écart ?
N'avait-elle pas, dès l'origine, marqué ses préférences
pour ce procédé ? Sans doute le préambule d'autrefois,
avec son habitude de remonter toujours aux origines,
était d'un art encore rudimentaire. Plus même qu'un
préambule, c'était en réalité comme un autre ouvrage jeté
devant l'ouvrage principal, greffe maladroitement entée
sur le tronc. Il y avait là cependant l'indication d'une
tendance, et l'histoire ne pouvait manquer d'adopter le
nouveau prologue, tel qu'il venait d'être transformé par
la rhétorique. Elle le pouvait d'autant moins, qu'elle
avait de tout temps, à Rome, voisiné avec l'éloquence.

Presque au début Caton y insérait déjà ses propres discours, et l'on sait combien l'innovation fit fortune. En outre, il fut admis désormais que l'historien ne pouvait être qu'un homme d'État, c'est-à-dire un orateur (tout homme d'État devant savoir parler, puisque la parole seule conférait les magistratures), ou, sinon un orateur, au moins, comme Tite-Live, un professeur d'éloquence. Cicéron, avec son autorité, donnait la formule qui s'imposa : « L'histoire est avant tout une œuvre d'orateur, *est opus unum hoc oratorium maxime*[1]. » Entendez : il faut exiger d'elle ce qu'on exige d'un discours, qu'elle soit une œuvre composée, habilement présentée, rehaussée par le style ; et s'il est une division du discours qui convienne à l'histoire, c'est l'exorde, conçu comme une introduction littéraire au sujet et l'occasion de développer certaines idées générales.

Ainsi l'ont compris Salluste[2] et Tite-Live : laissons de côté César, dont les *Commentaires* semblèrent aux anciens, malgré les protestations de Cicéron[3], des notes recueillies en vue d'une histoire ultérieure plutôt qu'un ouvrage définitif. Tite-Live, avant d'entrer en matière, a soin de nous apprendre pourquoi il s'est appliqué au genre historique et à l'histoire de Rome en particulier : rien, selon lui, n'est plus profitable que les leçons du passé, et, d'autre part, les Romains ont été la meilleure et la plus vertueuse des nations. Morale et patriotisme, il mêle en lui ces deux sentiments, qu'il accroît l'un par l'autre. Son pays, il l'aime et il l'admire, et son admiration redouble son amour. La préface qu'il écrit dans

1. Cic., *de Legibus*, I, 2, 5.
2. Dans le *Catilina* cependant on trouve encore le développement traditionnel sur les Aborigènes et les temps primitifs ; mais il disparaît complètement dans le *Jugurtha*.
3. Cic., *Bratus*, LXXV, 262. —

ces dispositions d'esprit, très belle, très grande, teintée
de mélancolie à la pensée que Rome pourrait bien un
jour fléchir sous le poids de sa puissance, est en même
temps très habile ; elle est d'un auteur qui sait son
métier. Il a créé autour de lui une atmosphère de sympathie : nous sommes prêts à écouter l'histoire du
peuple-roi.

Quant aux prologues de Salluste, ils paraissent à
première vue assez déplacés. Hors-d'œuvre, dit-on ;
lieux communs, et d'une longueur interminable. Exa-
-minons d'un peu près. Ils ne tiennent guère, évidemment, au sujet : Quintilien le remarque[1] ; on l'avait
sans doute déjà remarqué avant lui. Est-ce une raison
pour qu'ils aient déplu aux lecteurs ? Varron, Cicéron,
dans leurs préambules, s'étaient résignés à l'inconvénient, et l'on ne voit pas qu'ils aient eu lieu de s'en
repentir ; autrement ils n'auraient pas commis l'imprudence de récidiver. « Les prologues, dit Gaston Boissier[2], étaient comme les ouvertures de certains de nos
opéras, des morceaux de fantaisie brillante. » Soit. A
l'époque de Salluste, ce pouvait être un mérite. La partie lettrée du public, venue tard à la littérature, s'épre-
nait naïvement de tout ce qui brille. Elle ne faisait pas
encore les distinctions nécessaires, et l'ornement, qui
n'est qu'ornement, gardait pour elle son prestige. —
Mais ce sont des lieux communs. — Peut-être n'en
était-ce point alors. Le lieu commun a d'abord été une
vérité nouvelle ; et comme, pour devenir une banalité,
il faut qu'il soit une vérité de bon sens, le Romain,
plein de bon sens lui-même et de jugement solide,
répugnant aux finesses, acceptait volontiers ces dévelop-

1. *Inst. Orat.*, III, 8, 9.
2. *Journal des Savants* de janvier 1903 : *Les prologues de Salluste,*
p. 60.

pements généraux, fussent-ils même un peu longs. —
Enfin est-il bien sûr que Salluste n'ait voulu exprimer
que des généralités, et que ces lieux communs apparents ne recouvrent pas un fond d'apologie personnelle ?
S'il y a déjà un public lettré à Rome, tous les citoyens
ne sont pas des lettrés, loin de là. Il se trouve encore
des « Vieux-Romains », qui ne connaissent que le service de l'État et pour qui l'écrivain demeure un oisif et
un inutile. Salluste a donc à justifier auprès d'eux sa
conduite, sa retraite de la vie publique et la nouvelle
résolution qu'il a prise d'écrire. Il a recours à sa rhétorique. Ses prologues sont des plaidoyers. Les morceaux
littéraires qui « ouvrent » le *Catilina* et le *Jugurtha*,
sont aussi des exordes qui ont pour but de bien disposer le lecteur[1].

Et Tacite ? Que fera-t-il, abordant l'histoire, lui, orateur, lettré, artiste, disciple de Salluste plus encore que
de Tite-Live ? Va-t-il négliger l'usage des préambules ?
La *Germanie* exceptée, il en a composé pour chacun de
ses ouvrages. Mais — et c'est ici que nous touchons du
doigt la preuve manifeste de l'influence exercée par la
rhétorique, — ses prologues iront se modifiant, dimi-
nuant d'importance, dans la mesure exacte où il réus-
sira lui-même à se soustraire à ses souvenirs d'école et
aux habitudes de son passé d'orateur.

1. L'imitation des préfaces des historiens grecs, si toutefois elle
eut quelque influence, ne saurait expliquer à elle seule que l'usage
du préambule se soit étendu aux genres les plus divers (voir p. 4
et suiv.). C'est l'enseignement à Rome de la rhétorique et l'influence des écoles qui ont comme imposé aux écrivains Romains
le prologue-exorde (ornement ou plaidoyer, ou l'un et l'autre à la
fois,) en tête de toute œuvre, scientifique, historique, philosophique, qui se piquait d'avoir une valeur *littéraire*.

Quand il travaille à la *Vie d'Agricola*, vers la fin du règne de Nerva, il n'a pas encore désappris son premier métier. Aussi le prologue qu'il écrit à cette époque, est-il, des trois qu'il donnera, le plus long par rapport aux dimensions de l'ouvrage, et surtout le plus imprégné d'éloquence. Belle éloquence d'ailleurs, amère et douloureuse, ironique et passionnée, avec des phrases vibrantes, des antithèses magnifiques et que l'on n'oublie plus[1]. Il faut avouer que le sujet y prêtait. Ni Tibère, ni Caligula, ni même Néron n'avaient laissé, autant que Domitien, une mémoire exécrée. Non peut-être que Domitien eût été pire que les autres. Mais après Vespasien et Titus, sous lesquels on s'était repris à vivre, il avait ramené les mauvais jours, et on lui en voulait plus furieusement. Au milieu de la haine générale, Tacite avait un motif particulier de rancune. Il était au nombre des sénateurs que Domitien, dans sa cruauté maligne, avait associés à ses crimes, leur donnant à juger ses victimes désignées d'avance. Pour n'être pas victime à son tour, Tacite avait accepté de condamner des innocents. Aussi quelle honte de lui-même, au souvenir des lâchetés commises ! Et quelle colère contre l'homme qui l'avait forcé d'être lâche ! Comme on comprend le soupir de soulagement poussé à l'avènement de Nerva, le *nunc demum redit animus*[2], qui est la joie de pouvoir être enfin honnête homme !

Le ton oratoire du prologue s'explique par l'effroyable crise qu'on avait traversée. Le sujet choisi, ce ton s'imposait. Mais c'est le choix même du sujet qu'il est permis de critiquer, si l'auteur, comme il semble, a déjà prétendu faire œuvre d'historien. Ni le pamphlet ni le

---

1. Voir notamment toute la fin du chap. 2 : *Dedimus profecto grande patientiae documentum* etc.
2. *Agric.*, 3,

panégyrique ne sont de l'histoire; et Tacite, trop engagé dans les événements, manquait. pour les bien juger, du recul et de l'impartialité nécessaires. Il a fait en réalité une composition académique, où entrent des fragments d'histoire (avec les campagnes d'Agricola) et même de géographie (avec la description de la Bretagne): le rapprochement de tous ces termes indique le caractère hybride de l'ensemble. Tacite, venu de l'éloquence à l'histoire, n'a pas encore pris parti entre elles deux et mêle l'une à l'autre assez indiscrètement : on ne se débarrasse pas en un jour d'un passé de vingt-cinq ans.

A ce prologue de ses débuts s'oppose, à la fin de sa carrière, celui des *Annales*; nous pouvons mesurer la différence. Autant l'un était enflammé, autant l'autre est calme, de ton posé, de caractère impersonnel. D'où vient cela? Sans doute de ce que les événements, moins dramatiques, comportaient moins l'éloquence : à la mort d'Auguste, l'empire est tranquille[1] ; mais surtout de ce que, dans l'intervalle, Tacite a continué à s'affranchir de la rhétorique, et il s'en est affranchi, parce qu'il s'est fait une conception de plus en plus haute de ses devoirs d'historien. Ce changement, qui l'éloigne de la rhétorique, n'est pas seulement le résultat des années écoulées, bien qu'elles y soient pour quelque chose; c'est la conséquence heureuse d'un effort volontaire : il a compris que, pour être historien, il n'est pas bon d'être orateur. *Sine ira et studio*[2], ni colère ni prévention favorable, voilà maintenant sa devise, annoncée dans les *Histoires*, confirmée avec éclat dans les *Annales*; ce ne sera jamais celle de l'écrivain qui a une cause à soutenir. Le prologue, naturellement, devait refléter ces dispositions différentes. Aussi, à l'ardeur d'une âme qui jadis

1. *Annales*, I, 3 : *Bellum ea tempestate nullum nisi adversus Germanos. ...Domi res tranquillae.*
2. *Annales*, I, 1.

épanchait son indignation, a succédé la réflexion d'un
cerveau qui analyse des faits. La personne de l'auteur a
presque entièrement disparu. Le *moi* qui s'étalait dans
l'*Agricola*, qui n'était pas encore absent des *Histoires*,
n'intervient plus ici que dans une phrase, pour définir
le but de l'ouvrage et faire, avec autant de brièveté que
de force, la déclaration d'impartialité dont je parlais tout
à l'heure. Le plaidoyer, en un mot, est devenu un
simple résumé du principat d'Auguste et, d'abord, des
révolutions politiques qui ont amené l'établissement de
ce principat lui-même.

Chose curieuse : en s'éloignant de la rhétorique, Tacite
se trouve revenir à la manière des historiens primitifs,
laquelle consistait, on se le rappelle, à résumer les événements antérieurs au sujet. Seulement il y revient avec
un art nouveau, je veux dire avec une mesure inconnue
de ces vieux annalistes. Il ne reprend du passé que ce
qui est utile à l'intelligence du présent. Son prologue
est rapide, nerveux, ramassé, plein de choses ; c'est un
tableau brossé à grands traits. En deux chapitres tout
est dit : encore était-il nécessaire de le dire. La méthode
ancienne, cette fois, est parfaitement à sa place. Le
passage de la République à l'Empire avait bien été une
révolution, mais une révolution accomplie peu à peu,
sans brusque rupture. De même que la République était
sortie de la royauté, conservant à ses deux consuls l'ancienne autorité royale presque entière, l'Empire à son
tour était sorti de la République, dont il gardait les lois,
les institutions, les préjugés, tout l'héritage ; c'était le
couronnement naturel des régimes antérieurs. Des origines à Auguste il y a ainsi, sous les changements de
surface, une suite continue. Tacite a jugé avec raison
que l'Empire s'explique par ce qui l'a précédé. De là
cet abrégé mis en tête des *Annales*, introduction légi-
time, indispensable.

Quant aux *Histoires*, j'ai déjà noté la position intermédiaire qu'elles occupent dans la carrière de Tacite, à mi-chemin entre l'*Agricola* et les *Annales*, et leur caractère, qu'il ne faut jamais oublier, d'œuvre de transition. Le tour oratoire et dramatique de l'exorde rappelle l'*Agricola*; mais la promesse qu'y fait l'auteur d'être impartial, la façon dont il envisage le rôle de l'historien, surtout l'exposé où il décrit la situation de Rome et des provinces à l'avènement de Galba, et qui est comme une annexe du prologue[1], fraye déjà la voie aux *Annales*. Ne retenons, pour l'instant, que la partie qui constitue le véritable prologue, c'est-à-dire les trois premiers chapitres. Elle se subdivise elle-même en deux moitiés inégales : d'abord un chapitre consacré aux vues de Tacite sur l'histoire; puis deux autres, qui sont proprement l'annonce du sujet. Le premier chapitre n'est pas celui qui a le plus de beauté littéraire, mais il est peut-être le plus curieux[2].

Certains esprits, Tacite chez les anciens, Bossuet chez nous, apparaissent habituellement si graves, si maîtres d'eux, dominant de si haut leur matière, qu'on a peine à se les figurer sous un autre aspect. Pourtant ils ont eu

1. Ce tableau du monde romain au 1er janvier 69 (chap. 4-11) fait bien partie, lui aussi, du préambule, ainsi qu'il ressort du texte même de Tacite. Cf. la phrase qui termine le chap. 11 : *Hic fuit rerum Romanarum status, cum Servius Galba iterum Titus Vinius consules inchoavere annum.* Avec une variante, c'est celle même qui ouvre le chap. 1 : *Initium mihi operis Servius Galba iterum Titus Vinius consules erunt.* Tout le groupe des chapitres intermédiaires se trouve donc comme dans un cercle fermé.

2. M. Fabia a consacré à ce premier chapitre, dans la *Revue des Études anciennes* (t. III, 1901, p 41-76), un long article, juste peut-être, mais sévère (comme le sont volontiers ses jugements sur Tacite; on ne l'accusera pas de faiblesse pour un grand homme).

aussi leurs moments de faiblesse, comme tout le monde ;
et l'on a quelque plaisir, je l'avoue, à les saisir aux
heures où ils se rapprochent de notre humanité. Voici
un Tacite, peu confiant en lui-même et en ses forces, qui
n'est point celui que l'on rencontre d'ordinaire. Lorsque, à
l'âge de quarante ans passés, il abandonne l'éloquence
pour les études historiques, il est ému, très ému, comme
peut l'être un débutant, qui par surcroît débute aussi
tard. Il a, plus qu'un jeune, conscience de ce qui lui
manque, sans pouvoir invoquer à cette heure l'excuse de
la jeunesse. Déjà le prologue de l'*Agricola* nous le mon-
trait inquiet, craignant « avec sa voix sans expérience[1] »
de ne pas réussir et d'être blâmé, s'il échouait ; et il
demandait qu'on lui pardonnât cet éloge de son beau-
père en faveur de l'intention pieuse qui l'avait dicté.
Au temps des *Histoires*, il ne s'agit plus pour lui d'inau-
gurer une carrière nouvelle ; mais c'est là première fois
tout de même qu'il aborde la grande histoire, et, placé
en face de ce vaste dessein, il se trouble encore un instant. Ajoutez qu'il a des devanciers, que son sujet a été
traité, au moins en partie. Ne va-t-on pas lui reprocher
de marcher sur un terrain encombré, où les meilleures
places, sinon toutes les places, sont prises ? Il éprouve
le besoin de se rassurer et de justifier son audace auprès
du lecteur, en l'expliquant. Comme les prologues de
Térence, son exorde est une *captatio benevolentiae*.

Il donne à entendre qu'il a examiné tous les historiens ses prédécesseurs, en écrivain consciencieux qui
étudie à fond ses sujets ; et de cet examen il est sorti
convaincu que, si l'histoire de la République n'est plus
à faire, celle de l'Empire est toute à refaire. Autant les
écrivains qui précédèrent Actium[2] ont prouvé leur talent

1. *Agric.*, 3 : *incondita ac rudi voce.*
2. Voir comment G. Boissier interprète le passage (*Tacite*,
p. 63-64).

et leur indépendance, autant ceux qui suivirent ont été médiocres et faux. Et faux pour deux raisons : d'abord ils ne mettaient plus la main aux affaires, comme à l'époque républicaine, où l'on était homme d'État avant de prendre la plume; ils les ont donc mal connues. Puis, chose plus grave, ils n'ont pas dit la vérité; ils l'ont altérée, soit par flatterie, soit par dénigrement. Tantôt courtisans et tantôt détracteurs, ils ont toujours témoigné d'un détestable esprit de parti pour ou contre. Et c'est, avec leur ignorance des intérêts politiques, le second vice de leurs histoires.

Tacite promet, en ce qui le concerne, d'éviter ces deux défauts. Il est vrai qu'il ne dit pas de quelle façon il évitera le premier ; et il eût été bien embarrassé de le dire. Car s'il dépend de lui d'être impartial, on ne voit pas comment il serait plus à même que les historiens ses prédécesseurs de bien connaître les affaires de l'État. Pline l'Ancien, Cluvius Rufus, n'avaient-ils pas rempli sous l'Empire des fonctions importantes[1] ? On objectera que c'était l'Empire, et que les magistrats d'alors étaient plus éloignés qu'autrefois de la réalité du pouvoir. Mais quand donc a vécu Tacite, et en quels temps, je le demande, a-t-il exercé ses magistratures ? Il a subi, comme les autres, les conséquences d'un régime, où tout l'essentiel se décidait dans le cabinet du prince, et n'a connu, lui aussi, du pouvoir que ce que l'empereur lui permettait d'en connaître. Veut-il dire que sous Trajan, avec la renaissance des libertés, le sénat est davantage associé au gouvernement ? Cette renaissance, à la supposer plus complète qu'elle ne fut peut-être, était trop récente encore pour avoir porté beau-

1. Surtout Cluvius Rufus, consul sous Caligula, gouverneur de l'Espagne citérieure au début de 69 (*Hist.*, I, 8 et IV, 39). Voir sur lui Fabia (*Sources*, p. 376 et note 1, où sont données les indications nécessaires).

coup de fruits. Quand, d'autre part, nous nous tournons vers les historiens de la République, parmi ces écrivains qu'admire Tacite nous rencontrons Tite-Live. Or Tite-Live, que je sache, n'a jamais été qu'un *scholasticus*, un homme d'école, non un homme d'État. Tacite ne l'en a pas moins loué magnifiquement : *eloquentiae ac fidei praeclarus in primis*, dira-t-il de lui[1]. Ainsi, de quelque côté qu'on envisage la première raison qu'il donne pour expliquer l'infériorité des écrivains de l'Empire, l'*inscitia rei publicae*, cette raison ne résiste pas à la critique. Ou il s'est trompé, ou ce n'est, comme l'on dit, qu'un argument d'avocat.

Le reproche de partialité adressé aux historiens de l'Empire est plus juste, et l'engagement que prend Tacite de s'y soustraire, offre plus de garanties ; car il n'en va pas de cette promesse comme de la précédente, dont l'exécution était subordonnée à des conditions extérieures indépendantes de sa volonté ; il n'a plus à répondre que de lui.

D'abord, ai-je dit, le reproche est mieux fondé. Il est certain qu'il y a eu, sous l'Empire, deux courants qui alternaient avec une force, sinon une persistance égale. Les mêmes empereurs étaient successivement adulés pendant leur vie et attaqués après leur mort. La réaction contre eux n'était pas toujours aussi violente qu'elle le fut au lendemain du meurtre de Domitien, quand le sénat réuni en corps décréta des mesures officielles, afin d'anéantir à jamais le souvenir de l'odieux tyran[2]. Mais, quoique laissées d'ordinaire à l'initiative privée, les attaques ne manquaient pas de se produire. Combien avaient à venger des parents, des amis ou à se venger pour leur compte, ne fût-ce que de l'humilia-

1. *Annales*, IV, 34.
2. Suétone, *Domit.* 23 : *eradendos ubique titulos abolendamque omnem memoriam* (*decrevit*).

tion d'une longue contrainte ! Et ne croyons pas que le
prince au pouvoir prît ombrage de cette hostilité marquée au règne précédent. Depuis Auguste qui, une fois
devenu maître, n'avait plus défendu la mémoire de
César, chaque empereur acceptait, et sans doute secrète-
ment n'était pas fâché, qu'on déchirât celui dont il était
le successeur. Tuer le mort une seconde fois, dans l'opinion, semblait la meilleure manière de le remplacer
tout à fait. Ainsi les flatteries ne duraient qu'un temps ;
elles disparaissaient avec le prince qui en avait été l'objet.
Les accusations au contraire avaient chance de subsister ;
cela même les rendait plus dangereuses. Sans compter
que la malignité humaine accueille plus volontiers le
mal que le bien et que, selon le mot de Tacite, le public
se méfie aisément de l'écrivain qui fait sa cour, mais le
dénigrement plaît par un faux air de liberté[1].

Donc, nécessité pour l'historien de se garder de l'esprit de malveillance. Tacite s'en gardera ; il parlera sans
haine (*sine odio*). La déclaration est piquante, car c'est
justement ce penchant à la malveillance que, d'ordinaire, on lui reproche ; on a été jusqu'à l'accuser d'avoir
noirci les Césars et, pour Voltaire, il n'était qu' « un
fanatique »[2]. Il ne paraît pas cependant, lorsqu'il se
mettait à l'œuvre, avoir redouté principalement une
accusation de ce genre. Ce qu'il craint bien davantage,
c'est, tout au contraire, qu'on ne l'accuse d'avoir été
trop favorable aux empereurs. Et cette crainte se comprend ; les apparences étaient contre lui. Il avait connu
personnellement trois des princes dont il entreprenait
de raconter l'histoire ; il avait reçu d'eux des bienfaits ;
il leur devait toute sa carrière politique. Questeur sous
Vespasien, édile ou tribun du peuple sous Titus[3], pré-

---

1. *Hist.*, I, 1.
2. *Lettre à Madame du Deffand*, 30 juillet 1768.
3. Peut-être tribun militaire sous Vespasien et questeur sous

teur sous Domitien, il avait probablement toujours été
le *candidatus Caesaris*[1]. Comment le lecteur, pour peu
qu'il connût son passé, ne l'aurait-il pas, très naturellement, soupçonné de complaisance? Et n'était-ce pas
contre ce soupçon qu'il lui importait surtout de se
défendre[2]? L'accusation de malveillance ne pouvait lui
être adressée que le livre une fois lu; mais l'autre
pouvait précéder même toute lecture. En s'attribuant
comme premier mérite l'impartialité, il ne veut donc
pas seulement établir la nouveauté de son ouvrage par
rapport aux histoires antérieures de l'Empire; il cherche encore à se faire bien venir du public. En bon orateur, il sait tout le profit qu'on peut attendre d'un
exorde habilement conduit.

L'emploi de la rhétorique sera cependant plus ma-

Titus (cf. Valmaggi, *édition*, 1891, p. VIII de l'*introd.* et p. 3,
n. 13).

1. C'est-à-dire candidat officiel. La candidature officielle datait
de l'établissement de l'Empire. Elle est expressément reconnue
dans la *lex de Imperio Vespasiani* (C. I. L., VI, 930). « Un candidat
de César » était même une locution passée en proverbe, pour désigner quelqu'un qui ne se donne aucune peine. Cf. Quintilien,
Inst. Orat., VI, 3, 62 : *L. Galba pilam neglegenter petenti : « Sic,
inquit, petis tanquam Caesaris candidatus »*.

2. Il glisse bien à la fin un éloge de Nerva et de Trajan (*rara
temporum felicitate, ubi sentire quae velis et quae sentias dicere licet*);
mais l'éloge est aussi court que magnifique, et de parfaite conve-
nance. Même sous cette forme, Tacite ne l'a risqué que parce que
Nerva et Trajan ne figureront point dans l'ouvrage. Enfin les expressions, par lesquelles il l'introduit, sont curieuses : *« Quod si
vita suppeditet, principatum divi Nervae et imperium Traiani senectuti
seposui. »* Remettre, pour parler d'eux, à plus tard et s'il lui reste
assez de vie, c'est une manière de dire qu'il n'en parlera pas. Il
semble, en effet, d'après les *Annales* (III, 24) que, s'il s'était appliqué à un autre ouvrage dans sa vieillesse, il serait remonté plus
haut, jusqu'à Auguste, le fondateur de l'Empire, et non point
descendu vers l'époque toute contemporaine.

nifeste dans les deux chapitres qui suivent et qui composent la seconde partie du prologue. Là, Tacite, tenant
rassemblée sous son regard la masse des événements
qu'il déroulera plus tard, en présente d'abord un raccourci d'une vigueur et d'un relief étonnants. Et il
trouve aussitôt, pour annoncer son sujet, une forme
singulièrement originale. Ce n'est plus la période de
Cicéron, ce grand organisme vivant d'une vie centrale ;
c'est une série de petites phrases rapides, juxtaposées,
sans verbe principal (toutes les fois qu'il est possible),
réduites à l'essentiel (substantif et adjectif, plus souvent
substantif et participe, avec les compléments du participe), moule brillant et nouveau, où tous les faits viennent se ranger, s'accumuler, se presser, et déterminent
par cette pression même, dont la force augmente à
mesure, un irrésistible mouvement qui entraîne l'ensemble. « J'aborde une histoire féconde en catastrophes,
attristée par d'affreux combats, déchirée par les séditions, cruelle même en pleine paix. Quatre princes
succombant sous le fer, trois guerres civiles, un plus
grand nombre d'étrangères[1], et les unes souvent mêlées
avec les autres. Succès en Orient, revers en Occident.
L'Illyrie troublée, les Gaules chancelantes ; la Bretagne
domptée et aussitôt négligée ; les Sarmates et les Suèves
soulevés contre nous ; le Dace illustré par ses défaites et
par les nôtres, et le Parthe tout prêt à courir aux armes
pour suivre un fantôme de Néron. De plus, venant
frapper l'Italie, des calamités inconnues jusqu'alors ou
renouvelées après une longue suite de siècles ; des villes
englouties ou ensevelies... » Et le reste. A travers la

1. *Plura externa* (I, 2). Chez Tacite *plura* a perdu souvent sa
valeur de comparatif ; mais il la garde encore dans certains passages (cf. I, 39 ; II, 43 ; III, 24 et 25), et notamment il la garde ici.
Par rapport à *trina bella civilia*, il désigne les guerres contre les
Juifs, les Bataves, les Bretons, les Sarmates, les Suèves, les Daces.

traduction[1], l'essentiel demeure, ce qui est la marque des pages fortement écrites. Rien n'est plus oratoire, et rien n'a plus belle allure. Rien ne vise davantage à l'effet; mais l'effet obtenu est admirable. Cela revient à dire qu'il y a rhétorique et rhétorique et que, si une certaine rhétorique mérite la mauvaise estime où on la tient, n'étant que déclamation pure, il y en a une aussi qui pourrait bien n'être qu'un autre nom, dont on désigne, par opposition à l'éloquence naïve et spontanée, l'éloquence réfléchie, consciente de ses moyens et sûre d'elle-même.

Que faut-il donc, pour que la rhétorique échappe à la déclamation et ne cesse pas d'être l'éloquence? Il faut au moins que, si on élève la voix, la chose en vaille réellement la peine; et il faut en outre que celui qui l'élève donne l'impression qu'il n'a pu résister au sentiment qui l'emporte. Grandeur pathétique du sujet, émotion sincère de l'homme, il se peut que ces deux conditions soient suffisantes, mais il est certain qu'elles sont nécessaires. Toutes deux se trouvent réunies dans le prologue qui nous occupe.

L'année 69 de notre ère, par laquelle Tacite commence son récit, est assurément l'une des plus extraordinaires de l'ancienne histoire. Le monde romain, en tout cas, n'en avait pas encore traversé de pareille. Après Néron qui s'était tué dans la banlieue de la ville, chez un de ses affranchis, à la nouvelle de la proclamation de Galba, Galba était massacré sur le Forum par les prétoriens d'Othon le 15 janvier 69; Othon

---

1. A propos des passages traduits, j'avertis dès le début que j'ai pris pour base la traduction de Burnouf. Mais c'est la traduction de Burnouf toujours revue sur le texte du plus près que j'ai pu, modifiée toutes les fois qu'une correction me paraissait être une amélioration, et reproduite seulement là où je désespérais de faire mieux.

vaincu à Bédriac par les généraux de Vitellius se poi-
gnardait le 16 avril suivant ; Vitellius vaincu lui-même
par les Flaviens le 27 octobre, découvert et arrêté au Pá-
latin, était déchiré et jeté dans le Tibre à la fin de décembre, et Vespasien, avant le 1er janvier 70, recevait du
sénat tous les honneurs du rang suprême, lui cinquième
empereur en dix-neuf mois. Cette suite prodigieuse
d'événements dépassait en péripéties sanglantes toutes les
inventions des dramaturges. Ajoutez que précédemment,
quand un Tibère, un Caligula, un Claude disparaissait,
Rome ressentait la secousse que causait le passage d'un
prince à un autre, mais Rome à peu près seule. L'Italie
s'en apercevait moins ; les provinces ne s'en aperce-
vaient guère. Ainsi, lorsque dans une eau calme tombe
un corps lourd, l'agitation de la surface et les rides
circulaires qui se produisent vont s'atténuant, à mesure
qu'on s'éloigne du centre. Cette fois l'ébranlement était
général, de l'Occident à l'Orient, de l'Ebre à l'Euphrate,
du Rhin au désert. L'empire, tranquille depuis Actium
— depuis cent ans, — était remué dans toutes ses parties. Gaule, Espagne, Germanie, Afrique, Syrie, chaque
province ou voulait avoir élu l'empereur, ou songeait
à profiter de la désorganisation d'alentour pour se délivrer d'un joug qui apparaissait facile à briser. La Barbarie devenait menaçante. A l'appel du batave Civilis
les peuplades du Rhin répondaient par un vaste soulèvement, prélude des invasions germaniques. Jamais l'heure
n'avait été aussi grave. Peu s'en fallut que les destinées
de Rome ne fussent dès lors accomplies : elles pouvaient
être avancées de plus de trois siècles.

Ce début des *Histoires* a donc quelque chose de terrible par les spectacles de mort qu'il étale à nos yeux,
et d'émouvant par la pensée qu'il éveille déjà, du cata-
clysme final. Que Tacite, pour en parler, n'ait pas été
maître de garder le ton ordinaire, qu'il ait haussé la

voix, faut-il s'en étonner? Qu'une certaine recherche
do pompe et d'éclat se montre dans tout le développement, n'est-ce point pardonnable? Sans doute, en
gagnant des années, en s'éloignant de la rhétorique, il
deviendra plus simple et se rapprochera du grand art.
Les *Annales*, en effet, n'auront rien d'aussi oratoire.
Mais l'âge et la volonté d'être moins orateur, s'ils
sont la cause principale, ne sont pas la cause unique
de cette différence; elle tient encore à ce que les *Annales* n'auront rien d'aussi dramatique. Et elle tient
enfin à ce que Tacite n'y racontera plus une histoire
dont il a été le témoin.

Au contraire, il a vu en partie les événements de
l'année 69; et ce qu'il n'a pas vu alors, il l'a connu de
première main, l'apprenant de ceux qui avaient été les
spectateurs ou les acteurs du drame; il a eu ainsi l'écho
immédiat, la vibration directe. Mais, je le répète, il a
peut-être été lui-même spectateur. Quoique jeune à
cette époque, il était d'âge à savoir regarder et à se souvenir. Certaines choses, du reste, se fixent à jamais
dans les yeux; un enfant se fût souvenu. Galba étendu
sur le Forum, hors de sa litière, le corps percé de coups,
la tête séparée du tronc; le peuple s'amusant avec une
joie ignoble aux combats de rues entre Vitelliens et
Flaviens, encourageant les deux partis tour à tour,
excitant par ses cris les adversaires, — des citoyens
aux prises, — comme il faisait pour les cochers
dans le cirque ou les gladiateurs à l'amphithéâtre;
Vitellius, promené à travers la ville, une pique sous
le menton, forcé de redresser la tête et d'offrir son
visage à l'insulte, à la boue, à l'ordure : quelles
scènes! et comme on s'explique, si Tacite en a été
témoin, la profondeur de l'impression causée et l'im-
possibilité où il s'est trouvé, même trente ans plus
tard, de les reproduire de sang-froid. Du souvenir jaillit

en lui l'émotion, source de l'éloquence : *pectus est quod disertos facit*[1].

Pour achever de faire connaître en quoi consiste l'homme éloquent, opposons-le au déclamateur, à un Juvénal par exemple. Le satirique s'emporte contre les faussaires, les traîtres à l'amitié, les matrones empoisonneuses, les vieillards corrupteurs et les adolescents corrompus ; et cela est bien, et nous approuvons. Mais le voici qui dans les mêmes tirades poursuit de la même colère un avocat coupable de plaider en manteau de pourpre, une bague d'onyx à son doigt[2], ou Lateranus qui, du haut de sa voiture, salue avec son fouet un ami plus âgé[3], ou Matho dont le grand tort consiste, pour se donner de l'importance, à étaler sa personne dans une litière achetée de la veille[4] ; nous estimons alors la disproportion choquante entre l'invective et le motif qui l'a provoquée. Tel est bien le mauvais rhéteur : l'homme sans nuances, toujours monté au ton le plus élevé, qu'une petite faute indigne avec autant de force que le vice ou le crime, et j'ajoute, l'homme sans sincérité vraie, car il n'est pas possible que pour de simples peccadilles il soit aussi violemment irrité, et il s'excite à le paraître.

De là résulte que le déclamateur est un homme de parti ; il ne veut voir des choses qu'un seul aspect, toujours jeté hors de la mesure et jamais optimiste ou pessimiste à demi. Rouvrons Juvénal. A l'en croire, il ne règne plus sur terre que mal, fourberie, cupidité, haine ; c'en est fait des honnêtes gens, leur race est éteinte ; ce qu'il en reste « ne dépasse pas le nombre des portes de Thèbes ou des bouches du Nil ; nous vivons dans le neuvième âge, un âge pire que le siècle

1. Quintil., X, 7, 15. — 2. Juvénal, *Sat.*, VII, 135-136 et 143-144. — 3. *Sat.*, VIII, 151-152. — 4. *Sat.*, I, 32-33.

de fer, et si odieux, si criminel, que la nature même n'a plus de métal pour le désigner[1] ». Tacite, au contraire, a promis d'être impartial. Sa promesse est un engagement à tout dire, le bien comme le mal. L'a-t-il tenue? Du moins il a voulu et cru la tenir, et parfois même il y a réussi. Le prologue des *Histoires* nous en est une preuve : le chapitre III qui le termine apporte une heureuse restriction au chapitre précédent. L'auteur venait de tracer une peinture énergique de l'époque des Flaviens, mais une peinture constamment sombre, qui risquait d'être fausse pour être trop uniforme, et de paraître invraisemblable par l'excès même de sa noirceur. Il l'a senti, et se corrige, ou mieux se complète : « Ce siècle, ajoute-t-il, ne fut pas si stérile en vertus qu'il n'ait produit aussi quelques bons exemples. On vit des mères, des femmes suivre leurs fils ou leurs maris en exil, des parents se montrer intrépides, des gendres courageux, des esclaves d'une fidélité inébranlable dans les tortures; on vit d'illustres personnages envoyés à la mort, et cette mort elle-même courageusement supportée, trépas comparables à tous les plus beaux de l'antiquité[2]. » Ce sont encore des images de deuil, réconfortantes toutefois. Parmi tant de tristesses, passent sous nos yeux de nobles figures qui, nous arrachant au spectacle de la bassesse ordinaire, nous empêchent de désespérer de l'humanité.

On parle souvent du pessimisme de Tacite, et l'on n'a pas tort. Il est sûr que Tacite a une mauvaise opinion des hommes en général. Il est enclin à leur supposer des arrière-pensées, des mobiles secrets, des calculs trop profonds et, si j'ose employer l'expression, quelque chose de toujours un peu « machiavélique ». D'un fait il aime à proposer deux explications, l'une plus

____

1. *Sat.*, XII, 26 et suiv. — 2. Tacite, *Hist.*, I, 3.

simple, l'autre plus subtile, et quoiqu'il ne s'arrête définitivement à aucune, on devine qu'il pencherait volontiers pour la seconde. Comme dit Fénelon, « il a trop
d'esprit, il raffine trop » : il lui arrive de s'égarer dans
ses finesses. Cependant on voit ce qu'il faut penser de
son pessimisme, et qu'il n'est point semblable à celui
d'un Juvénal. Quand Juvénal s'écrie : « Non, les généra-
tions futures n'ajouteront rien à nos vices ; je défie nos
descendants de rien trouver de nouveau[1] », on sourit de
le voir si sûr de l'avenir ; et quand on songe qu'il s'en
prend au siècle des Antonins, qui ne passe pas précisément pour avoir été le pire de l'histoire, celui où l'on
ait touché « le fond de l'abîme du mal », on est amené
à conclure qu'il aurait tenu les mêmes propos, quelle
que fût l'époque où le sort l'eût placé. Tacite est sans
doute un pessimiste de nature, fortifié dans son humeur
par les circonstances ; ce n'est pas un pessimiste de parti
pris. Né grave et sérieux, il a porté cette qualité jusqu'au
défaut ; de grave il est devenu aisément chagrin. Il manque de ces illusions qu'il est bon d'avoir toujours un
peu sur l'espèce humaine. S'il en eut jamais, l'abominable époque qu'il a vécue pendant sa jeunesse et le
début de son âge mûr, les guerres civiles d'abord, puis
la « Terreur » des dernières années de Domitien, les lui
ont toutes enlevées. Mais il cherche à réagir contre cette
tendance. Lorsqu'il rencontre le bien, il s'efforce de le
reconnaître. Mettons qu'il le dise sans entraînement, et
comme par acquit de conscience ; il le dit, et c'est beaucoup ; plus l'aveu lui a coûté, plus il est méritoire.
D'ailleurs, toutes les fois qu'il est juste, il y gagne de se
préserver de l'hyperbole et d'éviter ainsi l'écueil où s'est
brisé Juvénal. L'impartialité, quand on sait s'y tenir, est
un assez bon frein, à elle seule, contre la déclamation.

1. Juvénal, *Sat.*, 1, 147-148.

Résumons maintenant les résultats de notre analyse. Le prologue est de tradition chez les historiens latins : Tacite, homme de tradition, adopte le prologue. — Le prologue a reçu de la rhétorique une transformation profonde : Tacite, élève des rhéteurs, adopte le prologue transformé. Il en fait d'une part un plaidoyer, où il justifie son entreprise (chap. 1), d'autre part un morceau littéraire grâce auquel, dès le commencement, il posera sur son histoire une empreinte très nette d'œuvre d'art (chap. 2 et 3). — Mais en même temps il est Tacite, un génie austère, qui conçoit peu à peu une plus haute idée du rôle de l'historien, un génie puissant, qui veut dégager son originalité des liens de la rhétorique. Mais en outre, il a su choisir une matière exceptionnellement dramatique. Mais cette matière enfin, il a la chance de pouvoir l'animer d'impressions personnelles, qu'il ravive en lui à la flamme de ses souvenirs. De là une émotion à la fois contenue et frémissante, une éloquence qui palpite, un mouvement oratoire qui n'est que l'effort du style pour se hausser à la taille du sujet, tout un concours de circonstances qui font de ce prologue un magnifique prélude.

S'il fallait lui adresser un reproche, à ce prélude, ce serait d'être presque trop beau. Une crainte, du moins, vient à l'esprit[1] : comment Tacite rentrera-t-il ensuite dans le ton ordinaire de l'histoire ? Le détail des événements ne peut le maintenir toujours sur les cîmes : il faut redescendre. Alors de deux choses l'une : ou l'auteur en effet redescendra, et le récit, après la magnificence de l'exorde, est exposé à paraître bien terne ; ou

---

1. G. Boissier a déjà exprimé cette crainte (*Rev. des Cours et Conf.*, 1896, 30 janvier, p. 482).

l'auteur, afin de garder à son style un éclat que le récit
ne comporte plus, voudra continuer la grande éloquence,
et son éloquence continue, non seulement sera en-
nuyeuse, mais aura le tort plus grave de sonner faux ;
pour ne pas vouloir dire simplement les choses simples, c'est maintenant, et à coup sûr, qu'il deviendra
déclamateur. Des deux côtés je vois un danger. Est-il
possible d'y échapper, et par quel moyen ?

.Tacite se tire d'affaire, en se souvenant qu'il est peintre.
Il sait que, si la juxtaposition de couleurs différentes produit toujours quelque chose de heurté, notre œil passe
aisément des unes aux autres, quand on a soin de le conduire par une série de tons dégradés. Avant d'entrer
dans le vif du sujet, il jette un regard sur la situation
politique de l'Empire au 1ᵉʳ janvier de l'an 69. Cette large
vue d'ensemble est un morceau d'apparat encore, qui se
prêtera donc aux brillants effets des chapitres antérieurs,
mais un morceau de transition aussi, où pénètre déjà,
au lieu des généralités du prologue et de ses allusions
très vagues, le détail plus précis, le renseignement, le
petit fait, et avec lui la nécessité d'assourdir les tons par
endroits et d'amortir les lumières. Cet exposé participe
du prologue, dont il est comme un prolongement ; mais
il prépare le récit lui-même, dont il facilite l'intelligence
par les explications préalables qu'il fournit. De celui-là
à celui-ci nous glissons par un plan incliné, et au chapitre 12, quand commencent à se dérouler les événements, nous nous trouvons abaissés au niveau de la
narration, où nous sommes introduits sans violence et
de plain-pied. Le peintre a su fondre ses couleurs.

Voilà un premier procédé. En voici un second, auquel
Tacite a recours également. Il consiste, l'histoire pouvant
être présentée de deux façons, l'une plus scientifique,
l'autre plus artistique, sous la forme du récit qui l'explique ou sous celle du tableau qui la montre, à remplacer,

chaque fois que le permettra l'occasion, le récit par le tableau, c'est-à-dire la succession des différents faits par le groupement d'un certain nombre d'entre eux en un tout composé. Tacite n'a pas, comme nous l'exigeons des modernes, le respect scrupuleux de l'exactitude; il a le goût de la vérité, sans en avoir la passion. A maintes reprises, au cours de sa narration, l'on notera de la négligence, de l'à-peu-près, même de l'obscurité. Il laisse tomber tel ou tel détail, qu'il serait utile de connaître pour se rendre un compte juste de l'épisode. Au fond le récit, qui n'est que récit et ne tourne pas au tableau, ne lui plaît qu'à moitié; il s'y résigne, comme à l'indispensable; mais il le réduit. Ce qu'il aime, ce n'est pas tant de *savoir* que telle chose a eu lieu à tel moment du passé, c'est de la *voir* dans le moment même où elle a eu lieu. Et pour voir, ses dons de peintre le servent merveilleusement. Ce qu'il retient de son examen ressuscite à ses yeux avec une force singulière. Qu'au-dessus de la trame des menus faits apparaisse l'événement dramatique, rien n'égale la puissance avec laquelle il s'en empare aussitôt. Il est là, observateur curieux, intéressé; il assiste à l'action, il la saisit dans ses diverses parties, avec son cortège de couleurs, de formes surtout et de mouvements, avec les gestes et les attitudes des personnages; et il ne s'en détache plus, qu'il ne l'ait rendue avec la vigueur dont elle l'a frappé. A l'appel de son imagination, les circonstances se réunissent, se disposent en une scène, et la scène s'ordonne en tableau.

L'histoire ainsi traitée promène le lecteur de scène en scène, et comme de sommet en sommet, avec l'entre-deux narratif dont elle n'a pu se passer. Chaque livre se trouve découpé en une suite de tableaux. Veut-on des exemples? Il faudrait presque tout citer. Je me borne aux premiers chapitres : tableau des rivalités d'influence qui s'agitent autour de Galba; adoption de Pison; présentation de

Pison à l'armée, au sénat ; tableau d'Othon parmi ses
affranchis et ses astrologues ; d'Othon intriguant auprès
des prétoriens ; d'Othon proclamé empereur, tandis que
le vieux prince « fatigue de ses prières les dieux d'un
empire qui n'est déjà plus à lui » ; acclamations du
peuple et empressement des sénateurs autour de Galba,
dès qu'arrive la fausse nouvelle du meurtre de son
rival..., et ainsi de suite, jusqu'à la mort de Galba, jusqu'à celle d'Othon, jusqu'à celle de Vitellius [1]. Le procédé aurait de l'inconvénient, s'il s'agissait d'une époque
banale ou de peu d'intérêt, qu'il fallût violenter pour la
réduire en tableaux. Mais celle que décrit Tacite est si
agitée, si tragique, si pleine de coups de théâtre précipités, que les scènes sont en quelque sorte toutes faites,
et que les tableaux s'offrent d'eux-mêmes.

Il est probable qu'ils s'offraient surtout dans la partie
des *Histoires* que nous possédons. Si notre conjecture
est exacte, remercions le temps de ses ravages. Lui qui
frappe d'ordinaire en aveugle, aurait opéré cette fois
une mutilation presque intelligente. Les ruines laissées
ne sont peut-être pas étrangères à l'étonnante impression que nous cause l'ouvrage. Car l'année 69 est dramatique au suprême degré ; mais ni le gouvernement de
Vespasien, surtout après que les Bataves furent vaincus
et les Juifs écrasés, ni le court passage de Titus sur le
trône, ne présentaient, il s'en faut, une matière d'un
intérêt aussi poignant ; et le principat de Domitien,
règne de la délation, de la méchanceté hypocrite, de la
cruauté sournoise, devait ressembler beaucoup à celui
de Tibère : on sait, du reste, que, lecteur assidu des

---

1. Ces tableaux partiels se groupent à leur tour en tableaux plus
vastes et forment de grands ensembles, dont chacun occupe à lui
seul la moitié d'un livre, ou un livre entier, ou même plus d'un
livre : la lutte de Galba et d'Othon, celle d'Othon et de Vitellius,
celle de Vitellius et de Vespasien, la révolte des Bataves, la guerre
contre les Juifs.

mémoires du vieillard de Caprée, Domitien s'attachait
à le prendre pour modèle. La différence des *Histoires* et
des *Annales* tient donc, parmi d'autres raisons déjà
énumérées, à celle-ci encore, que nous ne connaissons
plus des *Histoires* que la période la plus captivante.

Quoi qu'il en soit, dans la partie conservée l'accord
est étroit, intime, entre le procédé du tableau et l'objet
auquel il s'applique. Et dès lors le procédé a plusieurs
avantages, auxquels doivent être également sensibles les
deux hommes que Tacite porte en lui, l'orateur et le
peintre. Chaque tableau, se détachant en relief, produit
un effet. Mais pour atteindre ce relief et obtenir cet effet,
ce n'est pas trop de toutes les ressources d'une riche
palette. La hardiesse des expressions, l'éclat du style,
loin d'être à éviter, deviennent une condition nécessaire ;
et voilà Tacite libre de soutenir désormais le ton magnifique du prologue. Notre crainte de tout à l'heure était
vaine : entre toutes les parties de l'ouvrage l'harmonie
subsistera.

II

TABLEAU DE L'ÉTAT DE L'EMPIRE A L'AVÈNEMENT DE GALBA.

Tacite, avant d'aborder les révolutions qui portèrent
au pouvoir la dynastie flavienne, commence par embrasser d'un coup d'œil la situation du monde romain
à cette époque. Un souci d'artiste l'y oblige, nous
l'avons vu ; mais un souci d'historien également. De
même que les premières scènes d'un drame forment
l'exposition du sujet, les huit chapitres des *Histoires* qui
succèdent au prologue, mettent le lecteur au courant de
ce qu'il a besoin de connaître. La suite des événements
perdrait en clarté, si nous ne savions dès le début quel

était, après la mort de Néron, l'état de la ville, l'esprit
des armées, celui des provinces et, pour parler comme
l'auteur, quelles parties dans ce grand corps de l'empire « se trouvaient encore saines, quelles autres déjà
malades ». Mais exposer cette situation, c'est du même
coup aller aux causes profondes et découvrir les res-
sorts cachés dont le jeu déterminera l'ébranlement uni-
versel. Or la recherche des causes est précisément un
des objets de l'histoire. Tacite ne l'ignore pas. *Antequam
destinata componam*, dit-il, *repetendum videtur qualis
status urbis, quae mens exercituum, quis habitus pro-
vinciarum,.... ut non modo casus eventusque rerum,
qui plerumque fortuiti sunt, sed ratio etiam causaeque
noscantur*[1]. Entendez par ce dernier membre de phrase,
qui n'a pas été toujours bien compris, que les péripéties et l'issue des événements sont chose douteuse et
dépendent du hasard. On ne peut les prévoir ; on les
constate seulement. Mais aucun événement ne se produit
sans cause ; et cela, l'étude des causes, relève de la raison. Ainsi, l'on ne pouvait affirmer à l'avance quelle
tournure prendrait la révolte de janvier 69, si elle serait
nécessairement favorable à Othon et contraire à Galba :
toutes les révoltes n'ont pas le même succès. Mais on
pouvait être certain que le mécontentement des prétoriens, la défiance du peuple à l'égard d'un prince si différent de Néron, bref l'état des esprits et des mœurs
amènerait la révolte.

Tacite trouve donc, dans le vaste aperçu qui lui sert
d'entrée en matière, l'occasion d'appliquer ce qu'on
appellera, si le mot n'est pas trop ambitieux, sa philosophie de l'histoire. J'ajoute que cette occasion, les
tableaux à l'ordinaire la lui fourniront plutôt que les
récits. Le récit présente les faits surtout du dehors,

[1] *Hist.*, I, 4.

avec le mécanisme des forces matérielles en action. Le
tableau atteint davantage tout un ordre de causes intérieures, les forces morales ; il permet mieux de descendre au fond des âmes et d'y saisir ces inclinations,
ces humeurs, « ces secrètes dispositions » des peuples ou
des individus « qui préparent les grands changements »[1].
Ce n'est plus alors comme peintre de l'extérieur des
choses que Tacite aime à recourir aux tableaux ; c'est
comme passionné de l'analyse psychologique ou, si l'on
veut, comme moraliste, qu'il les préfère aux récits.

Seulement ce tableau du monde romain a-t-il été placé
à la date la plus convenable ? Remarquez que le moment
choisi n'est pas la proclamation de Galba comme empereur par la 6e légion d'Espagne au début d'avril 68, ni
même la mort de Néron qui eut lieu le 9 juin suivant,
mais bien l'entrée en charge de Galba comme consul,
avec Titus Vinius pour collègue, au 1er janvier de
l'an 69 : *initium mihi operis Servius Galba iterum Titus
Vinius consules erunt*[2]. De là quelque embarras pour
le lecteur, peut-être quelque obscurité. Rien proprement
ne nous est raconté de ce qui s'est passé pendant les
sept ou huit mois qui précèdent le consulat de Galba ;
mais il y est fait allusion, et ces allusions, toutes seules,
ne sont pas assez claires. Par exemple, les prétoriens
ont trahi Néron sous une pression étrangère (*arte et
impulsu*[3]). Nous devinons que ces machinations sont
l'œuvre de Nymphidius Sabinus, préfet du prétoire ;
mais en quoi ont-elles consisté ? Il nous faut aller l'apprendre chez Plutarque. Tacite parle également d'une
autre tentative de Nymphidius, dirigée celle-ci contre
Galba ; il se contente de la rappeler en termes vagues,
la supposant connue. De même encore il dit, sans pré-

---

1. Bossuet, *Disc. sur l'Hist. Univ.*, III, 2. — 2. *Hist.*, I, 1.
3. *Hist.*, I, 5.

ciser, que des milliers de soldats de marine furent
massacrés par l'empereur, à son entrée dans Rome.
Cette affaire du pont Milvius, assez grave « pour avoir
rempli d'horreur jusqu'aux meurtriers [1] », aurait gagné
en netteté, si un récit accompagnant le tableau nous
avait renseignés sur les revendications de ces malheureux. Bien plus, Tacite lui-même semble avoir été gêné
par la façon dont il a procédé. Il ne mentionne qu'au
chapitre 20, après l'adoption de Pison, les mesures que
prit Galba, dans la détresse financière du gouvernement,
pour ramener un peu d'argent au trésor vidé par les
prodigalités de Néron. Ces mesures remontaient à une
date antérieure. Galba n'avait pas attendu d'avoir
adopté Pison, le 10 janvier 69, pour parer à une nécessité aussi urgente. C'est dès les premiers temps de son
arrivée à Rome qu'il avait songé à faire rendre gorge
à la bande d'histrions et d'athlètes enrichie par son prédécesseur. L'auteur, qui ne peut se dispenser d'indiquer ce détail, est obligé, n'ayant pas eu l'occasion de
le raconter plus tôt, de le raconter maintenant ; mais
c'est trop tard ; le détail n'est plus à sa place. Il a l'air
de nous donner, comme étant de l'année 69, un événement qui appartient en réalité à l'année 68, et c'est alors
plus qu'un défaut de clarté : la chronologie a reçu une
atteinte [2].

La méthode de Tacite a donc des inconvénients.
Pourquoi l'a-t-il suivie ? Uniquement par esprit de tradition, afin de faire comme ses devanciers. Il a voulu

---

[1]. *Hist.*, I, 6.

[2]. La preuve que l'ordre de remboursement signifié aux anciens
favoris de Néron est antérieur au 10 janvier 69, c'est que, Galba
ayant été tué le 15 du même mois, il est matériellement impossible
de faire tenir en l'espace de quatre jours, entre l'adoption de Pison
et la mort du prince, toutes les circonstances qui accompagnèrent
la restitution et dont Tacite lui-même énumère la plupart (*Hist.*,
I, 20).

commencer son ouvrage au 1er janvier 69, et non à telle
autre date, parce que la coutume s'était imposée aux
historiens, dès l'origine, de raconter les événements
année par année[1]. Quelle étrange chose que ce soient
ces rudes écrivains du temps des luttes contre Hannibal, auxquels Cicéron reprochait justement leur manque
d'éloquence, c'est-à-dire leur peu de mérite littéraire,
qui aient fait accepter à des artistes, comme Tite-Live
et Tacite, une imperfection littéraire dont le point de
départ se trouvait dans les grossières annales des Pon-
tifes ! Telle était cependant sur l'esprit romain la puissance de la tradition. Quand le chef de la religion eut
suspendu, le premier jour de l'année, à la porte de sa
demeure, une table blanche pour y inscrire ce qui se
passerait dans les douze mois suivants, la règle annalistique fut fixée ; elle devait durer jusqu'au moment où
Suétone remplaça la grande histoire par le genre biographique. En particulier Tacite, esprit conservateur,
respectueux du *mos maiorum*, a refusé de s'en affranchir ; malgré la différence des temps, malgré les progrès de l'art, malgré les vices de cette ordonnance,
annaliste il reste dans les *Histoires* par la distribution
du récit[2], annaliste il restera jusqu'à la fin de sa

1. Cf. Fabia, *La règle annalistique*, dans le *Journal des Savants*
(juillet 1900, p. 433 et suiv.). M. Fabia ne croit pas que la règle
exigeât « nécessairement que le point initial fût un début d'année »
(*Rev. des Ét. Anc.*, 1901, t. 3, p. 50, en note). Mais l'exemple des
Annales qui s'ouvrent « à la mort d'Auguste, au milieu d'une année »
(août 14 ap. J. C.), n'est pas un exemple probant. On n'aurait
guère compris qu'une histoire des successeurs d'Auguste ne com-
mençât point avec le début même de cette succession, c'est-à-dire
au moment où disparaissait le fondateur de l'Empire.

2. Tacite n'a pu s'empêcher cependant de violer la règle annalistique par endroits. La plus grosse infraction se trouve aux chapitres 12 et suiv. du livre IV. Car c'est alors seulement, quand il
est arrivé au début de l'année 70, qu'il raconte la révolte des Bataves. Or cette révolte avait éclaté auparavant. Il est donc obligé de
reprendre les choses de plus haut (*id bellum... altius expediam*), et

carrière[1]. Mais l'inconvénient une fois noté, il faut reconnaître qu'il a su l'atténuer dans la mesure du possible. Les allusions aux faits écoulés depuis le 9 juin 68 sont insuffisantes ; elles valent toujours mieux que l'ignorance totale de ces faits, où nous aurait laissés le récit commençant au 1er janvier 69, sans avoir été précédé d'une vue d'ensemble[2]. Tacite, en nous donnant ce tableau, a été bien inspiré.

Ne doit-il l'inspiration qu'à lui-même, ou la doit-il à autrui ? Il semble que l'on saisisse assez bien d'où elle lui est venue. Salluste y a sans doute contribué pour une part. C'était alors le plus grand nom de l'époque en histoire, un plus grand nom que Tite-Live. *Primus romana Crispus in historia*, proclamait Martial dans une épigramme[3], et Quintilien dans son *Institution oratoire :*

de remonter dans l'année 69 jusqu'aux événements qui se sont passés avant la bataille de Crémone. Sans doute il n'aura pas voulu morceler son récit, et nous ne saurions l'en blâmer. Mais on voit combien la règle était fâcheuse et gênante.

1. Dans les *Annales*, tout en gémissant d'avoir à observer la règle, il n'ose pas la rejeter une bonne fois : « *Ni mihi destinatum foret suum quaeque in annum referre, avebat animus anteire statimque memorare...* » (*Ann.*, IV, 71). Il l'observe pourtant avec plus de liberté et de souplesse.

2. Pour Mommsen (*Hermès*, IV, p. 301), les *Histoires* sont simplement la continuation du récit d'un autre auteur allant jusqu'à la fin de l'année 68. Tacite devait donc supposer connus du lecteur les faits antérieurs au 1er janvier 69 et pouvait se contenter de les rappeler par allusions. Mais s'il a manqué à ce point de composition et d'art, qu'il n'ait voulu écrire qu'une *suite*, on ne s'explique pas pourquoi il n'a pas commencé tout bonnement son ouvrage au chapitre 12 ; il n'avait aucun besoin de rappeler, même par allusions, les événements de 68. Son tableau des chapitres 4-11 devient parfaitement inutile. Au contraire, il l'estime nécessaire (*repetendum videtur*) ; il l'ouvre avec une certaine solennité (*antequam destinata componam*). Il a évidemment la prétention que son histoire se suffise à elle-même.

3. Martial, XIV, 191.

hic (Sallustius) historiae maior est auctor (quam Livius)[1]. Tacite sans nul doute partageait leur sentiment : « *C. Sallustius*, disait-il, *rerum romanarum florentissimus auctor*[2]. » Si l'éloge n'est décerné que dans les *Annales*, on peut affirmer que l'admiration datait de plus loin ; car voulant passer de l'éloquence à l'histoire, l'auteur de l'*Agricola* et de la *Germanie* s'était mis, non point à l'école de Tite-Live, mais bien à celle de Salluste. A considérer les deux sujets qu'il a choisis pour ses débuts et qui sont de l'histoire traitée par fragments (*carptim*[3]), à voir aussi la manière dont ces opuscules déjà sont écrits, avec une recherche d'hellénismes et d'antithèses qui sont l'essence même du style de Salluste, on se rend compte qu'il était tout pénétré de son modèle.

Or chez ce modèle, au début du *Catilina*, il trouvait un tableau du milieu où la conjuration a pris naissance. Salluste, après avoir tracé le portrait du célèbre agitateur montre en effet sur quel terrain corrompu avaient germé les mauvais instincts de sa nature et comment, dans des âmes semblables à la sienne, s'étaient développés tous les ferments de révolution. Il nous donne là une peinture de la société romaine ou, pour mieux dire, une rapide histoire de Rome envisagée au point de vue moral, opposant les vertus civiles et militaires du passé, qui ont fait la grandeur de la République, aux deux fléaux que cette prospérité a introduits dans les cœurs, la passion du pouvoir et l'amour de l'argent. Le préambule de sa grande *Histoire*, autant qu'on en peut juger dans l'état de mutilation actuelle de l'ouvrage,

1. Quintilien, II, 5, 19. — Cf. aussi X, 1, 101-102, où malgré les éloges donnés à Tite-Live, c'est à Salluste qu'est réservée l'épithète d'*immortel*.

2. *Ann.*, III, 30.

3. Salluste, *Catil.*, 4.

était construit sur un fond d'idées analogues : même contraste entre la Rome vertueuse d'autrefois et celle que l'*ambitio* et l'*avaritia* conduisent à sa perte[1].

Mais ces tableaux, s'ils étaient pour Tacite une « suggestion » utile, n'étaient pas un exemple à suivre de tout point. Ne parlons que de celui du *Catilina*, le seul que nous puissions bien connaître. Il avait des défauts, et celui-ci notamment, qu'il ne contenait à peu près rien de précis, ni pour le temps ni pour les faits. Une mention de Carthage, une autre de Sylla et de l'armée d'Asie, et c'est tout ; ce n'était pas assez. Pour le reste, des développements de moraliste plus que d'historien. Tacite, lui, entendait situer son tableau à un moment déterminé de l'histoire ; il s'installait à une date précise (trop précise), et de ce poste d'observation jetait un regard circulaire sur le monde romain. Assurément, il est moraliste aussi, et moraliste d'abord, comme tous les historiens latins jusqu'à Suétone. Ce qui l'intéresse, c'est le contre-coup d'un événement dans les âmes et les divers mouvements qu'il y provoque. De quelle manière la fin de Néron a-t-elle été accueillie par le sénat, par le peuple et la garnison de Rome, par les légions et les généraux des frontières ? Il importe de le savoir[2]. Mais quelles étaient les ressources, l'organisation matérielle des différents pays de l'empire, quelles troupes occupaient ces pays et avec quels légats, quelle influence avait sur la décision des provinces leur position géographique et leur voisinage ou leur éloignement plus ou moins grand des centres d'agitation, il importe également d'en être informé. Tout ne s'explique point par des

1. Cf. *fragm.* 11 (Maurenbr.), et *frag.* 12, 13, 16. Tacite a eu aussi cet ouvrage sous les yeux, en même temps que le *Catilina*. La phrase initiale de ses *Histoires* est une imitation directe de celle qui commence les *Histoires* de Salluste (Cf. Tac., I, 1 et Sall., *frag.* 1).

2. *Hist.*, I, 4 : *Finis Neronis... varios motus animorum... conciverat.*

causes morales, encore qu'elles jouent un grand rôle et qu'elles soient en définitive le ressort qui fait agir. A côté de cet état des esprits, il y a un état des affaires, qu'on ne doit pas négliger ; car si l'état politique est créé par l'état moral, il réagit sur lui à son tour. Le tableau de Salluste, trop vague et trop indifférent à tout un ordre de questions, ne pouvait entièrement convenir à Tacite.

C'est d'un autre écrivain qu'il semble avoir subi l'influence plus particulière, de Lucain. La *Pharsale,* quand elle fut publiée, produisit un effet immense. La réputation de l'auteur, sa mort tragique, les conditions mêmes où l'œuvre interdite par Néron avait été continuée, mystérieusement, loin des regards jaloux, dans la fièvre et la rage, malgré la force brutale qui croyait pouvoir étouffer le génie, toutes ces circonstances mettaient autour de son apparition une attente singulièrement curieuse et sympathique. Elle vit le jour, dès qu'elle le put sans danger, dans les premières années du règne de Vespasien, et elle parut très probablement par les soins d'Argentaria Polla, la veuve de Lucain, attachante figure dont le souvenir s'unit en nous à celui de Paulina, la veuve de Sénèque : l'oncle et le neveu, emportés par un destin semblable, ont trouvé, pour honorer leur mémoire, deux des plus nobles femmes de l'antiquité. Il est aisé d'imaginer Tacite à dix-huit ans lisant la *Pharsale* ; il dut la dévorer[1]. Ce fut pour lui quelque chose comme le poème de Lucrèce pour Virgile, une de ces lectures qui descendent au plus intime de l'âme et s'y déposent pour la vie. Le jeune Cisalpin des bords du Mincio inclinait vers l'auteur du *de Rerum*

---

1. Lucain eut un grand succès dans les écoles, auprès de la jeunesse : on le lisait et commentait avec passion (Suétone, *de Viris illustribus,* p. 52 Reiffersch.). Tacite ne dut pas être un des moins passionnés.

natura, parce qu'il retrouvait en lui ses affections les plus chères, l'amour de la nature extérieure et l'amour de l'humanité : Tacite aussi se sentait rapproché de Lucain par des affinités de tempérament.

Réunion de qualités brillantes qui souvent s'excluent, mais dont chacune répondait à quelque tendance profonde de Tacite, Lucain avait aux yeux de celui-ci le triple prestige d'être poète, orateur, historien ; historien procédant par tableaux, orateur plein de mouvement, poète plein d'éclat. Qu'il fût tout cela, un certain nombre de ses contemporains le contestaient, la plupart beaux esprits. Pour les uns, il n'était qu'un historien : selon ces délicats, un poète épique n'avait pas le droit de traiter à la romaine un sujet romain ; et le classique Pétrone s'appliquait à refaire, avec tout l'appareil mythologique, le début soi-disant manqué de la *Pharsale*. Pour Quintilien et son groupe, en revanche, il n'était qu'un orateur. Mais le bon public, qui sans vouloir distinguer ni raffiner se laisse prendre aux entrailles, en jugeait autrement, et jugeait mieux que les habiles. Il prouvait son admiration pour le poète en enrichissant le libraire[1]. Et Tacite la prouvait à sa manière, qui en valait une autre : il s'inspirait du poème.

Notons d'abord certaines idées, communes aux deux écrivains. Tous deux portent sur leur époque un jugement amer. La prospérité matérielle dont ils jouissent ne leur fait pas illusion. En dépit de l'éclat apparent, c'est la décadence, dont Lucain semble avoir mesuré avec effroi l'étendue dans l'Italie dépeuplée. Ce mal ancien de la dépopulation avait singulièrement empiré depuis les Gracques, et même depuis Auguste : le désert

---

1. Martial, XIV, 194. C'est l'épigramme bien connue :
Sunt quidam, qui me dicunt non esse poetam :
Sea qui me vendit bibliopola, putat,

commençait maintenant aux portes de la ville. Rome n'était plus la mère féconde en héros[1]; les assises de son énorme puissance chancelaient, et tout l'amour-propre national du poète ne l'empêchait pas de concevoir comme une chose possible, d'aller jusqu'à prévoir la ruine de l'empire. On dira que ce sentiment de décadence, bien d'autres avant Lucain l'avaient eu, les Properce[2], les Tite-Live[3], et que Tacite peut donc l'avoir éprouvé par lui-même, sans le devoir à personne. Ce qui fait croire toutefois qu'il a songé à Lucain, c'est la curieuse analogie des images, par lesquelles ils annoncent tous deux la fin de la domination romaine. Ils voient un édifice qui s'écroule ou une machine qui se détraque, l'un et l'autre une dislocation générale, des ruines immenses, une catastrophe où le monde s'abîmant avec Rome disparaîtra tout entier, images admirables qui pouvaient à l'époque sembler excessives, et qui n'étaient que justes : l'histoire l'a montré. Un mot même est identique pour traduire l'angoisse qui étreint ces deux cœurs de patriotes : *compages*, l'assemblage solidement construit jadis, dont les parties sont ébranlées à présent ou disjointes (*compages soluta*[4], *convulsa*[5]).

Du jugement d'ensemble passons-nous à des jugements plus particuliers? Même concordance, mêmes paroles de flétrissure. Rome est une ville remplie de la lie des nations, la sentine de l'univers. Le peuple est tombé au plus bas degré de la lâcheté ; devenu indifférent au crime, il ne sait plus qu'insulter au vaincu et applaudir le vainqueur; les pires événements font sa joie ; il s'amuse ; tout lui est un spectacle, mieux encore

---

1. *Fecunda virorum* (Lucain, I, 165), comme l'était la Rome pauvre d'autrefois.
2. Properce III, 13, 59.
3. Tite-Live, *préface* ; VII, 29. — Cf. aussi Horace, *Epod.* 16, 2.
4. Lucain, I, 72-80.
5. Tacite, *Hist.*, IV, 74.

une fête : *spectatrix scelerum (turba) — aderat pugnan-tibus spectator populus ut in ludicro certamine*[1].

Ce n'est encore là qu'une imitation très générale. Pour resserrer notre enquête, enfermons-nous dans le premier livre des *Histoires*. Le chapitre 50 présente un tableau de l'inquiétude qui s'empara de Rome, quand soudain fut révélée au public la nouvelle, jusque-là tenue secrète, que Vitellius, à la tête des légions de Germanie, marchait sur l'Italie pour disputer le pouvoir à Othon. La seule pensée de voir arriver ces hommes du Nord, vêtus de peaux de bêtes, terribles avec leurs énormes javelines, effrayait les imaginations. Cette peur, il est vrai, s'accompagnait d'un sentiment plus noble, la tris-tesse, le découragement de retomber dans les horreurs de la guerre civile. Afin de mieux peindre l'émotion générale, Tacite donne la parole à la foule. Les citoyens eux-mêmes se lamentent. Ce sont d'abord les souvenirs du passé qu'ils évoquent : Pharsale, Philippes et Pérouse et Modène, *nota publicorum cladium nomina*. Ils mani-festent ensuite leurs craintes pour l'avenir : d'Othon ou de Vitellius lequel choisir, pour lequel implorer les dieux, alors que le destin n'offre que deux exemplaires également détestables d'impudicité, de lâcheté et de débauche ? Enfin craintes et lamentations se terminent par la pointe obligatoire, l'esprit à cette époque, même dans les graves circonstances, même chez Tacite, ne perdant pas ses droits : « Étrange lutte dont le seul résultat sera de révéler le plus mauvais dans le vain-queur, *deteriorem fore qui vicisset*. » Tel est le plan du discours.

Or ces idées et ce plan se trouvent déjà chez Lucain. Au début de la *Pharsale*, la situation est analogue. César a franchi le Rubicon et descend sur Rome. A son

____
[1] Lucain, III, 129 ; Tacite, *Hist.*, III, 83.

approche Pompée, le sénat, une partie de la multitude
s'est enfuie. Ceux qui sont restés, abattus, exhalent leurs
plaintes en longs gémissements[1]. Les femmes, les soldats, les vieillards élèvent successivement la voix. Soldats
et vieillards se partagent l'exposé des deux sentiments
que Tacite, plus bref, groupera en un seul discours et
résumera en quelques lignes. Mais la division est la
même, et Lucain l'avait nettement indiquée : *Praeteri-
tique memor flet (.. pulus) metuensque futuri*[2]. Aux
vieillards de pleurer sur le passé, quand ils se rappellent
les proscriptions de Marius et de Sylla. Aux combattants
de se poser, sans être à même d'y répondre, la question
troublante : pour qui se décider, de Pompée ou de César?
— Voilà, manifeste, saisie à la source, l'inspiration de
Tacite. Il n'est pas jusqu'à la pointe finale dont Lucain,
sous une forme différente, n'ait pu suggérer l'idée[3] :

> *Tantone novorum*
> *Proventu scelerum quaerunt, uter imperet orbi?*
> *Vix tanti fuerat civilia bella movere,*
> *Ut neuter !*

« Tant de crimes de leur part pour savoir qui des deux
sera le maître du monde ! Peut-être était-ce déjà trop
cher d'acheter par une guerre civile qu'aucun d'eux ne
le fût. »

L'imitation une fois reconnue, un dernier pas reste à
franchir : constater la transcription aussi exacte que possible. Nous franchissons ce pas dans le prologue des
Histoires. Après avoir indiqué que les catastrophes de

---

1. Gémissements trop longs, selon l'habitude de Lucain. Il aime
à faire parler ses personnages deux et trois fois plus qu'il ne faut.

2. Lucain, II, 233.

3. Lucain, II, 60-63. — A moins qu'elle ne soit plutôt encore
empruntée à Sénèque (*Ep.*, 14, 13 : *potest melior vincere, non potest
non peior esse qui vicerit*). Mais Sénèque ou Lucain, c'est toujours
l'esprit de la famille.

l'an 69 furent annoncées par des prodiges au ciel et sur
la terre, par des coups de foudre et mille autres présages,
Tacite termine son préambule sur cette phrase un peu
théâtrale : « Non, jamais plus horribles calamités du
peuple romain, ni signes d'en haut plus certains ne vinrent
attester aux hommes que, si les dieux ne veillent pas à
les sauver, ils prennent soin de les punir, *non esse curae
deis securitatem nostram, esse ultionem*[1] ». Laissons les
prodiges annonciateurs des guerres civiles, quoique Lucain le premier les ait énumérés dans son poème[2], où ils
sont mieux à leur place que dans une histoire. L'exclamation de la fin, avec son antithèse si caractéristique,
est presque littéralement tirée du passage sur la mort de
Curion au 4ᵉ livre de la *Pharsale*[3] :

> *Felix Roma quidem civesque habitura beatos,*
> *Si libertatis Superis tam cura placeret*
> *Quam vindicta placet !*

Dans le *Dialogue des Orateurs*, Tacite âgé de vingt-
cinq ans[4] faisait dire à l'avocat Aper, son porte-parole
en la circonstance : « Le public de notre temps veut de
la poésie, même dans un discours, et non de celle que
ternit la rouille d'Accius ou de Pacuvius, mais une
poésie brillante, qui sorte du sanctuaire d'Horace, de
Virgile ou de Lucain, *poeticus decor... ex Lucani sacra-
rio prolatus*[5]. » Ainsi, dès cette époque, il recommandait
l'imitation de la *Pharsale* comme une des sources du
bien dire, et du bien écrire. Quoi d'étonnant si plus

---

1. *Hist.*, I, 3. — 2. Lucain, I, 522 et suiv. — 3. Lucain, IV, 807.

4. Environ : nous ignorons la date exacte de sa naissance et celle où il rédigea son ouvrage. Il est vraisemblable qu'il avait une vingtaine d'années en 75, au moment où eut lieu l'entretien qu'il a rapporté ensuite, et qu'il mit ses souvenirs par écrit cinq ou six ans plus tard, sous le règne de Titus.

5. *Dialog.*, 20.

tard, devenu lui-même écrivain, il a mis en pratique un précepte dont il était imbu depuis sa jeunesse?

Nous sommes conduits de la sorte à deux conclusions. Bien que Tacite, à en juger par la façon peu sympathique dont les *Annales* racontent la mort de Lucain, n'ait pas eu pour l'homme une grande tendresse, il admirait vivement le poète; il séparait donc dans son esprit l'un de l'autre; ou peut-être, à l'époque où il écrivait les *Histoires*, son opinion sur l'homme n'était-elle point ce qu'elle sera plus tard; en tout cas, il faut qu'il ait étudié de bien près la *Pharsale*, pour en avoir retenu, comme il a fait, des scènes, des tableaux, des idées, jusqu'à des vers. Notre seconde conclusion, c'est que l'imitation est plus fréquente et plus complète au début des *Histoires* que dans la suite. Il semble que Tacite, à mesure qu'il progressait, se soit dégagé de cette influence; mais quand il a commencé, s'il n'a pas eu le poème à ses côtés, sur son lit de travail, il venait certainement de le relire, et le souvenir lui en était présent à la pensée, avec une vivacité toute fraîche.

On comprendra maintenant que les chapitres qui concernent l'état du monde à l'avènement de Galba (nous y revenons, après ce détour nécessaire), aient pu être inspirés par Lucain. Or si Lucain a beaucoup aimé l'histoire, il l'a aimée en poète, c'est-à-dire en « voyant »; et sa vision amène tout naturellement sous sa plume une suite de tableaux : il décrit plus qu'il ne raconte. Même quand il étudie les causes, où le porte son goût[1], ces causes s'animent à ses yeux, deviennent vivantes, concrètes et pittoresques, portraits des personnages, peinture de la situation. A-t-il à parler de l'extension.

---

1. Lucain, I, 67 : *Fert animus causas tantarum expromere rerum.*

démesurée de l'empire? Rome lui apparaît entraînée à
sa chute comme un corps trop pesant, suivant cette loi
de la nature que tout ce qui s'élève à l'excès doit
s'écrouler sur soi-même ; — de la rivalité des chefs ?
Cette rivalité est pour lui l'équilibre rompu entre deux
ambitieux, dont l'accord ne se soutenait que par la présence d'un troisième, assez puissant pour faire toujours
contrepoids au plus fort : ce troisième mort, la balance
s'incline ; — de l'état des mœurs publiques? Il voit le
luxe des maisons, des vêtements, de la table ; l'Italie où
les champs, transformés en d'immenses pâturages, sont
d'immenses solitudes, où les grands domaines ont tué
avec la petite propriété cette vaillante race de paysans-
soldats qui a conquis le monde ; le peuple, avili, dégoûté
d'être libre, vendant ses suffrages, demandant qu'on le
nourrisse ; une noblesse enfin, en partie ruinée, sans
crédit, et, pour sortir de son existence inquiète, réduite
à la guerre civile comme à sa dernière ressource[1]. Voilà
le tableau : la décomposition sociale présentée en vives
images, et sa conséquence nécessaire, la révolution.

Tacite a dû être très frappé de cette puissante peinture. Il avait, lui aussi, des luttes intérieures à décrire
et les causes de ces luttes, Rome et le peuple, des compétitions sanglantes et des catastrophes politiques. Sans
doute sur ce sujet semblable il met sa marque personnelle ; ce n'est pas un copiste. Mais si la facture de son
tableau diffère, l'idée lui en est venue de la *Pharsale*.
Lucain poète-historien, Tacite historien-poète, tous
deux peintres de guerres civiles, devaient nécessairement
se rejoindre.

En quoi cependant l'imitation se distingue-t-elle du
modèle? Constatons d'abord d'une œuvre à l'autre la
distance qui sépare un poème proprement dit, même un

---

1. Lucain, I, 182 : *multis utile bellum*.

poème historique, d'une véritable histoire. Lucain a
beau s'efforcer d'être historien exact, et l'être en effet
beaucoup plus qu'on n'était en droit de s'y attendre ; il
y a un degré d'exactitude qu'il ne saurait franchir, sans
sortir de la poésie et verser dans la chronique. Or il
entend rester poète, et il emploie sa poésie à relever
l'histoire. De là dans ses portraits les comparaisons qu'il
introduit, de Pompée avec un chêne ou de César avec
la foudre[1], et qui sont, la première surtout, d'une belle
et brillante imagination, mais n'ont que la valeur d'ornements poétiques. De là, dans son tableau des mœurs
privées et publiques, son exécution très large, réduite
à quelques touches, vives et fortes il est vrai, qui parfois rappellent Sénèque et parfois annoncent Juvénal[2],
mais toute en traits généraux, sans nom propre, sans
même rien qui indique si nous sommes à l'époque particulière de César, ou à celle de Sylla, ou à celle des
Gracques.

Inversement, Tacite a beau ne pas être aussi exact
qu'on le souhaiterait, rester vague dans certaines dési-
gnations de provinces[3], fixer pour le nombre des
troupes un chiffre qui a été vrai précédemment, mais
ne l'est plus à la date dont il parle[4], ou même ne pas
donner de chiffres du tout et s'en tenir aux expressions
vires, exercitus, copiae[5] : son tableau, comme l'écrit

---

1. Lucain, I, 136-143 et 151-157. — 2. Lucain, I, 163 et suiv. ;
178 et suiv.

3. *Hist.*, I, 7 : *in Germania* pour désigner la Germanie *inférieure* ;
I, 8, *Hispania* pour désigner l'Espagne *Tarraconaise*.

4. I, 10 : *Syriam et quattuor legiones*. Il n'y en avait plus alors
que trois, la III[a] Gallica ayant été envoyée en Mésie.

5. Aucun chiffre pour les légions de Germanie (I, 8), de Bretagne et d'Illyrie (I, 9), d'Égypte (I, 11), d'Afrique (I, 11). — A
propos de ce dernier passage on a voulu corriger le texte. *Africa ac
legio in ea... contenta*, lit-on au lieu de *legiones*, sous prétexte qu'il
n'y avait en Afrique qu'une légion, la III[a] Augusta. Correction
inutile, car à cette époque le gouverneur Clodius Macer en avait

Gaston Boissier [1], « à côté des vues d'ensemble, contient encore tant de détails précis, tant de faits, tant de remarques sur la distribution des légions et la manière dont Rome gouvernait les peuples », qu'après le tableau de Salluste, après celui même de Lucain, « il est quelque chose de nouveau ».

Constatons aussi que Tacite procède avec un ordre qu'on ne trouve pas chez le poète. Lucain, ayant à peindre les grands et la plèbe, fond les deux portraits en un seul, sans prendre la peine de les distinguer. Lui en ferons-nous un reproche? Un tableau poétique a ses lois particulières. Aux lenteurs patientes de l'analyse il préfère le brusque raccourci de la synthèse. Il groupe, il ramasse, parce qu'il cherche surtout l'impression à produire. Il s'agit pour lui, non pas tant de démêler ce qui caractérise telle ou telle classe de citoyens, que de faire toucher du doigt les plaies et la misère du corps social tout entier. Ambitieux pour qui le droit se mesure à la force, tribuns et consuls violateurs des lois, citoyens livrant les charges publiques pour de l'or, aristocrates rongés de dettes, acculés à l'impasse, ils sont tous jetés dans le même développement, pêle-mêle [2]; qu'importe? En nous se grave cette idée que la république est perdue : cela suffit. — On comprend que cela ne puisse suffire à Tacite. Quelles que soient ses tendances à la concision, son devoir d'historien lui commande une autre méthode. Il lui faut distinguer, analyser, énumérer. D'autant plus que le champ de la lutte s'est élargi depuis César. Les provinces les plus reculées elles-mêmes se sont émues, et des confins de l'empire arrivent les armées. Ce n'est plus seulement l'Italie, c'est tout le

leyé une seconde (presque aussitôt dissoute, il est vrai) : le pluriel *legiones* peut donc être maintenu. Mais Tacite aurait épargné toute hésitation au lecteur, s'il s'était montré plus précis.

1. G. Boissier, *Tacite*, p. 182. — 2. Lucain, I, 171-182.

monde romain qui s'ébranle. Du cœur aux extrémités l'organisme est atteint. Tacite, pour être sûr de son diagnostic, en examine les différentes parties l'une après l'autre. Il commence par Rome, et dans Rome il étudie le sénat, les grands, le peuple, les soldats. Hors de Rome, son programme est plus vaste. Il fait le tour des provinces, depuis la Gaule où Vindex a donné le signal du mouvement, jusqu'à l'Orient mystérieux où se réserve, pour surgir à son heure, le futur vainqueur Vespasien. Mais énumération ne signifie pas équivalence des parties. Si toutes sont passées en revue, toutes ne figureront pas au même plan ; chacune au contraire ne sera développée que selon son degré d'importance. Le sénat et le peuple, ayant eu peu d'influence sur le drame qui se joue, seront vite expédiés. La garnison de Rome (ce que Tacite appelle *miles urbanus*), pour avoir renversé Galba et proclamé Othon, a droit à une place déjà plus considérable. Toutefois c'est un autre acteur qui vient occuper le premier rang, un acteur qui de la coulisse, où il s'était tenu jusque-là, se pousse sur le devant de la scène, l'armée provinciale, la province. Fait nouveau dans l'histoire que cet éveil des provinces, et qui méritait l'attention particulière de l'auteur. Aux comparses donc quelques lignes seulement, aux seconds rôles une page, au protagoniste quatre chapitres : la proportion observée est conforme à la vérité de l'histoire.

Du même coup Tacite se trouvait amené à regarder son sujet sous un aspect qu'avaient négligé ses devanciers. Salluste, trop évidemment, ne s'intéresse qu'au jeu des passions humaines. Lucain lui-même s'appuie encore sur des causes presque toutes morales : ambition parmi les chefs, soif d'argent chez les nobles, perte absolue de l'honnêteté dans le peuple. Tacite habituellement moraliste, par une louable exception, ne se contente pas ici de son point de vue ordinaire. Il oublie son

principe, que l'histoire est un recueil de leçons destinées
à la conduite de la vie, pour tenter une explication
totale d'un moment du passé. Avec les provinces et les
ressources dont elles disposent, la condition des armées
qui les occupent, la force des partis en présence, c'est le
point de vue politique qui fait, à Rome, son entrée dans
l'histoire : et c'est l'originalité de ce début de l'ouvrage[1].

Est-ce à dire que l'examen de la situation soit complet? J'indiquerai plus loin ce qu'un moderne y eût
ajouté. Mais admirons d'abord la sûreté du coup d'œil
de Tacite. S'il n'a pas tout vu, il a bien vu l'essentiel et
touché le point capital, l'armée. En dehors de l'armée
rien ne compte. Pas plus du peuple que du sénat ne
pouvait sortir une révolution ; ils étaient l'un et l'autre
sans dignité ni courage. Le peuple avait une partie encore
saine, les citoyens liés d'intérêts aux grandes familles[2] ;
mais il s'agit ici de la multitude qui vivait au théâtre et
au cirque, ramas d'étrangers et d'esclaves affranchis,
dont Néron s'occupait d'être le pourvoyeur et l'amuseur.
Cette populace, à défaut de vertus, aurait dû tenir à
garder un prince qui contribuait si fort à ses plaisirs.
Pourtant, lorsqu'il fut menacé, elle ne sut même pas le
défendre, et lorsqu'il fut mort, elle se borna à regretter
la splendeur de ses fêtes. D'elle, il n'y avait rien à
craindre, rien à attendre non plus ; par lâcheté elle
laissait faire.

Quant à la classe dirigeante, sénateurs, nobles, che-

1. M. Fabia a raison (*Journal des Savants*, 1903, p. 456-457) de
mettre Thucydide et Polybe au nombre des historiens politiques,
mais non pas d'y mettre Salluste et Tite-Live. Ni Salluste ni Tite-
Live n'ont rien de semblable à cette introduction de nos *Histoires*,
et *chez les Latins* c'était bien « quelque chose de nouveau ».
2. *Pars integra*, dit Tacite (*Hist.*, I, 4).

valiers de premier rang, l'autorité impériale l'avait trop
décimée pour n'avoir pas à peu près brisé toutes ses
facultés de résistance. Ce qui lui restait d'énergie n'allait
pas au delà d'un effort sans durée, d'un sursaut. Quelques esprits, échauffés dans des conciliabules secrets,
pouvaient bien comploter de loin en loin. Quand il
fallait mettre au jour le complot et braver le danger,
cette belle ardeur s'évanouissait. Quatre ans auparavant,
la conspiration de Pison avait montré ce dont ils étaient
capables : les conjurés découverts s'étaient dénoncés à
l'envi. Après cette expérience décisive, on avait perdu le
goût de recommencer.

Le seul élément qui restât vivant et fort, c'était l'élément militaire. A Rome déjà, il était redoutable. Garde
impériale, garde municipale, cohortes de veilleurs, gen-
darmerie et soldats de police, tout cela formait un total
d'au moins vingt mille hommes, alors que, régulièrement, la ville n'aurait pas dû avoir de garnison. Ajoutez
que la garde impériale, d'abord dispersée dans les différents quartiers et logée chez l'habitant[1], était depuis Séjan
réunie en un camp, à la fois caserne et enceinte fortifiée,
près de la porte Viminale[2] ; et ce groupement lui avait
donné, avec la cohésion, un sentiment accru de son
importance ; un inquiétant esprit de corps était né,
l'esprit prétorien, dont les suites n'allaient pas tarder à
paraître[3]. Ajoutez aussi qu'à l'avènement de Galba, un
nombre inusité de troupes se trouvaient rassemblées
dans Rome[4]. Néron, pour consolider son pouvoir ébranlé,

1. Suétone, *Tib.*, 37 : *per hospitia dispersae (cohortes)*.
2. Exactement entre la porte Colline et la porte Viminale.
3. Tacite (*Ann.*, IV, 2) : *vim praefecturae modicam antea intendit
(Seianus), dispersas per urbem cohortes una in castra conducendo, ut
simul imperia acciperent numeroque et robore et visu inter se fiducia
ipsis, in ceteros metus oreretur.* — Suétone, *Tib.*, 37.
4. Tacite, *Hist.*, I, 6 : *plena urbs exercitu insolito.*

avait fait venir des renforts de divers côtés : des con-
tingents germains, bretons, illyriens, surtout des soldats
de marine, gens méprisés, recrutés jusque parmi les
esclaves, mais qu'il avait élevés à la dignité de légionnaires avec l'espoir que, lui devant tout, ils lui seraient
tout dévoués. Si l'on compte enfin la légion amenée
d'Espagne par Galba, c'était une quinzaine de mille
hommes qui grossissaient encore la garnison ordinaire.
On voit le danger d'une pareille multitude ainsi concentrée, quel aliment de troubles, quelle matière à révolution, *ingens novis rebus materia !* « Sans préférence
spéciale pour tel ou tel, dit Tacite, elle était à la disposition du premier audacieux [1]. »

Toutefois ce n'est pas de la soldatesque urbaine, c'est
des légions de province que partit l'initiative de renverser
Néron. L'Aquitain Vindex, propréteur de la Lyonnaise,
se révolte. Étouffé en Gaule, l'incendie se développe en
Espagne. Puis soudain, sur des points très éloignés,
d'autres foyers se déclarent, en Afrique, en Germanie,
un peu plus tard en Orient [2] ; aux quatre coins bientôt,
l'horizon est en flammes. Pourquoi cet embrasement
général ? Tacite en donne la raison dans une phrase
d'allure un peu énigmatique, qu'on a prise parfois pour
un mot de déclamateur, bien qu'elle ne soit que l'expression de la vérité : « Alors fut révélé le secret de
l'Empire. » Quel secret ? « Qu'un empereur pouvait être
fait ailleurs que dans Rome [3]. » Les princes antérieurs,

___

1. *Hist.*, I, 6.
2. Vespasien ne sera proclamé par ses légions qu'au mois de juillet suivant ; mais dès le début de l'année, les soldats étaient fré-
missants, tout prêts à courir aux armes (*fremere miles — non falle-
bat duces impetus militum*, II, 6 et 7), et les chefs, au moins les amis
et les officiers de Vespasien, sinon Vespasien lui-même, déjà réso-
lus à la guerre (II, 7).
3. *Hist.*, I, 4 : *evulgato imperii arcano posse principem alibi quam
Romae fieri.*

tantôt nommés par le sénat comme Tibère et Caligula, tantôt, comme Claude et Néron, proclamés d'abord par les prétoriens, puis reconnus par les consuls[1] ou les sénateurs[2], avaient tous été faits à Rome. Il semblait qu'il y eût là un privilège, un droit, une sorte de mystérieuse maxime d'État qu'il ne fallait pas discuter. Il n'y avait en réalité du mystère, que parce que nul ne s'était avisé de regarder au fond des choses. Le jour où la 6e légion d'Espagne salua Galba du nom d'*Imperator*, ce fut pour les armées de province et pour les provinces elles-mêmes une révélation[3]; elles s'aperçurent que Rome ne représentait pas tout l'empire, n'était pas la ville unique, comme on le leur laissait croire; elles connurent leur importance, et qu'elles possédaient un pouvoir dont elles ne s'étaient jamais doutées.

Ce qui prouve bien que les temps étaient mûrs, c'est que les révoltes éclatèrent partout à la fois. Jusque-là il ne s'était produit qu'un soulèvement militaire, celui de Camillus Scribonianus, légat de Dalmatie sous Claude; encore l'effervescence n'avait-elle duré que cinq

1. Dion, LX, 1.
2. Tacite, *Annales*, XII, 69. — Dion, LXI, 3.
3. Dira-t-on qu'il faut distinguer les armées et les provinces, que ceux qui proclamaient les empereurs étaient les soldats, non les provinciaux ? Cependant c'est Vindex, un Gaulois d'Aquitaine, qui avait d'abord offert l'empire à Galba (Plutarque, *Galb.*, 4; Suétone, *Galb.*, 9). De plus les soldats étaient recrutés en grande partie sur place, parmi les provinciaux ; et ceux qui venaient du dehors, se mariant volontiers dans le pays, en adoptaient les mœurs et les croyances ; de toutes façons ils prenaient un caractère provincial. L'armée devenait ainsi une sorte d'image ou de représentation de la province. Tout ce qui agitait l'une avait son retentissement immédiat et son contre-coup sur l'autre. Une des causes du soulèvement des légions de Syrie en faveur de Vespasien fut le bruit, habilement répandu par Mucien, que Vitellius allait les déplacer et les envoyer en Germanie. Elles tenaient par mille liens à leur contrée, aimaient les habitants, en étaient aimées. *Nihil aeque provinciam exercitumque accendit*, dit Tacite, confondant étroitement celle-ci avec celle-là (*Hist.*, II, 80).

jours[1]. Maintenant ce sont toutes les armées qui veulent, chacune de leur côté, avoir leur empereur. Chacune se rend compte qu'elle peut oser ce qui a réussi à l'une d'elles, qu'elle a même intérêt à l'oser, « pour ne pas abandonner à d'autres les profits de la domination[2] ». Tacite a raison : la brusque découverte du « secret de l'Empire » fut un événement dont il serait difficile d'exagérer la valeur. Elle créait une agitation qui n'avait pas de précédent dans le passé de Rome et mettait la puissance romaine à deux doigts de sa ruine. L'année des quatre empereurs fut l'année terrible; elle pouvait être l'année fatale, *Servius Galba iterum Titus Vinius consules inchoavere annum sibi ultimum, rei publicae prope supremum*[3] : c'est par cette réflexion grave, d'une froideur apparente, que l'historien termine son exposé. Il se contient; mais on sent qu'il a tremblé devant la perspective entrevue d'un effondrement général.

✦

Dans ce tableau si chargé de signification, il semble pourtant qu'il y ait une lacune. Tacite a bien démêlé les conséquences de l'élection de Galba; elle est la cause de toutes les catastrophes qui se préparent. Mais cette élection elle-même, de quelle cause est-elle née? Pourquoi s'est-elle produite? et produite en Espagne? et en liaison avec la tentative de Vindex dans les Gaules? Pourquoi est-ce contre Néron que la Gaule et l'Espagne se sont révoltées? Et s'il existait contre Néron des raisons particulières, pourquoi, après la mort de Néron, la crise continua-t-elle? Nous cherchons une réponse à ces questions. Nous n'en trouvons pas, du moins dans les chapitres qui nous occupent.

1. Suétone, *Claud.*, 13.
2. *Ne penes ceteros imperii praemia* (*Hist.*, II, 6).
3. *Hist.*, I, 11.

On dit communément que les provinces ne furent jamais plus heureuses qu'aux deux premiers siècles de l'Empire, et dans l'ensemble on n'a pas tort de le dire. Sauf exceptions, elles jouirent alors d'une paix et d'une prospérité qu'elles n'avaient guère connues sous la République. Un méchant prince comme Tibère était un excellent administrateur. Les folies mêmes d'un Caligula ne pesaient que sur son entourage : *saevi proximis ingruunt*[1]. L'empire n'étant pas encore centralisé, chaque partie vivait un peu de sa vie propre. Rome souffrait; le reste du monde n'avait pas trop à se plaindre.

D'où vient donc qu'on ne pût supporter le pouvoir de Néron? Néron avait-il été plus criminel que ses prédécesseurs? Il avajt été surtout plus maladroit. Remarquez que c'est de l'Occident que partit la révolte et, en Occident, de la Gaule. Les peuples d'Occident étaient moralement très supérieurs à ces flatteurs obséquieux et bas qu'étaient les Orientaux. Ils aimaient la tenue, le respect de soi-même et de son rang. Or, Néron, artiste d'une vanité énorme, très fier de ses talents de chanteur, n'avait pas craint de monter sur un théâtre et de prostituer sa personne en la donnant en spectacle. Bien plus, peu satisfait des succès recueillis dans sa capitale auprès d'un public qu'il méprisait comme lourd et grossier, avide d'être apprécié par de plus fins connaisseurs, il avait entrepris des voyages dans l'Italie du Sud et en Achaïe, véritables « tournées » de comédien. Dans les pays grecs il fut acclamé. En Gaule, où beaucoup d'habitants, devenus citoyens romains, avaient l'orgueil de leur nouveau titre, on jugea qu'il se déshonorait, et l'on rougit d'avoir pour empereur un histrion.

Au scandale de ces exhibitions scéniques s'ajouta dans

---

1. *Hist.*, IV, 74.

les provinces le contre-coup d'une déplorable situation financière. Néron était un bourreau d'argent. Après avoir dépensé follement, construit sa Maison Dorée, jeté à des gens de bas étage deux milliards deux cents millions de sesterces, épuisé sa fortune personnelle et mis à sec les caisses de l'Etat, il n'avait plus comme ressource que de se refaire avec l'argent des autres. On connaît le mot de Tibère au sénat, un jour qu'il était sollicité de venir en aide à un grand seigneur ruiné : « Quand vous aurez vidé le Trésor par vos complaisances, il faudra bien que je le remplisse par des crimes[1]. » Confiscations, exécutions, Néron ne tarda pas à recourir aux expédients qu'avait annoncés Tibère. Les riches Romains une fois tués et dépouillés, il voulut tuer et dépouiller à leur tour les riches provinciaux[2]. Il frappa en Afrique[3]; il menaçait de frapper en Gaule[4]. Il était temps d'arrêter ses fantaisies sanguinaires. Si Rome s'était montrée victime résignée, la province n'entendait pas se laisser égorger docilement.

Mais Néron meurt. Le mouvement aurait dû s'arrêter, puisqu'il visait à renverser Néron. Ce fut tout le contraire qui arriva; l'agitation ne fit que s'étendre. C'est que l'empereur mourait sans héritier; et alors éclata le vice originel de l'institution impériale. Parce que le principat était un pouvoir ambigu, mal défini, une monarchie sournoise, Auguste n'avait pas osé régler l'ordre de succession à l'Empire. Faute de mieux, il avait dû se contenter d'une solution provisoire, s'en remettant aux circonstances du soin de la faire durer. Elle dura, en effet, tant que fut représentée la maison julio-claudienne. Mais comme avec Néron la famille de

1. *Ann.*, II, 38.
2. Ajoutez le pillage en général, les taxes trop lourdes, les exactions, le partage du butin avec les concussionnaires.
3. Pline *N. H.*, XVIII, 35. — 4. Plutarque, *Galb.*, 5.

César s'éteignait, il fallut bien chercher ailleurs. Tous les espoirs alors devinrent permis, et, l'exemple de l'Espagne ayant montré qu'il suffisait d'avoir de l'audace, toutes les compétitions se manifestèrent au grand jour. Ce fut la poussée des appétits. On vit l'armée de Germanie jalouse de l'armée d'Espagne, les prétoriens jaloux des légionnaires, les légions d'Orient et du Danube jalouses des légions du Rhin. Chacun se disait : « Pourquoi pas moi, aussi bien que les autres? » Éternelle parole dont se couvrent toutes les convoitises[1] ! La crise, d'abord locale et particulière, ouverte en Espagne sur la question du renversement de Néron, se généralisa sur la question plus excitante, et plus grave, de savoir comment se ferait désormais l'accession à l'Empire.

Tacite n'a point donné dans son tableau ces raisons du grand ébranlement. Aucun des huit chapitres ne parle de la crise financière; aucun, du malaise causé au monde par l'absence d'une loi de succession. D'où cela? Devons-nous croire, par exemple, qu'il n'a pas su voir quel était l'état des finances, ni reconnaître l'intérêt du sujet? Ou encore, l'argent, les chiffres, était-ce de ces choses dont on peut bien s'occuper (les Romains s'en occupaient avec passion[2]), mais dont on ne parle pas. Le scrupule, aujourd'hui, paraîtrait singulier. Il est vrai qu'il s'agit d'autrefois, et de Tacite, écrivain pénétré d'une sorte de respect religieux pour la gravité de son

1. *Hist.*, II, 6; — Suétone, *Vespas.*, 6 : *neque enim deteriores esse aut Hispaniensi exercitu qui Galbam, aut praetoriano qui Othonem, aut Germaniciano qui Vitellium fecissent.*

2. Cf. Horace, *Art Poétique*, v. 325 et suiv., à propos de l'éducation des jeunes Romains. — Notez aussi que non seulement les commerçants, mais les particuliers, outre un carnet de recettes et de dépenses au jour le jour (*adversaria*), avaient un registre sur lequel ils recopiaient chaque mois le précédent carnet, ce que nous appellerions un « grand-livre » (*tabulas accepti et expensi*).

œuvre[1], ayant pour principe que tout ne mérite pas
d'être confié à l'histoire et qu'elle ne saurait, sans dé-
choir, s'abaisser à de certaines considérations. Seulement, pour que l'explication fût exacte, il faudrait que
Tacite n'eût jamais abordé ce genre de questions ni à
propos d'aucun prince. Or il montre qu'en janvier 69
ce fut le *donativum* promis au nom de Galba, puis dif-
féré et finalement refusé, qui détermina l'attitude des
prétoriens, devenus, de favorables qu'ils étaient, hostiles
au nouvel élu. Il insiste sur l'avarice du vieil empereur
auquel, même après les maladresses du début et sa
rigueur hors de saison, la moindre libéralité aurait pu
encore concilier les esprits[2]; sur les dettes d'Othon qui
ruiné, poursuivi par ses créanciers, « perdu dans un
état de choses régulier », avait besoin d'être empereur
pour se tirer d'affaire[3]; sur les mesures enfin que prit
le gouvernement, afin de remédier aux embarras du
Trésor[4]. Il ne serait donc pas juste de prétendre, ou
qu'il a ignoré l'importance de la question d'argent ou
que, l'ayant reconnue, il n'a point osé l'introduire dans
son histoire, puisque de cette question qui précipita la
chute de Néron et contribua beaucoup à celle de Galba,
s'il n'a rien dit pour le premier, il a marqué avec soin
les effets pour le second.

L'autre omission du prologue n'est pas moins volontaire. Plus bas, au chapitre 16, par la bouche de Galba
adoptant Pison, Tacite saura fort bien exposer la théorie de la transmission du pouvoir, comparer les deux
systèmes de l'hérédité et de l'adoption, et définir comment, à la mort du dernier des Césars, on fut mis

1. *Hist.*, II, 50, *procul gravitate coepti operis crediderim.*
2. *Hist.*, I, 18.
3. *Hist.*, I, 21. — Cf. Suétone, *Oth.*, 5 : *nisi principem se stare
non posse.*
4. *Hist.*, I, 20.

brusquement en présence d'une situation nouvelle. Là aussi il indiquera, — en passant, mais il indiquera tout de même, — les motifs profonds de l'animosité des provinces contre Néron. « C'est sa cruauté et sa folie de plaisirs, fera-t-il dire à Galba, qui l'ont renversé de dessus nos têtes. Il a été le premier exemple d'un prince condamné. » Condamné par qui ? Par l'opinion de Rome ? Par l'aristocratie, par le sénat ? Il n'eût pas été le premier. Par la populace ? Tout au contraire, elle aimait sa folie. Mais condamné, voilà la nouveauté, par l'opinion du dehors. Galba, dans son discours, ne s'exprime pas et ne peut pas s'exprimer plus nettement. Il ne veut point paraître l'élu d'un parti ou d'une province. Parlant comme empereur et parlant à Rome, il est obligé de parler pour l'ensemble des citoyens. Dans l'expression *cervicibus publicis* il confond donc à dessein Rome et le reste de l'empire ; mais comment sa pensée n'irait-elle pas d'abord à ceux qui les premiers de tous l'ont proclamé, aux provinciaux ?

Ainsi nos explications n'ont pas échappé à la clairvoyance de Tacite. Pourquoi ne les a-t-il pas fournies, où nous les attendions ? C'est qu'il est annaliste. Il examine la situation politique au 1er janvier 69, non au 9 juin 68. A la date où il s'est placé, il constate un bouleversement général. Il en trouve la cause dans l'élection de Galba, qui « révéla » aux provinces leurs droits et leur pouvoir. L'ayant dit, il ne croit pas avoir rien de plus à nous dire. Quant à remonter plus haut, à la cause de cette cause, notre moderne curiosité peut en être tentée ; c'était pour Tacite dépasser l'horizon où il s'enferme.

Ajoutons qu'il est peintre. Même si la tradition annalistique ne lui avait pas marqué des limites, comme artiste encore il n'eût peut-être pas procédé autrement qu'il a fait. Car l'étude des causes, qui est un des objets de son histoire, ne reste pas chez lui à l'état de considération philosophique et abstraite; elle apparaît sous la forme vivante du tableau. Or dans ses tableaux il simplifie, il condense. Abréviateur par nature, il abrège aussi pour obéir aux nécessités de la composition. Au lieu de charger ses fonds, de multiplier ses perspectives, d'éparpiller ses effets, il concentre la lumière sur quelques points, sur un point. Le point, ici, c'est l'ébranlement du monde romain à la suite de l'élection de Galba. Que tout y converge; que tout ce qui en détourne soit éliminé. Rome et les provinces ne seront donc envisagées que par rapport au fait nouveau de l'élection et aux conséquences de ce fait. Les différents rivaux seront présentés à leur plan et selon leur degré, non pas d'importance réelle, mais d'importance à ce moment précis. Qu'arrive-t-il? Othon, le futur successeur de Galba, ne paraît point, et n'a point à paraître : il ne s'est pas encore posé en adversaire. Inversement, quoique Mucien ne prétende pas à l'empire, il n'en aura pas moins son portrait, parce qu'il est le « faiseur » d'empereur. Vitellius, dont la révolte est soupçonnée, mais non confirmée, n'a droit qu'à une simple mention. Vespasien enfin, âgé, peu ambitieux, hésitant, candidat presque malgré lui, tiendra moins de place, quelle que doive être ensuite sa haute fortune, que Mucien, l'homme de tête en la circonstance, celui qui pousse et décide. — Et Néron? Eh bien ! Néron, c'est le passé. Les raisons de son impopularité, intéressantes en elles-mêmes, n'influencent plus ni la situation *actuelle* de Galba ni l'agitation *persistante* des provinces; elles ne serviraient maintenant qu'à égarer l'attention. Tacite les écarte. Plus tard, à l'occasion d'un discours, il y reviendra en quelques mots, montrant qu'il aurait pu, s'il l'avait voulu, les indiquer dans l'introduction tout comme un autre. Pour l'instant, elles ne sont point nécessaires, et ce qui n'est pas nécessaire lui semble être de trop.

Le tableau, ramassé autour d'un événement déterminé, évite le gros danger de n'avoir point de centre. Comme la nature du sujet obligeait l'auteur à passer en revue les différentes régions de l'empire, on pouvait craindre que cette énumération, faute de lien, n'aboutît à une sorte d'émiettement. Le lien existe ; une même vision est ramenée dans chacun des huit chapitres, suggérée par le choix des détails : celle d'un craquement, d'une dislocation générale. Malgré la succession des parties l'unité d'impression demeure, le tableau est composé, — et c'est l'un des plus beaux en ce genre.

Orateur dans le prologue, peintre dans le grand exposé de l'état du monde en janvier 69, Tacite dès le début nous est révélé tout entier. Les deux sources où il alimente son génie d'artiste continueront désormais à couler, tantôt séparées, tantôt mélangeant leurs eaux, pour former la nappe magnifique et profonde, toujours brillante, parfois scintillante, des *Histoires*.

CHAPITRE DEUXIÈME

RÉCITS ET TABLEAUX

LES RÉCITS.

I. *Les récits en général.* — Plutarque et Tacite. — Ce qui manque à la narration de Tacite : d'être plus exacte — d'être plus complète — d'être plus familière. — Les imperfections du récit tiennent à l'éducation oratoire : recherche de l'effet dramatique. — Tacite en lutte avec lui-même et les souvenirs de son éducation.

II. *Les récits de guerre.* — Tacite n'est pas « le moins militaire des historiens ». Preuve : la concentration de l'armée du Danube autour de Vérone et la bataille de Crémone. — Mais il n'est pas réellement un historien militaire. Ce qui l'intéresse : a) l'état moral des armées. — b) le pittoresque de la guerre. — Conclusion : Tacite peintre plutôt que narrateur.

I

Tacite n'est pas, à proprement parler, un narrateur et sa grande affaire, je l'ai dit, est moins de raconter que de décrire. Un excellent moyen de s'en rendre compte est de le comparer à Plutarque. On sait les curieuses analogies relativement aux règnes de Galba et d'Othon, qui existent entre les deux auteurs[1]. Cependant cette ressemblance, toute grande qu'elle soit, ne

1. Voir Fabia, *Sources de Tacite*, 1893, p. 10-103 et, sous une forme plus ramassée, E. G. Hardy, *Studies in Roman History* (1906), p. 299-307 et 311-315.

les empêche pas en mainte rencontre de garder chacun
ses préférences d'écrivain, ses habitudes, ses procédés
ou, d'un mot, sa manière. Ainsi, l'on est vite frappé de
ce qu'un même fait est rarement relaté par l'un et par
l'autre avec le même luxe de détails. Tantôt c'est Plutarque qui l'emporte en abondance et en précision, tantôt au contraire c'est Tacite. Or, si l'on y regarde de près,
voici ce que l'on constate presque toujours : quand
Tacite abrège ce que Plutarque développe, nous avons
affaire à un récit ; quand Tacite insiste et appuie, nous
sommes en présence d'un tableau.

Donnons quelques exemples. S'agit-il d'apprendre au
lecteur les antécédents d'Othon, ses relations avec Néron
au temps de sa jeunesse scandaleuse, son intimité plus
récente avec Galba, lorsqu'il revint d'Espagne à Rome
escortant le nouveau prince, faisant sa cour aux soldats
et se frayant déjà les voies à l'empire, Plutarque est
riche en renseignements de tout genre[1] ; il sème les
anecdotes, dit tout ce qu'il sait ; on le sent à l'aise dans
son sujet ; mais ce sujet est précisément une suite de
récits. Tacite élague, retranche, résume, procède par
allusions et renvoie les intrigues d'Othon à un chapitre
ultérieur où, sans suivre l'ordre chronologique, il trans-
formera cette partie du récit en un tableau d'ensemble[2].
S'agit-il de l'enlèvement d'Othon et du coup de main
des prétoriens (autre récit), du meurtre de Galba, du
suicide d'Othon, de la mort de Tigellin (récits encore)[3] ;
Tacite, en ces divers endroits, est moins complet que le
biographe[4]. Entendons-nous : je ne parle pas de ce qui
a trait à l'état des esprits, aux sentiments des personnages, acteurs ou témoins du drame. Je parle des cir-

---

1. Plutarque, *Galb.*, 19 et 20. — 2. Tacite, *Hist.*, I, 13 et 23-24.
3. Plutarque, *Galb.*, 25 et 26-37 ; *Oth.*, 16-17 ; 2.
4. Tacite, *Hist.*, I, 27 ; 41 ; II, 49 ; I, 72.

constances matérielles qui ont accompagné chacun de
ces événements : l'attaque de la litière de Galba sur le
Forum ou les insultes à son cadavre, les particularités
des funérailles d'Othon, les lâches petits moyens
employés par Tigellin pour reculer le moment de mourir. Tout ce détail anecdotique, que Plutarque recueille
avec soin, Tacite le laisse tomber ; il court, il est pressé.
Pourvu que l'essentiel y soit, cela lui suffit : il arrive
même que l'essentiel n'y est pas toujours.

Au contraire, en d'autres passages, qui sont nombreux,
Tacite reprend l'avantage par l'ampleur de ses développements. Qu'on lise les chapitres qui concernent l'adoption de Pison[1]. Galba vieux, fatigué et, depuis quelque
temps déjà, soucieux de se choisir un successeur, précipite sa résolution, à la nouvelle de la révolte des
légions du Rhin. Sur la formation de ce projet, dont
l'importance fut capitale, sur les obstacles qu'il rencon-
tra pour prendre corps et aboutir, Plutarque est d'une
étonnante sobriété. C'est Tacite cette fois qui s'étend
avec complaisance. Il montre d'abord les bruits circu-
lant dans la ville, agitant l'opinion avide de ces sortes
d'entretiens ; chacun fait des prévisions, a son candidat ;
« très peu s'inspiraient, dans leurs conjectures, de la
justice ou de l'amour du bien public » ; la plupart ne
songeaient qu'à flatter, à servir leurs intérêts présents ou
leurs espérances d'avenir. Autour de l'empereur s'agitent les familiers, qui se disputent l'esprit du vieillard.
Plutarque ne dit qu'un mot de ces pronostics et de ces
rivalités d'influence ; Tacite leur consacre deux chapitres
entiers. Enfin Galba s'est décidé en faveur de Pison ; il
réunit quelques grands personnages, consuls, préfet du
prétoire, préfet de Rome, et leur communique son
choix. Voilà donc trois parties formant un ensemble ; et

____

1. *Hist.*, I, 12-14.

les portraits d'Othon et de Pison qui s'y intercalent sont
mis là, non point pour eux-mêmes, mais afin de justifier
la décision de Galba. C'est la peinture d'une situation ;
c'est un tout composé, un *tableau*. — L'adoption a lieu.
De nouveau grande scène[1]. Il est à prévoir, si notre remarque antérieure est exacte, que Tacite se sera attaché
à la décrire avec beaucoup plus de soin que n'aura fait
l'auteur grec. Est-ce bien ce que nous constatons ? Chez
Tacite la scène, comme en un triptyque, se déroule sur
trois panneaux : à gauche la cérémonie du Palatium,
au centre la présentation de Pison aux cohortes préto-
riennes, à droite la présentation au sénat. Ajoutez des harangues, intercalées ici comme tout à l'heure l'étaient les
portraits, tantôt développées et tantôt seulement résu-
mées, mais dans le même dessein : elles ont pour objet
de compléter l'étude de la situation ou l'analyse des
âmes. Et Plutarque ? Il réduit cette vaste fresque aux
dimensions d'une toile d'atelier ; plus rien ni de la
scène du Palatium, ni de la scène du sénat. Il n'a gardé
que la présentation au camp, l'acte essentiel, il est vrai,
puisque à cette heure tout dépend des soldats ; mais là
même, au lieu d'insister comme Tacite sur la déplorable
impression causée par le discours de l'empereur, il
retombe dans ses détails habituels de chroniqueur et
d'anecdotier ; il note surtout les éclairs accompagnés de
tonnerre qui interrompent le discours, et la grosse pluie
qui vient subitement envelopper la ville de ténèbres[2].

Je laisse à poursuivre l'expérience, qui presque toujours sera concluante. Mais je veux retenir un dernier
exemple, particulièrement instructif ; car ce n'est plus
dans des chapitres distincts, c'est dans un même passage à présent, qu'apparaissent réunies les différences
de procédés des deux auteurs, et c'est d'un seul coup

---

1. *Hist.*, I, 14-19. — 2. Plut., *Galb.*, 23.

que vont sauter aux yeux le fort et le faible de Tacite[1].
— Les soldats d'Othon ont été vaincus à Bédriac par
l'armée de Vitellius. Marius Celsus, un de leurs généraux, rentré au camp pendant la nuit, assemble le lendemain les principaux officiers et leur expose son opinion : « la partie est perdue ; tenter de nouveau la
chance ne servirait qu'à faire inutilement un plus grand
nombre de victimes ; demandons la paix. » Le conseil
paraît sage ; on envoie une ambassade auprès de Cécina
et de Valens, les deux vainqueurs, pour traiter de la
reddition. Sur ces entrefaites, le frère d'Othon, Titia-
nus, se ravise. Regrettant d'avoir consenti à négocier, il
installe des soldats sur les remparts et organise la résistance. Mais Cécina, qui a bien accueilli les parlemen-
taires et revient avec eux, ne s'est pas plus tôt avancé près
du camp, à cheval, la main tendue en signe de récon-
ciliation, que tous déposent les armes, le saluent du haut
des murailles, ouvrent les portes et se rangent à son
parti. Auprès de ce récit plein de choses, « celui de
Tacite, dit M. Fabia[2], est bien sec ; cette arrivée de
Cécina et ce geste de clémence sont autrement expressifs » que la pauvre phrase correspondante de l'auteur
latin : *mox remissa legatione patuit vallum.* Pourquoi
Tacite a-t-il abrégé la narration, au point de la vider de
toute substance ? Je ne crois pas, comme M. Fabia,
« qu'il ait hâte d'en venir à un événement plus considérable, le suicide d'Othon ». Il n'est pas nécessaire de
chercher si loin. Il a hâte en effet de quitter le récit,
mais simplement parce que c'est un récit, et qu'un
tableau, immédiatement après, l'attend et l'appelle. Ce
qui l'intéresse, ce ne sont pas les incidents de l'ambassade ou les détails de la capitulation (aussi les a-t-il

1. Tac., *Hist.*, II, 44-45; Plut., *Oth.*, 13.
2. Fabia, *Sources de Tacite*, p. 272-273.

passés sous silence)'; c'est la scène qui suit, la réconci-
liation entre vainqueurs et vaincus, avec l'étude morale
dont elle est l'occasion et l'effet pathétique qu'elle amène.
Lui si rapide tout à l'heure, si court, disons même si
insuffisant, s'arrête maintenant ; et sans doute il ne
devient pas prolixe — ce défaut n'est jamais à craindre —, néanmoins il prend son temps pour décrire
l'émotion générale. « Othoniens et Vitelliens fondaient
en larmes, maudissant, au milieu de leur joie douloureuse, les calamités de la guerre civile. Confondus dans
les mêmes tentes, ils pansaient les blessures, celui-ci
d'un frère, celui-là d'un parent. Combien incertains
pour eux espoirs, récompenses ! Combien assurés les
funérailles et le deuil ! Personne n'avait assez échappé
au malheur pour n'avoir pas à déplorer quelque mort[1]. »
A l'inverse, Plutarque sur ce point a perdu toute son
abondance : « Ce furent des embrassements mutuels,
de grandes démonstrations d'amitié, se contente-t-il de
dire ; après quoi, ils prêtèrent serment aux Vitelliens[2]. »
Le tableau est escamoté. — Je ne connais pas d'autre
passage où éclatent mieux la manière de faire de chacun
et les préférences de Tacite.

D'où vient donc, je ne dis pas cette répugnance pour
le récit, mais tout au moins cette subordination du récit
au tableau ?
Pour se plaire au récit, il aurait fallu que Tacite eût
davantage le goût de l'exactitude scrupuleuse ; il ne l'a
pas assez. Je ne veux rien exagérer. Il aime la vérité,
il désire la connaître et prend de la peine pour l'atteindre,
plus de peine parfois qu'on ne lui en suppose ; il ne
l'aime pas au point de lui tout sacrifier, même l'effet

1. *Hist.*, II, 45. — 2. Plut., *Oth.*, 13.

littéraire, Il proteste, dans la préface des *Histoires,* de son attachement inviolable pour elle[1], et il est sincère ; mais il n'a pas ce culte de la science qui donne à ses adeptes la force d'écarter de soi passions ou préjugés, influences du milieu, préoccupations d'artiste, pour se placer en face de la vérité toute seule et tâcher de la voir dans sa pure lumière. On objectera que cette conquête n'est que de notre temps, et qu'on ne peut reprocher à Tacite d'avoir été un ancien. Cependant dès l'antiquité même, Tacite avait un modèle sous les yeux, Thucydide, qui, par son amour déjà passionné du vrai et sa méthode déjà scientifique, n'est pas loin d'avoir donné satisfaction aux plus rigoureuses de nos exigences modernes.

L'auteur des *Histoires* n'a pas suivi cet exemple, et nous pouvons lui demander compte de certaines de ses inexactitudes. Car il ne s'agit pas seulement d'erreurs involontaires qui tiennent à l'infirmité de notre nature, et auxquelles nul n'échappe. Je parle d'une altération de la vérité, à demi-consciente, sinon pleinement voulue, qui sous l'empire de l'habitude finit peut-être par devenir inconsciente, mais dont on est responsable quand même, parce qu'on devait faire effort pour ne pas la laisser dégénérer en habitude. Si nous trouvons la source des inexactitudes de Tacite dans un défaut acquis de son esprit, nous dirons qu'elles étaient évitables, parce qu'il dépendait de lui de ne pas l'acquérir, et nous les inscrirons à son passif. M. Fabia, auquel je renvoie[2], s'est attaché à en dresser le bilan. Placé à un point de vue différent et ne faisant pas la critique de l'historien, je me bornerai à montrer tout à l'heure le

1. Tac., *Hist.,* I, 1 : *incorruptam fidem professis...*
2. Voir l'ouvrage déjà cité sur *les Sources de Tacite,* notamment I\ufe partie, ch. V, 1.

principe d'où elles dérivent. Somme toute, le nombre n'en est pas très considérable, et beaucoup ne sont pas, si l'on veut, très importantes. Mais en dehors de celles qu'on a relevées, il y a celles que nous ignorons probablement encore, que nous n'avons pas les moyens de découvrir. Il y a surtout la tendance dont elles procèdent les unes et les autres, connues et inconnues, et qui communique une sorte d'inquiétude au lecteur. On pardonnerait à Tacite de n'avoir pas rencontré la précision absolue : qui peut se flatter d'y atteindre ? On lui pardonne moins aisément d'avoir passé à côté d'elle par sa faute, pour ne l'avoir pas poursuivie assez ardemment.

Or si l'exactitude n'est pas la seule, elle est la première qualité du véritable narrateur. Elle est pour lui plus qu'une vertu : un impérieux besoin de son esprit. Y manquer lui causerait une souffrance intellectuelle. Aussi n'y manque-t-il point, et il n'a guère en cela de mérite ; mais son mérite consiste justement à s'être créé ce besoin. Il ne semble pas que Tacite ait souffert de céder à l'inexactitude.

Pour se plaire au récit, il aurait encore fallu que Tacite eût davantage le goût du détail, de tous les détails nécessaires. Ce n'est pas assez que de ne rien dire d'inexact ; il importe de dire tout ce qui est utile à la clarté et à l'intelligence des faits. Et cela ne signifie pas ne rien omettre (il est bien évident qu'on ne peut reproduire l'infinie complexité de la vie et que d'ailleurs, si on le pouvait, on n'aboutirait qu'à encombrer l'histoire d'une masse de faits sans valeur) ; mais cela signifie ne rien omettre d'essentiel. D'où il résulte qu'une narration ne doit pas être trop brève, qu'elle demande un peu de temps et d'espace pour dérouler le cortège des circonstances qui l'expliquent, et que la concision, bonne en

soi, devient nuisible, si elle aboutit à vous rendre incom‑
plet ou obscur. L'inconvénient est arrivé plus d'une
fois à Tacite. Il ne se suffit pas toujours à lui-même ; il
nous oblige à chercher ailleurs le commentaire qu'il ne
nous a pas donné. A force de vouloir condenser, il
pêche par omission. Telle chose s'est passée. Pourquoi ?
L'explication est un petit détail que Tacite a retenu par
devers lui ; dans son désir d'aller vite, il a négligé le
« parce que ».

Galba, installé à Rome, songea d'abord à se procurer
des ressources[1]. Comme Néron avait vidé le trésor, par
ses stupides largesses à des chanteurs et à des comé‑
diens, il sembla juste de faire rendre gorge à ces gens‑
là. L'on ne voit pas pour quelle raison la mesure aurait
été mal accueillie des bons citoyens, et cependant, d'après
Tacite, elle souleva de l'agitation dans la ville[2]. On ne
comprend plus. On comprendrait au contraire, si l'on
savait que, les anciens favoris de Néron étant devenus
insolvables parce qu'ils avaient presque tout gaspillé,
le gouvernement s'avisa de poursuivre ceux qui de
bonne foi avaient acheté leurs biens mis en vente[3] ; de
la sorte un grand nombre de personnes se trouvèrent
atteintes, sans l'avoir mérité, et la joie du début fit
place au mécontentement. Mais Tacite n'a rien dit de
cette extension de l'enquête, et son récit n'est pas clair.
— A l'avènement d'Othon, un subit et terrible débor‑
dement du Tibre fut interprété comme un mauvais
présage, d'autant plus que la disette se répandit parmi
le peuple[4]. Comment l'inondation put-elle causer la
famine ? L'une n'est pas la conséquence nécessaire de
l'autre. C'est que le marché au blé fut envahi par les
eaux et les boulangeries submergées[5]. Tacite n'avait

1. Tac., *Hist.*, I, 20. — 2. *Hist.*, I, 20 : *Inquieta urbs.* — 3. Plu‑
tarque, *Galb.*, 16 ; Suétone, *Galb.*, 15. — 4. Tac., *Hist.*, I, 86. —
5. Plut., *Oth.*, 4.

pas le droit d'omettre cette circonstance. — Lorsque furent célébrées les funérailles d'Othon, les soldats, profondément attachés à leur prince, se révoltèrent, tant étaient grands leurs regrets et leur douleur[1]. Raison bien extraordinaire et qui ne justifie pas une émeute. On cesse de s'étonner, dès qu'on apprend que Plotius Firmus, le préfet du prétoire, leur avait demandé de prêter tout de suite serment à Vitellius. Mais ce n'est pas chez Tacite qu'on l'apprend[2].

D'autres lacunes sont plus graves. En voici une par exemple qui, au lieu de concerner quelque détail secondaire, est relative à un événement de première importance, l'élévation de Vespasien à l'empire[3]. — Les circonstances qui donnèrent le pouvoir à Vespasien se produisirent dans l'Illyricum et dans les provinces orientales, sur deux théâtres séparés par de grandes distances, mais en étroit rapport l'un avec l'autre et subissant le contrecoup réciproque de ce qui se passait ici ou là-bas. L'omission de quelqu'une d'entre elles pouvait avoir des suites très fâcheuses, puisqu'elle supprimait cette répercussion et rendait les faits difficilement explicables. Il fallait donc se garder de briser le lien. Or le lien est brisé chez Tacite, et nous avons besoin de Suétone pour rétablir l'enchaînement[4].

Au printemps de l'an 69, les légions de Mésie se dirigeaient vers la Haute Italie, pour apporter à Othon, auquel elles étaient toutes dévouées, leur concours contre Vitellius. Malgré leur hâte, elles ne purent arriver à

1. Tac., *Hist.*, II, 51.
2. Plut., *Oth.*, 18. Il y a d'ailleurs une erreur sur le nom du préfet. Plutarque l'appelle Pollion, mais c'est de Plotius qu'il s'agit.
3. Tacite, *Hist.*, II, 74 et 79-80. — Voir sur ce sujet Fabia, *L'adhésion de l'Illyricum à la cause flavienne*, dans la *Revue des Etudes Anciennes*, 1903 (V), p. 329 et suiv.
4. Suétone, *Vespas.*, 6.

temps sur le champ de bataille de Bédriac. Elles se trouvaient encore à Aquilée, au nord de l'Adriatique, quand elles apprirent la défaite des Othoniens et le suicide de l'empereur. D'abord elles n'y voulurent pas croire. Poussées même par l'occasion et un instinct de licence, elles se mirent à piller, se partageant le butin, résultat de leurs brigandages. Mais une fois revenues à elles, elles comprirent la gravité de leurs actes. Le succès de Vitellius, au reste, ne pouvait plus être douteux. Elles craignirent le châtiment du vainqueur. Le seul moyen d'y échapper leur parut être de se donner à un autre chef et d'élire de leur côté un empereur. « Pourquoi ne feraient-elles pas, après tout, ce qu'avaient tenté et réussi l'armée d'Espagne avec Galba, les prétoriens avec Othon, l'armée de Germanie avec Vitellius? » Il y avait justement parmi elles une légion, la 3e, envoyée tout récemment en Mésie, à l'époque de la mort de Néron, c'est-à-dire depuis moins d'un an. Elle arrivait de Syrie où elle avait tenu garnison, ayant servi sous Mucien, le nouvel ami de Vespasien, et bien placée pour connaître les talents de Vespasien lui-même et ses brillants exploits dans la Judée voisine. Quand les mutins d'Aquilée cherchèrent quel gouverneur de province ils pourraient mettre à la tête de l'empire, l'idée vint naturellement à la 3e légion de proposer Vespasien, et cette candidature très vantée recueillit l'assentiment général. Alors, selon l'usage en pareil cas, on déchire les étendards au nom de Vitellius, et sur d'autres qu'on arbore on inscrit le nom de Vespasien. Toutefois ce beau feu ne dura pas. Les insurgés rentrèrent peu à peu dans le devoir et regagnèrent leurs quartiers de Mésie : la tentative semblait avoir avorté. Elle n'en devait pas moins avoir bientôt les plus graves conséquences. A la nouvelle de cette défection, voyant que l'on pouvait compter, aux frontières mêmes de l'Italie, sur une force armée consi-

dérable et raisonnablement espérer que les autres corps
du Danube seraient gagnés par la contagion de l'exemple, le préfet d'Égypte, Tiberius Alexander, se décide à
jouer ia partie dont il avait souvent discuté les chances
avec Vespasien et Mucien. Lè jour des kalendes de
juillet il fait reconnaître Vespasien par ses troupes.
Celui-ci avait jusque-là hésité à prendre le pouvoir,
résistant aux instances des siens et même à la conjuration des signes célestes en sa faveur. Lé coup d'audace
d'Alexander aurait-il suffi, à lui seul, pour vaincre ses
hésitations? Le certain, c'est que l'élection d'Aquilée,
ces sympathies, qui venaient à Vespasien de si loin
et de gens inconnus, pesèrent beaucoup sur sa décision
et achevèrent au moins de l'entraîner à courir l'aventure. Le 3 juillet il est proclamé en Judée. Mucien suit,
avec les légions de Syrie. Tout l'Orient se déclare pour
lui. Une lettre-circulaire est aussitôt rédigée et envoyée
aux armées d'Occident. La pression, qui partait maintenant des provinces orientales, ne pouvait trouver d'obstacle sérieux dans les corps du Danube. Par leurs dispositions antérieures, ceux-ci étaient même tout préparés
à se rallier définitivement à la cause flavienne. La troisième légion, toujours donnant le branle, communiqua
son ardeur aux deux autres de Mésie, et les légions de
Pannonie, qui n'attendaient qu'un signal de leurs voisines plus puissantes, dès que l'insurrection commença,
s'y jetèrent sans balancer. On était au début d'août. Trois
mois ne s'étaient pas écoulés, que réunies elles ven-
geaient Othon sous les murs de Crémone, en donnant
la victoire et l'empire au nouveau rival de Vitellius.

C'est ainsi, n'en doutons pas, que les choses se passèrent. La défection de l'Orient précéda le soulèvement
de l'armée du Danube; mais cette défection avait été
elle-même précédée par l'essai de révolte d'un corps
danubien, celui des légions de Mésie qui avaient pris

l'initiative à Aquilée de proclamer Vespasien. On voit
l'importance de cette première élection. Si elle n'avait
pas eu lieu, Vespasien aurait peut-être fini par se décider
tôt ou tard. Mais elle fut l'occasion déterminante, le fait
qui déclenche et précipite un mouvement. Elle explique
que le préfet d'Égypte crut l'instant venu de renouveler,
avec plus d'ampleur, le geste esquissé prématurément
par des troupes sans soutien. Grâce à elle tout s'éclaire,
tout devient intelligible... Quelle place croit-on que
Tacite lui ait réservée ? Aucune. Il l'a bel et bien passée
sous silence. Il parle de la mutinerie d'Aquilée, mais
sans mentionner l'essentiel, la proclamation de Vespasien. Par une certaine indifférence pour ce qui est récit,
il se contente d'un à peu-près et, occupé surtout d'abréger, il en arrive à retrancher même ce qu'il aurait dû
conserver. J'ai insisté sur l'exemple, parce qu'il est
caractéristique. L'historien était en présence d'événements assez compliqués, j'en conviens. Raison de plus
pour en démêler les circonstances avec soin et tâcher,
puisque ce sont elles qui *font comprendre*, d'obtenir la
clarté de l'ensemble par la justesse absolue de chacune
et la mise en place de toutes. Tacite a mieux aimé sim-
plifier, dût-il être insuffisant ; et il s'est résigné à l'être
sans trop de peine, car il porte ailleurs son effort.

Pour se plaire au récit, enfin, il aurait fallu que Tacite
ne s'en tînt pas toujours et uniquement à la grande histoire, qu'il fît un peu sa part à la petite, qu'il ne crai-
gnît pas le trait familier, voire à l'occasion le trait bas
ou réaliste. Nous sommes friands aujourd'hui (peut-être
trop) de ce genre de détails ; notre curiosité minutieuse
en a besoin ; nous voulons vivre dans l'intimité de
l'homme qu'on nous peint ou de la chose qu'on nous
raconte. C'est par là que Plutarque nous paraît souvent
si agréable et Suétone si divertissant. On sait combien

J.-J. Rousseau appréciait ce mérite, qu'il a vivement
noté dans l'*Émile* à propos du premier[1]. Certes, l'excès
en tout est un défaut, et l'on peut craindre, ici, l'insi-
gnifiance ou le commérage : danger à fuir, évidemment,
surtout quand on n'est ni un biographe comme Plutarque, ni un chroniqueur comme Suétone. Un historien
a des devoirs plus sévères envers lui-même. Cependant
le petit fait cher à Taine, le *petit fait significatif*[2], est
un élément, lui aussi, et important, de la vérité. Il est
une partie de cette reconstitution totale du passé, sans
laquelle aujourd'hui nous ne concevons plus l'histoire.
Tacite a manifesté à son égard trop de dédain. Par une
vue bien étroite, il a établi une démarcation tranchée
entre ce qui, selon lui, relève de l'histoire et ce qui
n'est bon que pour le journal de la ville. A l'une les
événements éclatants (*res illustres*), à l'autre... le reste[3].
Mais dans ce reste, est-il sûr qu'il n'entre que des
incidents futiles et sans valeur, des « faits-divers » ?
Ne s'y trouve-t-il pas, formant l'entre-deux, de ces faits
de second plan, très utiles encore à connaître, qui intéressent aussi bien l'histoire que les journaux ? Je vais
plus loin. Parmi les faits qui ne sont pas absolument
indispensables, aucun n'échappera-t-il à une rigoureuse
exclusion ? Faudra-t-il les bannir tous sans pitié du récit ?
Choisis avec goût et introduits avec mesure, ils détendent
pourtant et reposent l'esprit du lecteur ; et j'avoue pour
ma part que certains d'entre eux ne seraient pas retran-
chés même de la grande histoire, sans qu'elle me parût
y perdre quelque chose.

Les détails de cette sorte, étant donnée la brièveté des
règnes de Galba et d'Othon, ne peuvent pas, naturellement, être aussi nombreux dans les deux biographies de

1. Rousseau, *Émile*, liv. IV. — 2. Taine, l'*Intelligence* (préface).
3. Tacite, *Annales*, XIII, 31 : *res illustres annalibus, talia* (les
petits détails) *diurnis urbis actis mandare*.

Plutarque que s'il s'agissait d'une période plus longue
et de vies plus remplies. Mais on a toujours plaisir, et
l'on a souvent profit, à lire ceux qu'on y rencontre.
N'est-il pas amusant, par exemple, de voir Néron, le tout-
puissant Néron, trouvant porte close lorsqu'il se présente
chez Poppée, sa maîtresse, et renvoyé sans façon, comme
un vulgaire amoureux avec qui l'on ne se gêne pas[1]?
— Si, une autre fois, à propos de la révolution du
15 janvier 69, Tacite me dit qu'Othon s'étant rendu
sur le Forum près du temple de Saturne, vingt-trois
soldats de la garde le saluent empereur et, malgré leur
petit nombre qui le rassurait médiocrement, le jettent
dans une litière, tirent l'épée et l'enlèvent, je suis saisi de
l'audace et de la rapidité du coup de main, que fait ressortir la concision de la phrase de l'historien[2]. Mais si
Plutarque ajoute[3] qu'Othon fut pris de peur au point
d'avoir voulu renoncer à son entreprise, que les soldats,
pour l'empêcher de se sauver, durent entourer la litière,
l'épée nue, et ordonner aux porteurs de marcher, que le
malheureux, ne pouvant plus descendre et pressé alors
d'arriver au camp, excitait ses gens et criait à tout moment : « Je suis perdu », croira-t-on que tous ces
détails sont de trop? Ne jugera-t-on pas au contraire
le récit non seulement plus pittoresque et vivant, mais
plus vrai encore, parce qu'il est plus complet? —Lors-

1. Plut., *Galb.*, 19. M. Fabia (*Rev. de Philol.*, 1896, p. 21, n. 1)
juge le fait invraisemblable, venant de Poppée, et l'attribue à Othon
lui-même, selon la version de Suétone (*Oth.* 3). Pourquoi invraisemblable? Cette exclusion, ces refus font partie de la comédie de
résistance par laquelle Poppée a entrepris d'exciter Néron, de l'enflammer, de « l'affoler ». Rien de plus conforme à ce que Tacite
nous rapporte ailleurs du manège de l'adroite ambitieuse (*Ann.*,
XIII, 46).

2. Tac., *Hist.*, I, 27 : *Ibi tres et viginti speculatores consalutatum
imperatorem ac paucitate salutantium trepidum et sellae festinanter
impositum strictis mucronibus rapiunt.*

3. Plut., *Galb.*, 25.

que Othon se fut emparé du pouvoir, la ville trembla,
selon Tacite[1], au souvenir de ses anciennes mœurs:
on craignait un nouveau Néron, et peut-être quelque
chose de pire. Eh bien! Qu'il eût effectivement tâché,
avant son règne, d'être le plus fastueux des jeunes gens
à la mode et cherché à rappeler, à égaler, à surpasser
même Néron, c'est ce qu'une simple anecdote du biographe suffit à prouver[2]. L'empereur, le recevant à sa
table, l'avait un jour parfumé d'une essence rare; mais
il s'était borné à l'arroser légèrement, car elle coûtait
très cher. Le lendemain Othon donnait à souper: « Dès
que Néron fut entré dans la salle, de tous côtés s'ou-
vrirent des tuyaux d'or et d'argent qui lancèrent à pro-
fusion, comme ils eussent fait une eau ordinaire, le
précieux parfum de la veille, au point que les convives
en furent tout mouillés. » Ce petit fait en dit long sur
les folies du prodigue. Il explique les sentiments de la
population honnête à son endroit: le passé permettait
de tout craindre pour l'avenir. — Quoique Galba ait
été renversé en fin de compte par la trahison d'Othon,
et des prétoriens, c'est de l'armée de Germanie qu'avait
d'abord paru venir le danger. Or là-bas, « pendant un
spectacle, les tribuns et les centurions offraient, selon
la coutume romaine, des vœux pour la prospérité de
l'empereur. Les soldats, à ce moment, se mirent à mur-
murer, et comme les officiers ordonnaient la continuation des prières, tous s'écrièrent: S'il en est digne[3] ».
Anecdote encore, mais qui, elle aussi, nous instruit.
Plutarque a eu raison de la rapporter. Nous sommes
fixés dès maintenant sur l'indiscipline des légions
et le peu de prestige que Galba avait conservé
auprès d'elles.

La théorie du « fait éclatant », seul digne de l'his-

---

1. Tac., *Hist.*, I, 50. — 2. Plut., *Galb.*, 19. — 3. *Ibid.*, 18.

toire, empêchait donc le plus souvent Tacite d'accueillir
le petit fait, même caractéristique. Pour éliminer celui-
ci, il recourt à trois procédés différents. Ou il supprime
le détail qui ne lui paraît pas indispensable ; ou il se
contente d'une allusion à l'anecdote récréative, même à
l'anecdote utile ; ou il corrige le trait vulgaire et grossier,
en le recouvrant d'une phrase vague qui le généralise,
le transforme et l'ennoblit.

A deux reprises il nous parle, dans les premiers chapitres des *Histoires,* de l'avarice de Galba[1]. Il en parle
à cause des conséquences qui en découlèrent et dont
Galba lui-même fut victime, puisque c'est en refusant
le « don de joyeux avènement » que le nouveau prince
s'aliéna les prétoriens et les tourna vers Othon. Quant à
raconter de menus incidents, grâce auxquels cependant
nous aurions touché du doigt l'habitude invétérée, le
vice qui tient l'homme dans les moelles et marque ses
moindres actions, c'était descendre trop bas ; Tacite s'y
est refusé. Il aurait eu honte de rappeler que Galba, à
son départ d'Espagne, ayant reçu en présent une cou-
ronne d'or de quinze livres, s'empressa de la fondre et
réclama les trois onces qui manquaient au poids, ou
que, pour récompenser un intendant de son zèle exem-
plaire, l'empereur ne trouva rien de mieux que de lui
offrir un petit plat de légumes. Il laisse à Suétone le
soin de cueillir ces traits au passage[2]. — Après la bataille
de Bédriac, tandis qu'Othon perdait courage au quartier
général de Brixellum, un soldat tirant son épée se tua
à ses pieds. Pourquoi cet acte singulier ? Et que voulait
le soldat ? Témoigner en sa personne le dévouement de
l'armée à son chef ? Prouver qu'il n'était point un lâche,
ayant été soupçonné par ceux auxquels il annonçait le
désastre de s'être enfui du combat ? Plutarque donne

---

1. Tac., *Hist.,* I, 5 et 18. — 2. Suét., *Galb.,* 12.

la première version, Suétone la seconde[1]. Peu importe l'une ou l'autre, aux yeux de Tacite. Ce n'est là qu'un petit fait, donc un fait négligeable; et il le néglige. — Quand Vitellius fut nommé légat de Basse Germanie, il avait si bien dilapidé sa fortune qu'il lui était impossible, faute d'argent, de se mettre en route. Il dut prendre à sa mère une perle qu'elle avait à l'oreille et emprunter sur ce gage. Mais alors ses créanciers le guettaient et s'opposaient à son départ. Il ne s'en délivra qu'en les menaçant d'une action en justice pour imputation calomnieuse[2]. On pense bien que Tacite ne consent pas à noter ces minces détails de vie privée; aucun d'eux ne saurait prendre place, assurément, parmi les *res illustres*. Mais comme la vie privée, même celle des grands personnages, n'est guère souvent *res illustris*, c'est tout un ordre de faits qu'il est ainsi tenté de rejeter de son histoire.

Ailleurs pourtant il ne supprime pas absolument la menue circonstance; il la rappelle, mais par une simple allusion, et si rapide et si vague, qu'on n'y pourrait rien reconnaître de précis, si l'on ne savait d'autre part à quoi elle se rapporte. Comment retrouver la scène de table entre Néron et Othon et l'anecdote des parfums sous les mots *aemulatione luxus*[3], qui se bornent à constater la rivalité du prince et de son favori? Encore bien moins retrouve-t-on l'anecdote des soldats de Germanie et leur refus de prier pour Galba, dans la phrase suivante: « Par sa mollesse dans la résistance le gouverneur achevait d'enflammer les furieux ». Tacite a pris le contenu de l'anecdote (l'armée échappant à son général) et, avec sa manière brillante et vigoureuse, l'a généralisé sous forme de remarque psychologique : *adeo furentes infirmitate retinentis ultro accendebantur*[4].

<hr>

1. Plut., *Oth.*, 15; Suét., *Oth.*, 10. — 2. Suét., *Vitell.*, 7. — 3. Tac., *Hist.*, I, 13. — 4. *Hist.*, I, 9.

C'est surtout quand il s'agit de voiler des choses basses, honteuses ou répugnantes, que les expressions générales, les formules nobles, entrent en jeu dans les *Histoires*. Autant Suétone se plaît aux détails réalistes, satisfait de les avoir découverts dans ses lectures, plus satisfait de les étaler dans son ouvrage, autant Tacite s'en détourne pour ne souiller ni sa vue ni sa plume. Galba mort, on lui trancha la tête : Tacite s'en tient là [1]. Ce n'est pas assez pour Suétone [2], ni même pour Plutarque [3], qui énumèrent les odieux outrages dont le meurtre fut suivi. On s'amuse de cette pauvre tête séparée du tronc ; comme on ne peut la saisir par les cheveux (Galba était chauve), un soldat la prend dans son manteau, puis, pour mieux la porter, lui passe le pouce dans la bouche. Enfin il la plante au bout d'une pique. Ce dernier détail est à retenir ; il n'est plus comme l'acte précédent, un trait simplement ignoble. À l'horreur du spectacle se mêle en l'âme de Tacite un sentiment de honte douloureuse, que pareil traitement ait été infligé à un empereur, à un vieillard. Ce triomphe des assassins, c'est pour lui le deuil des honnêtes gens. Pison et le consul Vinius ayant été frappés d'un destin semblable, il réunit les trois infortunes dans une même phrase, où les mots sonnent lourds comme les accents d'une « marche funèbre » : *praefixa contis capita gestabantur inter signa cohortium* [4]. — La tête de Galba est présentée à Othon. Chez Plutarque Othon a ce mot féroce : « Ce que vous m'apportez n'est rien ; montrez-moi la tête de Pison [5]. » Le mot a disparu des *Histoires*. Il est remplacé par une grande explication des sentiments d'Othon à l'égard de Pison : « Nulle mort ne lui causa plus de plaisir..., soit que, pour

1. *Hist.*, I, 41. — 2. Suét., *Galb.*, 20. — 3. Plut., *Galb.*, 27. — 4. Tac., *Hist.*, I, 44. — 5. Plut., *Galb.*, 27.

la première fois délivrée d'inquiétude, son âme pût enfin s'ouvrir à la joie, soit que le souvenir de la majesté dans Galba, de l'amitié dans Vinius, le hantât, tout cruel qu'il était, de sinistres images, tandis que le meurtre de Pison, son rival, son ennemi, ne lui laissait qu'une satisfaction pure et sans remords[1]. » La phrase est belle, l'analyse est intéressante; mais le mot tout seul de Plutarque était presque aussi révélateur. — Un autre mot abominable est celui que le Vitellius de Suétone prononce sur le champ de bataille de Bédriac, au milieu des cadavres en putréfaction. Certaines personnes de sa suite éprouvaient du dégoût. Il les réconforte : « Un ennemi mort sent toujours bon, leur dit-il, et surtout un concitoyen. » Tout de même, pour combattre l'odeur, il fit apporter du vin et en distribua à la ronde[2]. Que reste-t-il de tout ce réalisme chez Tacite ? A peu près rien : il a voulu ménager les nerfs du lecteur. « Vitellius ne détourna pas les yeux; il vit sans frissonner tant de milliers de citoyens privés de sépulture[3]. » *Sans frissonner,* voilà bien la transposition, le sentiment au lieu de la sensation, ce qui est déjà d'ordre moral substitué à ce qui est d'ordre purement physique. Le procédé a eu comme résultat d'ennoblir.

Faut-il multiplier les exemples? Tacite a fort affaire pour ramener le bestial Vitellius à un peu de décence. La gloutonnerie du personnage, qui se traduit en actes précis dans la biographie de Suétone (il prend sur les autels les offrandes destinées aux sacrifices et mange sur place les entrailles des victimes; en voyage il dévore tout ce qui se trouve dans les auberges de la route, les mets fussent-ils de la veille et déjà entamés par d'autres[4]), cette gloutonnerie est enveloppée dans les *His-*

---

1. Tac., *Hist.*, I, 44. — 2. Suét, *Vitell.*, 10. — 3. Tac., *Hist.*, II, 70. — 4. Suét., *Vitell.*, 13.

toires sous la locution très générale *epularum foeda et inexplebilis libido* [1]. Ces menus, dont Suétone donne un extraordinaire échantillon, n'y paraissent qu'à l'état vague de *irritamenta gulae* [2]. Le Vitellius de Tacite se rend populaire auprès des légions de Germanie, en visitant les quartiers, en levant ou en adoucissant les peines [3] ; et Tacite n'avoue là que des moyens avouables. Le Vitellius de Suétone en a d'autres, auxquels répugnerait souvent même un homme du commun : il embrassait les soldats, il demandait le matin dans les cabarets si l'on avait bien déjeuné, et marquait en rotant (*ructu*) qu'il s'était, pour sa part, acquitté à souhait de la fonction [4]. Tacite a préféré se taire plutôt que de rien rapporter d'aussi grossier. Il n'a pas le courage non plus, malgré son peu d'estime pour le triste empereur, de relever avec l'impitoyable minutie de Suétone, tous les mauvais traitements qu'a subis Vitellius avant et après sa mort. Il laisse les injures d'ivrogne et de goinfre dont on l'abreuve, la boue, le fumier, l'ordure qu'on lui lance à la face, le croc par lequel on le traîne dans le Tibre [5]. Il se contente, sur ces laideurs, de jeter la magnificence de son style : « La foule l'outrageait mort avec la même bassesse qu'elle avait mise à l'adorer vivant [6]. » Une réflexion de moraliste attristé remplace le trait cru dont il ne veut pas.

Rien que des détails d'une entière justesse, tous les détails nécessaires, tous ceux encore qui par leur pittoresque ajoutent à la vie du récit, tels sont les trois éléments constitutifs d'une vraie narration. Nous avons reconnu que Tacite n'est ni assez exact, ni assez com-

1. Tac., *Hist.*, II, 62. — 2. Suét., *Vitell.*, 13 ; Tac., *Hist.*, II, 62. — 3. Tac., *Hist.*, I, 52. — 4. Suét., *Vitell.*, 7. — 5. Suét., *Vitell.*, 17. — 6. Tac., *Hist.*, III, 85.

plet, ni assez familier pour y exceller pleinement, ou seulement pour s'y plaire. La cause de ces imperfections est d'abord en lui-même : son perpétuel besoin de condensation lui a nui. Il ne prend point son temps, ni ne se donne jamais d'aise. Or de l'aisance dans les mouvements, de l'ouverture dans le geste, est indispensable à celui qui raconte. On peut même se demander si abréger et narrer ne sont pas en une certaine manière contradictoires. Sans doute il ne s'agit point de flâner en propos ; le vieil Hérodote, dont la grâce aimable n'excluait pas les « longueries », est plus encore un conteur à la façon des aèdes qu'un narrateur proprement dit. Toutefois, savoir être aussi long qu'il le faut est un art, et l'on doit convenir que Tacite ne l'a pas suffisamment possédé.

Mais ni la tendance de son esprit à la concision, ni sa gravité de nature qui l'éloignait des objets bas, n'ont à répondre seules, ou même pour la plus grande part, des fautes que nous reprochons à Tacite narrateur. C'est à son éducation oratoire que nous devons nous en prendre ; c'est elle la vraie coupable. Le goût de la concision et la gravité ne le conduisaient qu'à des omissions ; son éducation l'a entraîné à des inexactitudes, ce qui est autrement grave. Car ne pas dire toute la vérité est un tort, mais altérer la vérité ébranle les fondements mêmes de l'histoire. Or qu'un lecteur de Tacite mène une enquête sur les points reconnus inexacts. Ou je me trompe fort, ou presque toujours, à la base de l'inexactitude, il trouvera le désir d'amplifier et, par l'amplification, l'espoir de produire un effet. Mais cela, exagération de la pensée, grossissement de l'expression, ce sont les inconvénients habituels de la rhétorique ; et c'est d'eux que Tacite a été victime.

D'une manière générale l'éloquence, même entendue dans le bon sens du mot, ne pousse pas à la précision.

Le principe sur lequel elle repose, n'est point celui sur lequel se fonde la science. Elle a pour objet le vraisemblable plutôt que le vrai et, chacun le sait depuis Boileau, « le vrai peut quelquefois n'être pas vraisemblable ». Lorsqu'il y a conflit (ce qui arrive plus souvent que ne le dit le vers en question), elle sacrifie sans hésiter la vérité à la vraisemblance ; j'ajoute, elle est presque obligée de le faire, car elle veut persuader, et il lui faut avant tout présenter les choses, non point comme elles se sont passées réellement, mais comme le public est tenté de croire qu'elles ont dû se passer. Elle s'adresse au sentiment, qui ne raisonne pas ou raisonne mal ; elle cherche à soulever les passions, qui sont aveugles. Il lui est donc assez facile de faire illusion, et elle est amenée, quand elle argumente, à se contenter d'une demi-exactitude, parfois de moins. Pourvu qu'elle remporte le succès aujourd'hui même, il suffit. Demain peut-être la vérité apparaîtra : trop tard. La vraisemblance dans l'intervalle a eu gain de cause.

En tout temps l'esprit oratoire a été dangereux, dès qu'il s'est appliqué à autre chose qu'à l'art oratoire. Mais que penser de l'éloquence, telle qu'elle se pratiquait à Rome sous l'Empire? On y prenait avec la vérité des libertés étranges ; et ce qui nous confond, ce n'est pas qu'on les ait prises (il y aura toujours des cyniques), c'est que dans les écoles on ait dressé la jeunesse à les prendre. « Non seulement celui qui parlait sur le Forum ou au sénat se croyait permis d'arranger les faits à sa fantaisie et de les présenter comme il voulait, mais il s'attribuait le droit d'inventer de petits mensonges agréables[1] qui pouvaient servir ses clients et nuire à ses adversaires. On enseignait chez les rhéteurs

____

1. On appelait cela *causam mendaciunculis aspergere* (Cic., *de Orat.*, II, 59, 241).

l'art de les employer à propos, sans que personne
songeât à s'en étonner. L'honnête Quintilien cite avec
complaisance quelques-uns de ces récits mensongers et,
pourvu qu'ils soient spirituels, il n'y trouve rien à
redire. Il est donc certain que la pratique de l'éloquence
ne préparait pas l'esprit au respect religieux de la vérité.
C'était une mauvaise école pour l'histoire, et la plupart
des historiens anciens en sont sortis[1]. »

Oui, Tacite a souffert de cet inconvénient d'être venu,
comme Tite-Live, de l'éloquence à l'histoire ; et il a
souffert de cet autre, d'y être venu en un temps où
l'éloquence, sous le nom de rhétorique, ne se proposait
plus guère que de produire de « l'effet ». Frapper,
impressionner au tribunal les juges et l'auditoire, dans
les écoles les parents et les élèves, dans les salles de
lectures le public d'invités, tel était le but de quiconque
prenait la parole. Comme les effets tirés de la vie ne
sont pas infinis ni toujours saisissants, on en arrivait
vite à les modifier pour les renouveler, notamment à les
renforcer. On y ajoutait, en vue de frapper davantage,
c'est-à-dire qu'on tendait à l'extraordinaire ; et l'on
aboutissait à ce singulier résultat, qu'après avoir altéré
la vérité pour la rendre plus vraisemblable, on l'altérait
maintenant, dût-elle en devenir invraisemblable, à seule
fin de la rendre plus dramatique. Il suffit d'ouvrir le
recueil de Sénèque le Rhéteur et de voir les sujets de
Controversiae qu'on donnait à traiter aux jeunes gens,
ceux que les maîtres traitaient comme modèles, pour se
convaincre que la liberté d'inventer touchait à l'extra-
vagance. D'un tel régime et d'un tel milieu, même de
solides esprits ne pouvaient se tirer sans dommage ;
d'autant plus que la mode continuait au cours de la vie
l'enseignement de l'école : partout le goût de la simple

---

1. Boissier, *L'opposition sous les Césars*, p. 286.

vérité cédait devant la poursuite de l'effet. Tacite a subi la contagion. La recherche de l'effet dramatique est la source de presque toutes ses inexactitudes historiques.

Quelquefois l'inexactitude tient à l'expression impropre : le terme employé est trop fort. Remarquez qu'il n'est jamais trop faible ; l'impropriété est un grossissement, non une atténuation. On ne peut supposer que l'écrivain n'a pas su rendre sa pensée ; c'est donc la pensée elle-même en définitive qui était exagérée : il y a eu *intention* de dramatiser. Pourquoi Tacite parle-t-il « de milliers » de soldats de marine tués par Galba lors de son entrée dans Rome[1] ? A l'en croire, ils auraient été à peu près anéantis. Il en survivait assez cependant, pour qu'on ait pu dans la suite les organiser en légion[2]. Mais l'historien, en répandant plus de sang sur ce début de règne, a voulu faire présager une fin plus sinistre. — Othon, vainqueur de Galba, est obligé, pour monter au Capitole, de passer « par-dessus un monceau de cadavres[3] » : tout bien compté, il n'y avait que trois morts : Galba, Pison et Vinius[4]. L'amplification de rhétorique a fait le reste. — Lorsque Cécina avec les troupes de Germanie supérieure eut débouché par les Alpes Pennines en Italie, « la plus florissante contrée de la péninsule, lisons-nous, tout

1. *Hist.*, I, 6 : *Trucidatis tot millibus.*
2. I, 87. — 3. I, 47 : *Per stragem iacentium.*
4. A moins que Tacite, par les expressions *disiecta plebe, proculcato senatu* (I, 40), n'ait eu en vue d'autres morts qu'il a négligé de rappeler ici. Mais je croirais plutôt à l'amplification. *Proculcato senatu* est déjà « une hyperbole passionnée » ; la charge exécutée contre la multitude n'alla pas « au delà d'une coupure et d'un refoulement » (Fabia, *Le 15 janvier 69 à Rome,* dans *Rev. de philol.*, 1912, p. 107). *Per stragem iacentium* n'est pas moins exagéré. M. Fabia (p. 126) semble même ne comprendre que les deux consuls, Galba et Vinius, parmi les *iacentes* (d'après Plutarque, 28 : τῶν νεκρῶν ἀκεφάλων ἐν ταῖς ὑπατίκαις ἐσθῆσιν) ; mais il faut évidemment ajouter Pison tué *in foribus templi (Vestae)* (Tac., *Hist.*, I, 43).

ce qui s'étend entre le Pô d'un côté et les Alpes de l'autre, fut au pouvoir de Vitellius[1] ». En réalité l'armée
de Vitellius ne tenait que le centre et l'ouest de la Haute
Italie ; Othon demeurait maître de toute la partie orien-
tale, ce qui était très important, puisqu'il avait ses
communications assurées avec les légions de l'Illyricum[2].
Seulement, l'autre manière de raconter rend cette des-
cente de Cécina plus triomphante ; elle a donc l'avantage
aux yeux de Tacite, qui n'y regarde pas de très près. —
C'est encore par habitude oratoire d'enfler la voix et
de surfaire les choses, qu'il dit *in toto terrarum orbe*[3],
quand il n'est question que de l'empire romain, *immen-
sum spatium*[4], quand la distance n'est que de quatre
lieues[5], *legionum agmen* ou *legionum adversa frons*[6],
quand il n'y a qu'une légion, grossie d'un ou de deux
détachements, etc. Fâcheuse habitude qui le fait même
tomber en de petites contradictions. A la mort de Galba,
la ville fut effrayée du meurtre qui venait de s'accomplir. Les sénateurs, les chevaliers, la multitude éclatent
en gémissements (*palam maerere*)[7]. Mais cette même
ville, il l'avait présentée un peu plus haut[8] comme
ayant fini dans la joie une journée passée dans le
crime ; il avait montré les flatteries mêlées à l'allégresse, les citoyens courant au camp, luttant de vitesse
à qui saluerait Othon le premier, lui baiserait les mains[9].
Comment des gens si empressés à flatter ont-ils pu,
aussitôt après ces démonstrations, marquer ouverte-
ment de la tristesse sans craindre d'offenser le vainqueur,
et se lamenter en public ? Le *palam maerere* est de
trop. Tacite a hasardé son expression pour l'effet ; il

1. II, 17. — 2. I, 76.
3. I, 4. Cf. de même III, 68, *Romanum principem* et *generis
humani dominum*.
4. II, 44. — 5. Exactement 12 milles, près de 18 kilomètres.
6. II, 22 ; II, 25. — 7. I, 50. — 8. I, 47. — 9. I, 45.

n'a pas vu qu'il n'était plus d'accord avec lui-même, — ou l'ayant vu, il a passé outre.

Dans les exemples qui précèdent, il y a exagération, mais le fait est réel; dans d'autres cas il y a invention du fait lui-même ou confusion quasi volontaire entre deux faits. J'ai déjà eu l'occasion de dire qu'au retour de Galba d'Espagne en Italie, Othon, qui était du voyage, tout occupé de ses rêves ambitieux, essayait de capter les bonnes grâces des gens de guerre. « Pendant les marches, dans les campements, il appelait les vieux soldats par leur nom et, faisant allusion au temps où il était comme eux à la suite de Néron, il les traitait de camarades[1]. » Ce temps est celui des voyages entrepris par Néron en Campanie et en Grèce, lorsque, pour y donner sa voix en spectacle, l'impérial histrion avait organisé des tournées artistiques. Mais les troupes, emmenées alors, se composaient uniquement de prétoriens; et par contre, en Espagne, Galba n'avait avec lui que des légionnaires. Les légionnaires d'Espagne n'ont donc jamais figuré dans les tournées de Néron, et Othon, qui le savait bien, n'a pu s'adresser à eux de la maladroite façon que suppose le texte. C'est Tacite qui a commis l'erreur à sa place; et il l'a commise, parce qu'il a voulu exprimer une belle opposition entre la séduisante visite de naguère aux villes d'Achaïe et la rude traversée actuelle des Pyrénées et des Alpes. Il s'est laissé égarer par le plaisir de l'antithèse.

Cette confusion est une conséquence de l'intrusion de l'esprit oratoire dans le domaine historique. Le même esprit le conduira jusqu'à inventer de toutes pièces. Les soldats de marine, qui allèrent à la rencontre de Galba aux portes de Rome pour exposer au prince leurs doléances, s'étaient munis de leurs épées, et c'est après

1. I, 23.

avoir menacé de s'en servir qu'ils furent chargés par la cavalerie de l'escorte[1]. Tacite prétend qu'ils étaient sans armes[2], afin de rendre le massacre plus odieux. — Othon monta au Capitole le lendemain du meurtre de Galba. Tacite l'y mène le soir même, afin de le faire marcher parmi les cadavres encore étendus, à travers un Forum ensanglanté[3]. — Lorsque Cécina, le lieutenant de Vitellius, apparut sur les Alpes, Othon quitta Rome (le 14 mars) et gagna la Haute Italie[4]; mais il s'arrêta à Brixellum, sur la rive droite du Pô, où il établit le quartier général, confiant la conduite des opérations au delà du fleuve à ses généraux Celsus, Paulinus, Gallus et Spurinna. Il ne passa sur la rive gauche que pour présider un conseil de guerre avant la bataille de Bédriac, puis il retourna aussitôt à son quartier. D'après Tacite, c'est dans ce conseil que les généraux décidèrent Othon à se retirer à Brixellum[5]. Tacite veut donc nous laisser croire que l'empereur n'y était point auparavant et que jusque-là il se trouvait au milieu de ses troupes. Pourquoi le veut-il, sinon pour donner à ce départ, au moment où la lutte va s'engager, l'apparence d'une fuite? Qu'Othon semble déserter son armée, qu'il emmène avec lui une partie de sa garde et de sa cavalerie; nécessairement le reste de ses soldats n'aura plus le même cœur[6]. L'impression d'ensemble qui se dégage ainsi est plus forte et autorise la réflexion que la bataille est perdue d'avance, opinion que la réalité ne justifie pas, puisque en fait aucune disposition nouvelle n'intervint qui fût de nature

1. Plutarque, *Galb.*, 15. — 2. Tac., *Hist.*, I, 6 : *inermes*,
3. I, 47 : *cruento adhuc foro*. M. Fabia (*Rev. de Phil.*, 1912, p. 126) essaie de montrer qu'il a pu y avoir deux sacrifices célébrés par Othon au Capitole, dont l'un le soir même du meurtre; mais sa discussion n'est pas convaincante. C'est Plutarque et Suétone qui ont raison.
4. I, 89-90. — 5. II, 33 : *perpulere ut Brixellum concederet*,
6. II, 33 : *remanentium fractus animus.*

à ébranler le moral des combattants. Dire : « ce premier jour fut mortel à la cause d'Othon[1] » est une conclusion saisissante, mais inexacte.

Si les circonstances ne sont ni grossies ni inventées, il peut arriver que leur place soit changée et leur importance relative modifiée, toujours en vue d'un effet à produire. Par exemple, la révolution gronde au camp des prétoriens. Galba est descendu au Forum pour se montrer au peuple qui, pressé, regarde et attend[2]. Dans le remous de la foule, la litière impériale est ballottée, comme une barque dans la tempête. Tout à coup des cavaliers, puis des fantassins débouchent par la basilique de Paulus et somment la multitude d'évacuer la place. Les gens aussitôt d'obéir et de courir, pour aller se poster sur les marches des temples, sous les portiques, dans les parties hautes, et assister de là au spectacle qui se prépare. Il n'y a pas vraiment panique, il y a surtout curiosité. Alors, mais alors seulement, le porte-étendard de l'escorte de Galba, en jetant à terre le médaillon de l'empereur attaché à la hampe, donne le signal de la trahison ; la litière est assaillie et Galba percé de coups[3]. Faisons plus dramatique, se dit Tacite ; mettons avant ce qui se passe après ; que le geste du porte-étendard précède la dispersion de la foule, qu'il soit même la cause de cette dispersion ; que ce soit lui qui crée une fuite éperdue et fasse le vide autour du vieillard. « Tous les gardes de Galba se déclarent pour Othon, le peuple affolé laisse le Forum désert ; les glaives étincellent, et quiconque balance est menacé de mort[4]. » L'acte du soldat, simple

---

1. II, 33 : *is primus dies Othonianas partes afflixit.*

2. Peut-être aussi voulait-il aller de là au Capitole (à la suite de la fausse nouvelle de la mort d'Othon), et y offrir à Jupiter un sacrifice d'actions de grâces (Fabia, *art. cit.*, p. 99-100).

3. Plutarque, *Galb.*, 26.

4. Tac., *Hist.*, I, 41.

incident, devient d'une importance décisive, et la disproportion s'accuse d'une manière pathétique entre la bassesse de l'homme qui agit et la grandeur du résultat. — De même la mort d'Othon prend un caractère plus tragique, si le suicide paraît plus volontaire. Le fut-il pleinement? Il semble qu'une grave circonstance pesa sur la détermination du prince. Non seulement le gros de son armée avait été vaincu, mais ses officiers se détachaient de son parti et renonçaient à la lutte[1]. Pour un nerveux comme lui[2] la nouvelle était déprimante; elle le poussa aux résolutions extrêmes. Tacite la mentionne à peine; elle passe à l'arrière-plan. Othon semble l'ignorer et reste sur le devant de la scène, dans une attitude de victime expiatoire qui s'offre, pour rendre la paix à la patrie troublée[3]. On estimera qu'il eût mieux fait de ne pas commencer par la troubler en renversant Galba, et que la meilleure manière de marquer son patriotisme était de reconnaître en Pison l'héritier de l'empire. Mais il a une théorie de la guerre civile. On peut prendre les armes, à la condition de ne les prendre qu'une fois; une seule aventure est permise. Si l'on perd la partie, il faut s'exécuter en beau joueur, et disparaître; en risquer une seconde, même avec des chances de succès, serait criminel. Telle sera sa conduite, qui servira de précédent, il l'espère, pour les ambitieux à venir[4]. Que voilà donc une conception théâtrale! et que tout cela paraît être dans le goût de Sénèque et l'esprit de l'époque plus que dans le sens de la vérité historique! — Augmenter la part de la fortune dans les événements humains est encore une façon d'en accroître l'intérêt dramatique. « Quelques soldats rangés à la

---

1. Plut., *Oth.*, 13 ; Tac., *Hist.*, II, 45.
2. Tac., *Hist.*, II, 40 : *Otho... aeger mora et spei impatiens.*
3. II, 46-49.
4. II, 47.

pórte de Vespasien, afin de lui rendre, quand il sorti
rait de son appartement, les devoirs ordinaires », ont
l'idée, au lieu de le saluer comme légat, de le saluer
empereur[1]; il n'en faut pas plus, selon Tacite, pour
qu'une grande révolution s'accomplisse. Evidemment,
ces jeux du hasard secouent davantage l'attention du
lecteur; mais l'histoire s'en trouve un peu trop simpli-
fiée. Que deviennent les habiles préparations, les moyens
employés par Mucien et son entourage et destinés à agir
sur l'esprit des soldats, la prétendue lettre d'Othon qui
en termes pressants remettait à Vespasien le soin de sa
vengeance, surtout le bruit semé en Orient que Vitellius avait résolu, après sa victoire, de changer les quartiers d'hiver des légions, de transporter celles du Rhin
dans les paisibles garnisons de Syrie et de reléguer celles
de Syrie sous le ciel âpre et dans le rude service de la
Germanie[2]? Ces moyens sont encore indiqués, du moins
le second, mais plus tard et accessoirement. Déplacés,
ils diminuent d'importance. La lumière est concentrée
sur la petite cause produisant le grand effet, et le cerveau
reste frappé de ce qui a d'abord frappé les yeux.

Encore une fois, tout cela n'est pas bien grave en soi;
chaque inexactitude est peu de chose. C'est plutôt la répétition des inexactitudes qui devient gênante, et le
principe commun dont elles procèdent qui est blâmable.
Nous sommes ennuyés que, même pour obtenir un bel
effet, l'historien s'écarte de la scrupuleuse vérité. Cicéron cependant avait formulé une règle excellente en ces
matières : *ne quid falsi dicere audeat (historia), ne quid
veri non audeat*[3]. Que Tacite ne s'est-il toujours con-
formé à ce principe! Mais il eût fallu qu'il ne se sou-
vînt plus autant d'avoir été orateur.

1. Tac., *Hist.*, II, 80. — 2. Suét., *Vesp.*, 6. — 3. Cic., *De orat.*,
II, 15, 62.

De même que la pratique de l'éloquence l'a détourné d'une méthode purement scientifique, c'est elle aussi, d'ordinaire, qui l'a conduit à exclure de l'histoire les menus faits, fussent-ils caractéristiques. L'éloquence habitue à s'élever vers le général plus qu'à descendre au particulier. Les faits généraux, ceux qui ont eu de vastes conséquences et qui sont comme les sommets d'une époque, lui paraissent aisément être les seuls dignes de retenir ses regards. La doctrine de la *res illustris*, que nous avons signalée chez Tacite, est au fond même de l'esprit oratoire.

Enfin cet esprit vise au noble et repousse le familier, à plus forte raison le vulgaire. Magnifique dans ce qu'il dit, il s'impose de la tenue; il aime qu'on se mette pour écrire, comme M. de Buffon, en manchettes de dentelles. Il ne veut pas se salir, et se garde de toucher ce qui a été au contact de la boue. Au reste, tout se tient dans ces traits de l'esprit oratoire. Médiocrement épris d'exactitude, il verse dans le général, qui s'accommode mieux que le particulier du vague et de l'à peu près. Dédaigneux du petit fait et de l'anecdote, il aboutit à l'histoire noble, qui est l'histoire des grands faits et des généralités.

Ainsi s'explique que les récits de Tacite soient marqués des trois caractères précédemment définis. Nourri dans l'éloquence depuis sa jeunesse, élève des rhéteurs, « avocat transporté dans l'histoire[1] », il s'est trouvé prisonnier de son passé. Mais il ne le sera pas toujours, et d'ailleurs, les inconvénients de cette situation ne se feront pas sentir également sur tous les points. Disons enfin que, même en ce qui concerne les récits, Tacite n'est pas un prisonnier résigné; il tâche de s'évader, veut

---

1. Fabia, *Journal des Savants*, 1903, p. 483.

se donner de l'air. Il y a en lui un goût sincère pour le
vrai, qui n'a pu, par suite des habitudes contractées,
aller jusqu'à l'ardente passion, mais dont il est juste de
lui tenir compte, et qui demeure assez vif pour avoir mis
parfois sa nature aux prises avec son éducation. Il faudrait donc mentionner, si c'en était le lieu, les efforts
par lesquels il a essayé de s'approcher de la vérité, ses
recherches personnelles dont témoignent les curieuses
digressions introduites sur des sujets très divers, son indépendance vis-à-vis de ses sources, la façon dont il les
discute ou les contrôle l'une par l'autre, l'excellente page
de critique qu'il sait écrire au besoin[1]... Mais je dépas-
serais les limites du plan que je me suis assigné, et la
question a déjà été traitée. Les pages de Gaston Boissier, malgré certaines réserves que suggèrent les observations de M. Fabia[2], n'ont rien perdu dans l'ensemble
de leur valeur.

[1] Tac., *Hist.*, II, 37. Il s'agit des velléités que les deux armées
d'Othon et de Vitellius auraient eues de mettre fin à la guerre par
un accord et de réserver l'empire au plus digne. Tacite démon-
tre qu'on ne peut les admettre, pas plus de la part des soldats que
de celle des généraux. — Voir encore II, 101, son opinion sur les
historiens des Flaviens, qu'il juge en toute indépendance et avec
grand bon sens, ou V, 6, la discussion qu'il institue sur la Mer
Morte et le bitume qu'on y recueille

[2] Fabia, dans le *Journal des Savants*, 1903, p. 452 et suiv.,
482 et suiv. Ces deux articles essaient de justifier les idées déjà
exposées dans les *Sources de Tacite*. — Gaston Boissier a peut-être
trop abondé dans son sens, en voulant défendre Tacite à tout prix :
il faut savoir reconnaître les points faibles de l'historien. M. Fabia
est l'excitateur salutaire qui secoue la tranquillité des opinions
anciennes, éveille le doute, contraint chacun de peser à nouveau
les titres de ses admirations et de s'assurer qu'ils sont toujours
réellement valables. Mais au rebours, il va trop loin de son côté,
et sa défiance ne s'arrête plus en chemin. Deux exemples : 1° Tacite dit II, 37, *invenio apud quosdam auctores*, ou III, 29, *inter
omnes auctores constat*. Chacun est tenté de croire qu'il a comparé
entre eux plusieurs de ses devanciers et qu'il s'appuie sur leur
autorité collective. Selon M. Fabia *omnes* équivaut simplement à
deux (*Sources de Tacite*, p. 219, n. 1) et *quosdam* n'équivaut

Il faudrait aussi tenir compte de ce que les *Histoires* sont le premier grand ouvrage de Tacite, un ouvrage de transition (j'y insiste) entre les deux formes successives de son activité, et qu'elles participent de l'éloquence beaucoup plus que ne feront les *Annales,* où l'auteur, s'étant émancipé davantage, marquera un progrès dans le sens historique. Une preuve intéressante de cette évolution est fournie par le récit des amours de Néron et de Poppée. Du rôle qu'y a joué Othon, les *Histoires* et les *Annales* ont toutes deux l'occasion de parler, mais elles en donnent des versions très différentes. Dans les *Histoires*[1] Othon est un simple prête-nom, un épouseur complaisant et fictif. Néron, qui n'ose encore, par un reste d'égard pour sa femme Octavie, installer chez lui au Palatin la belle Poppée dont il est éperdûment épris, l'a mise en garde chez le « confident de ses débauches ». A ce jeu dangereux, il arrive ce ce qu'on pouvait aisément prévoir. Othon prend flamme, lui aussi, et bientôt abuse de son dépôt. L'empereur qui s'en aperçoit, exile en Lusitanie l'ami déloyal *honoris specie,* avec le titre de gouverneur. — Cela, c'est la

qu'à *un* : ce pluriel serait en réalité un singulier, pluriel emphatique destiné à donner le change (*ibid.,* p. 217, et déjà p. 64 n. 1; cf. aussi p. 237). M. Fabia a-t-il au moins de ces singulières équivalences quelque preuve décisive? Il parle de « possibilités », de « vraisemblances ». Cela ne suffit pas pour rejeter la parole de l'historien. — 2° Introduisant une digression sur le culte de Sérapis (IV, 83-84), Tacite commence par ces mots : *Origo dei nondum nostris auctoribus celebrata. Aegyptiorum antistites sic memorant...* « Il ne faut pas, dit M. Fabia (*Sources,* p. 244), prendre à la lettre son affirmation ; elle signifie seulement qu'aucun auteur latin n'a encore raconté la chose en détail, comme il va le faire ». Pourquoi cette restriction *la chose en détail*? Un auteur latin l'a donc déjà raconté *en gros* ? J'aime mieux, faute de preuves du contraire, en croire Tacite « à la lettre », et admettre que ses renseignements lui viennent, par voie orale ou écrite, des prêtres égyptiens eux-mêmes? M. Fabia l'admet d'ailleurs deux pages plus loin (p. 246 et la note 2).

1. *Hist.,* I, 13.

version romanesque, piquante et invraisemblable. Comment Néron a-t-il pu commettre l'imprudence que lui prête le Tacite des *Histoires* et, connaissant son ami pour ce qu'il est, lui confier sa maîtresse ? Dans les *Annales* le récit est tout autre. Othon, brillant séducteur, a enlevé Poppée à son mari Crispinus et l'a épousée réellement, pour son compte. Soit indiscrétion d'amoureux, soit manœuvre d'ambitieux afin d'exciter les désirs du prince, il ne cesse de lui vanter les grâces et les charmes de sa femme. Néron par curiosité demande à la voir ; il se prend aussitôt pour elle d'une folle passion. Dès lors il n'a plus qu'une pensée, se débarrasser du mari devenu gênant, et il envoie Othon dans une province reculée en le comblant d'honneurs. Voilà, au lieu du roman, la vérité de la vie[1].

C'est de ce côté que marchera Tacite, à mesure qu'il secouera davantage le joug des habitudes d'autrefois et les influences du milieu. Ne dira-t-il pas encore dans les *Annales*[2], au sujet d'une légende aussi absurde que dramatique qui avait couru sur la mort de Drusus (Tibère aurait lui-même empoisonné son fils) : « Je supplie tous ceux qui me liront de ne pas préférer des inventions romanesques, incroyables bien qu'avidement crues, à des faits réels et que n'a point altérés l'amour du merveilleux » ? Il s'engagera donc à ne se

---

1. *Ann.*, XIII, 45-46. — M. Fabia (*Sources*, p. 390-392 ; *Rev. de Phil.*, 1896, p. 17-18 et *Journ. des Sav.*, 1903, p. 461) explique autrement cette divergence des *Histoires* et des *Annales*. Il n'y aurait eu, de la part de Tacite, aucune intention de se corriger en étant plus vrai, donc aucun progrès dans sa manière. La divergence tiendrait à ce que l'auteur, ayant eu sous les yeux pour les *Annales* une source nouvelle, aurait copié bonnement celle-ci, avec la version différente qu'elle contenait. C'est toujours la même thèse, que Tacite s'est laissé « absorber » par la source principale où il puise, toujours le même principe qu'il n'est guère qu'un simple copiste, qui copie même sans réfléchir ni se rappeler ce qu'il a déjà copié.

2. *Ann.*, IV, 11.

préoccuper que du vrai, à ne pas rechercher de préférence les récits tragiques et palpitants, surtout à ne pas
rendre les siens palpitants et tragiques aux dépens de la
vérité et uniquement afin de plaire au public. Tiendra-t-il
bien sa parole? C'est une question. Déjà au temps des
Histoires[1], il s'était défendu de vouloir flatter le goût
du public, et nous savons pourtant que ce goût a eu
prise sur lui. On se fait ainsi illusion à soi-même. Il
n'en est pas moins intéressant de constater qu'en de certains jours, dût-il même retomber ensuite sous l'empire
d'influences plus fortes que sa volonté, il a vu où était
le devoir de l'historien.

Et de même Tacite a un goût naturel du pittoresque
qui combat sa tendance au général et au noble. Car
d'une part le pittoresque est nécessairement particulier,
si le particulier n'est pas toujours pittoresque. On peint
par un trait, par un détail. Une peinture d'ensemble
elle-même n'est que le groupement de traits particuliers, qu'on a seuls retenus comme étant seuls essentiels
et profonds; c'est une simplification de la réalité, laquelle est toujours particulière. — Et d'autre part le
pittoresque est souvent une anecdote familière, un mot
prononcé dans une circonstance donnée, un petit fait
curieux; c'est Galba disant, quand on lui parle du
donativum, qu'il « enrôle ses soldats et ne les achète
pas[2] », ou demandant au prétorien qui l'aborde avec
son épée sanglante et lui annonce qu'il a tué Othon :
« Camarade, en avais-tu reçu l'ordre[3]? »; c'est Dolabella soupçonné de prétendre à l'empire et qu'on égorge
dans un cabaret de la route pour en délivrer Vitellius[4],
Domitien caché, pendant l'attaque du Capitole, chez
le gardien d'un temple et réussissant à s'échapper,
grâce à un affranchi qui le déguise en sacrificateur

---

1. *Hist.*, II, 50. — 2. I, 5. — 3. I, 35. — 4. II, 64.

d'Isis[1]. Ces détails pittoresques, et d'autres qu'on pourrait citer, Tacite nous les donne. Je sais bien que chacun d'eux a une portée qui le dépasse. Les paroles de Galba témoignent une sévérité de discipline qui ne s'accordait plus avec l'esprit du temps. Le meurtre de Dolabella permettait de juger à ses coups d'essai le nouveau règne de Vitellius. Et combien peu s'en fallut que l'affaire du Capitole ne préservât Rome d'un monstre à venir ! Que l'adresse d'un affranchi eût manqué à Domitien, toute la face de l'Italie était changée pour quinze ans. Mais c'est là justement la valeur du petit fait choisi avec art. Il ne s'agit pas de le prodiguer ni de l'employer comme un moyen d'amuser la frivolité du lecteur. Il doit être le trait expressif, qui contient beaucoup de sens, qui « dit plus de choses qu'il n'est gros ». A ce titre, son utilité est grande ; et il est fort heureux que Tacite, au lieu de s'en tenir étroitement à l'idée que ses études antérieures l'avaient aidé à se former de la dignité de l'histoire, ait parfois dérogé à son principe, pour laisser son sens du pittoresque l'emporter sur les théories[2].

Notons donc avec plaisir ces inconséquences ; et pourtant, même après les corrections nécessaires, l'essentiel de nos critiques subsistera. Nous ne condamnerons pas en bloc les récits de Tacite ; mais nous reconnaîtrons que ce n'est pas dans l'art du récit que

---

1. III, 74.

2. Nous verrons plus bas, à propos des récits de batailles, que Tacite, les transformant d'ordinaire en une série d'épisodes, est amené à y introduire le fait pittoresque, c'est-à-dire le détail particulier et l'anecdote saisissante. Cf. dès maintenant : III, 25, le fils qui tue son père, trait caractéristique du degré d'horreur où aboutissent les guerres civiles ; — III, 51, le soldat qui tue son frère ; — IV, 34, le prisonnier que les Barbares promènent sous les yeux des Romains assiégés, pour leur faire croire que l'armée de secours a été vaincue, et qui crie à ses camarades la vérité, sachant, comme plus tard d'Assas, que son héroïsme lui coûtera la vie.

Tacite est un maître. Il ne suffit point, pour être dit
narrateur, de l'avoir été par occasion, et de cette lutte
engagée avec l'esprit oratoire il eût fallu qu'il sortît,
sinon toujours, au moins plus souvent, victorieux.

II

LES RÉCITS DE GUERRE.

Ce qui précède sur le récit en général doit s'entendre particulièrement du récit militaire. Tacite n'est
pas un homme de guerre, et l'on peut lui appliquer le
jugement qu'il porte lui-même de l'historien Cluvius
Rufus, un de ses prédécesseurs : *vir facundus et pacis
artibus, bellis inexpertus*[1]. Son manque de compétence
spéciale fait qu'il s'intéresse à ce genre de récits moins
encore qu'à un autre, et que les défauts ordinaires de
sa narration s'y rencontrent, accrus peut-être : erreurs
et obscurités, obscurités surtout, provenant ou de lacunes ou d'indications trop flottantes. Il n'est pas clair,
parce qu'il n'est ni assez complet, ni assez précis. C'est
chez lui le même besoin d'abréger, de condenser, que j'ai
déjà signalé, et c'est la même insuffisance d'exactitude.

Deux points, le plus souvent, restent vagues, le
temps et le lieu. On ne sait jamais très bien où se
passe l'action, ni à quel moment. Le récit exige sans
cesse un effort du lecteur, et un effort qui n'a pas toujours sa récompense. Tantôt l'on a beau chercher, et
l'on ne trouve aucune indication de temps; tantôt l'indication donnée est singulièrement approximative (ce
sont des expressions comme les suivantes : *etesiarum
flatu, hibernum mare aggressi, saevo adhuc mari,*

---

1. *Hist.*, I, 8.

aestivis flatibus[1]); tantôt, quand la date est précise, il
arrive que cette date, très utile, n'a pas été introduite
pour elle-même, mais incidemment, et pour un tout
autre motif qu'une raison de chronologie (ainsi nous
savons que Vitellius est venu visiter la plaine de Bédriac
quarante jours après la bataille; mais le *intra quadra-
gesimum pugnae diem* sert simplement à expliquer le
foedum atque atrox spectaculum, l'infecte pourriture des
cadavres, qui ajoute à l'horreur de la scène[2]). — Et de
même pour le lieu, pour les distances et les itinéraires.
Par quelle route Valens d'abord, Vitellius ensuite débou-
chèrent-ils de Gaule en Italie? Nous apprenons brusquement la présence de l'un à Pavie[3], celle de l'autre à
Turin[4]; or nous avions laissé le premier dans le pays
des Voconces[5] et le second à Lyon[6]. Où se fit la jonction
de Valens avec Cécina? Nous constatons seulement qu'à
un certain moment elle est faite[7]. Où se tint le conseil
de guerre qui décida Othon à livrer bataille[8]? Le lecteur
le devine, sans en avoir été sûrement informé. A la première rencontre avec les Vitelliens, Suetonius Paulinus
arrête ses soldats victorieux et sonne la retraite, allé-
guant la marche qu'il eût fallu soutenir encore pour
atteindre les fuyards dans leur camp : *tantum insuper
laboris atque itineris*[9] ; mais nous ne connaissons au
juste ni le chemin déjà parcouru ni celui qui restait à
parcourir; et ainsi de suite.

Le récit des opérations de guerre laisse donc en général à désirer[10]. Aussi le IVe livre des *Histoires*, dont plus

---

1. II, 98; IV, 51 et 52; IV, 81.

2. II, 70. — La précision de ce passage même est plus apparente que réelle. S'agit-il de ne pas avoir encore atteint les limites
de la durée en question, ou de ne pas les avoir dépassées après les
avoir atteintes? *Intra* peut avoir les deux sens.

3. II, 27. — 4. II, 66. — 5. I, 66. — 6. II, 65. — 7. II, 30
et 31. — 8. II, 31-33. — 9. II, 26.

10. Sur ces imperfections consulter les différents critiques qui

de la moitié est consacré aux campagnes contre les
Bataves, est-il de tous ceux qui nous sont parvenus
celui qui offre le moins d'intérêt. Outre que la matière
en elle-même n'a plus la grandeur tragique des livres
précédents, on n'y sent pas Tacite sur son terrain.
Irons-nous cependant jusqu'à dire, comme on l'a fait
en Allemagne, qu'il est « le moins militaire des historiens[1] » ? Ce serait une exagération. Puisqu'une fois
au moins il a su se montrer précis, clair, complet, il
n'aurait tenu qu'à lui de renouveler l'aventure. Mais la
tâche d'historien militaire lui apparaissait sans doute
comme une besogne de qualité inférieure, et il a fallu
les graves événements qui amenèrent le choc des armées
sous Crémone[2], pour le décider à l'envisager telle qu'elle
devait l'être. Il a compris que son indifférence habituelle

s'en sont occupés. Voir la bibliographie donnée par M. Fabia dans
son introduction aux *Sources de Tacite* (p. XVI-XXII), et l'ouvrage
des *Sources* ainsi que les articles du même auteur dans la *Revue des
Etudes Anciennes* (1903, p. 329 et suiv., *L'adhésion de l'Illyricum
à la cause flavienne*), dans la *Revue de Philologie* (1910, *Le Ier consulat de Petilius Cerialis*, p. 5 et suiv.; 1914, *Les prétoriens de
Vitellius*, p. 32 et suiv.). Voir aussi Henderson, *Civil War and Re-
bellion in the Roman Empire*, 1908.

1. Mommsen, *Hist. Rom.* (traduct. Cagnat-Toutain), t. IX, p.
230, note. — M. Henderson (*ouv. cit.*) est encore plus dur pour
Tacite, qu'il traite à diverses reprises de myope, d'aveugle, auquel
il reconnaît un vrai « génie » pour se méprendre sur l'essentiel
d'une situation militaire (p. 91). Contre ces critiques violentes et
injustes M. E. G. Hardy a vivement protesté dans un article du
Journal of Philology (vol. 31, n° 61, p. 123 et suiv.). Mais à son
tour il a exagéré, en tâchant de justifier Tacite sur presque tous
les points.

2. On sait qu'il y eut deux batailles livrées à 6 mois d'intervalle
(le 14 avril et vers le 27 octobre 69) entre Bédriac et Crémone, la
première plus près de Bédriac, la seconde plus près de Crémone.
On peut donc les distinguer plus particulièrement, comme je fais,
en appelant l'une bataille de Bédriac, l'autre bataille de Crémone.
Tacite leur donne le même nom : *inter Veronam Cremonamque situs
est vicus (Bedriacum) duabus iam Romanis cladibus notus infaustusque*
(*Hist.*, II, 23). — Sur l'emplacement de Bédriac, voir Henderson,
ouv. cit., p. 339-340.

n'était plus de mise en la circonstance, et il a réussi à
la surmonter. Aucun des reproches, sous lesquels tombent la plupart de ses narrations militaires, ne peut être
adressé à celle-ci. Les autres se meuvent au milieu
d'une certaine confusion [1]. Ici tout est déterminé, facile
à suivre, intelligible; tout est « poussé » jusque dans le
détail, avec une attention minutieuse qui cherche à
satisfaire l'esprit. Notamment l'entrée en campagne de
l'armée du Danube, avec la concentration des différents
corps autour de Vérone, forme une « manœuvre » qu'on
serait tenté de croire expliquée par un spécialiste [2].

Rappelons les faits. Après le grand conseil de guerre
tenu par les chefs flaviens à Poetovio en Pannonie sur
la Drave, quand, au lieu de bloquer les passages des
Alpes et d'attendre derrière la barrière montagneuse, on

1. Même la bataille de Bédriac, quoi qu'en dise M. Goelzer
(*Introduct.* de l'édit. in-16, p. xxiii, note 2). M. Goelzer propose
une explication ingénieuse de la phrase peu claire : *confluentes Padi
et Aduae fluminum sedecim inde milium spatio distantes petebant*
(*Hist*, II, 40). Mais il ne parvient pas à résoudre toutes les difficultés du chapitre; car si les ·Othoniens ne sont plus qu'à une distance de 16 milles du confluent de l'Adda et du Pô, comme ce
confluent est à 5 milles environ à l'ouest de Crémone, ils sont donc
encore à 11 milles à l'est de la ville. Comment alors, l'armée de
Vitellius établie à Crémone n'avait-elle plus « que quatre milles
à faire, à l'est de la ville, pour tomber sur eux ? » Le *vix quattuor
milia passuum progressus* (*hostis*) demeure peu intelligible. Il semble
bien, si le texte du chapitre est exact, que d'une manière ou d'une
autre Tacite s'est trompé dans le calcul des distances, et il s'est
trompé, pour n'avoir apporté à la chose qu'une médiocre attention.
— Voir une récente explication du passage dans Hardy, *Journal of
Philology* (art. cit., p. 139), explication reprise par G. G. Ramsay,
traduct. des Histoires, 1915 (append. II, p. 436-437). MM. Hardy
et Ramsay croient, non à une erreur de chiffre, mais à une confusion sur le mot *Aduae*, laquelle d'ailleurs pourrait provenir aussi
bien de Tacite lui-même que d'un copiste. Ils proposent de lire
Adrae (la moderne Arda, petit affluent de la rive droite du Pô,
au-dessous de Crémone).

2. Tac., *Hist.*, III, 1-14. — M. Henderson lui-même, le terrible
critique, n'y trouve pas grand'chose à reprendre.

eut résolu de prendre une offensive immédiate, Antonius
Primus, gascon de Toulouse, aussi prompt à agir qu'habile à parler, se jette en Italie avec un corps de cavalerie augmenté de quelques détachements d'infanterie
légère, et exécute un « raid » foudroyant d'avant-garde,
qui lui livre sans combat Aquilée et les villes du nord de
l'Adriatique, plus au sud Padoue et Ateste. Il surprend et
bouscule au Forum d'Aliénus (Legnago sur l'Adige) des
cohortes et de la cavalerie ennemies, qui repassent le
fleuve en désordre. La Vénétie tombe entre ses mains.
Pendant ce temps, des mesures de précaution ont été
prises. On a écrit au gouverneur de Mésie, Aponius Satur-
ninus, d'amener le renfort de ses trois légions; on s'est
protégé en arrière contre les barbares de la rive gauche du Danube et gardé sur le flanc droit contre une
attaque venant de la Rhétie (Haute-Bavière). Puis, à la
nouvelle des succès d'Antonius, les dernières hésitations
ayant disparu, Vedius Aquila met en marche les deux
légions de Pannonie, passe à Padoue, où il s'arrête
quelques jours, et se dirige sur Vérone. C'est Vérone
qui a été choisie comme point de concentration pour
toutes les troupes de Pannonie et de Mésie, et comme
base d'opérations ultérieures. Pourquoi Vérone? Tacite
en indique très justement les raisons[1] : raison stratégique, la position de la ville, qui commande les routes
des Alpes et coupait les communications de l'adversaire
avec la Germanie; raison matérielle, les ressources de
tout genre qu'offrait l'opulente cité; raisons morales,
l'occasion d'affaiblir le prestige de Vitellius en lui ôtant
une colonie puissante, et l'influence qu'aurait cette occu-
pation sur le reste de la Cisalpine (Tacite, avant Montesquieu, a signalé l'importance de « l'opinion » à la

1. III, 8.

guerre[1]). Alors successivement arrivent en deux groupes
les légions de Mésie, une première légion, commandée
depuis la fuite de son légat par le tribun Vipstanus
Messala, ensuite les deux autres avec Dillius Aponianus
et Numisius Lupus. Le mouvement est achevé ; on se
retranche autour de Vérone. La concentration s'était
opérée sans encombre ; mais Tacite a soin de montrer[2]
qu'elle ne réussit que par là perfidie de Cécina, le
général de Vitellius, car elle avait demandé un temps
assez long, dont celui-ci ne sut ou plutôt ne voulut pas
profiter. A deux reprises Cécina laissa passer l'instant
favorable. Il pouvait, avec toutes ses forces qu'il tenait
réunies près du Tartaro entre Hostilia et Vérone, écraser
les deux légions de Pannonie que l'armée de Mésie
n'avait pas encore rejointes. Il pouvait encore, même
après l'arrivée de Messala, venir aisément à bout de
trois légions, trop faibles pour lui résister, ou, si l'ennemi trouvait moyen de se dérober au combat, infliger
au succès de ses affaires un coup dont elles ne se seraient
pas relevées de si tôt. Ramenés vigoureusement en arrière,
jusqu'au delà des Alpes, les Flaviens auraient donné le
spectacle d'une fuite honteuse, et de toutes façons l'Italie
était débarrassée de leur présence. Cécina, par ses re-
tards calculés, aima mieux « livrer à l'ennemi les premiers moments de la guerre ». Tout le sort de la campagne devait découler de ce premier acte comme par
une pente fatale.

La trahison de Cécina avait jeté le désarroi parmi
ses troupes. Quoiqu'elles eussent refusé de le suivre,
qu'elles l'eussent même, dans leur indignation, mis aux
fers, elles n'en restaient pas moins privées de chef, sans

---

1. III, 8 : *coloniam copiis validam auferre Vitellio in rem famam-
que videbatur.* Cf. déjà II, 20 : *gnarus, ut initia belli provenissent,
famam in cetera fore.*

2. III, 9.

direction ni conseil, corps sans tête, avec le sentiment
de leur impuissance. Après avoir hésité quelque temps,
elles se décidèrent enfin à couper le pont du Tartaro,
à retourner à Hostilia sur le Pô, puis à gagner Crémone, pour y rallier deux légions vitelliennes, qui
devaient déjà s'y trouver[1]... Ici la seule lacune du récit,
la seule défaillance de l'historien. Comment gagnèrent-
elles Crémone? Elles avaient tout intérêt à éviter le
contact de l'ennemi. Nous savons qu'en fait, elles l'évi-
tèrent et qu'elles parvinrent à leur but sans combat.
Mais l'auraient-elles pu, si elles étaient restées sur la
rive gauche du Pô, alors qu'Antonius descendant de
Vérone avec toutes ses troupes (cinq légions), se rap-
prochait du fleuve dans la direction de Crémone et
s'installait à Bédriac sur la voie Postumia, laquelle
venait précisément d'Hostilia ? D'où la supposition
qu'elles franchirent le Pô à Hostilia même et passèrent
sur la rive droite, bien certaines en prenant ce chemin
plus long de n'être pas inquiétées[2]. Telle est la conjecture
la plus vraisemblable[3]; mais ce n'est qu'une conjecture;
Tacite ne donne aucun renseignement sur ce point, et
le lecteur voudrait ne pas en être réduit au jeu décevant
des hypothèses. — Sauf ce détail, non seulement les
événements qui précédèrent la bataille de Crémone,
mais les deux actes dont se composa la bataille, le
combat de jour et le combat de nuit, sont exposés de la
façon la plus intelligente. Je veux le montrer par quelques exemples.

1. III, 14.
2. Cf. Mommsen, *Hermès*, 1871 (V), p. 170-172.
3. Vraisemblable, mais non point certaine. M. Hardy estime
(*art. cit.*, p. 148-149) que les troupes d'Hostilia avaient un jour
d'avance sur les Flaviens et qu'elles purent très bien, avec un peu
d'audace, se risquer à suivre la rive gauche du Pô; en ce cas, elles
seraient passées à Bédriac, le point critique, sans rencontrer l'armée
ennemie de Vérone qui n'y arriva que plus tard.

Ce qui frappe d'abord dans le premier récit[1], c'est
que les indications de lieu et de temps, d'ordinaire si
vagues, y deviennent précises. A peine Antonius eut-il
appris ce qui s'était passé, qu'avec sa rapidité de décision habituelle il quitte Vérone, pour attaquer l'ennemi
avant que les légions d'Hostilia et celles de Crémone
aient opéré leur jonction. *En deux marches* il atteint
Bédriac. *Le jour suivant,* tandis que les légions forti-
fient le camp, il envoie les auxiliaires *à 8 milles en avant*
piller le territoire de Crémone ; lui-même, avec sa cavalerie, assure la tranquillité du pillage ; des éclaireurs
battent tout le pays. Il était *onze heures du matin,*
lorsqu'on annonça tout à coup l'approche de l'ennemi.
Un lieutenant d'Antonius, Arrius Varus, impatient de
signaler ses services, charge de sa propre initiative. Il
est repoussé et se replie, trop heureux que son chef,
suivant la vieille tactique romaine, ait fait ouvrir le
centre des escadrons, afin de l'y recevoir, lui et les
siens. Pendant ce temps, le général envoyait aux légions
du camp l'ordre de s'armer et aux cohortes répandues
dans la campagne celui de laisser là le butin et d'ac-
courir. Le combat se rétablit, non sans peine, grâce à
l'énergie, la présence d'esprit, l'activité d'Antonius ; il
tourne même nettement à l'avantage des Flaviens, et les
Vitelliens, enfin défaits, sont poursuivis jusqu'à *quatre*
milles de Crémone. Là les cavaliers d'Antonius se heurtent à deux légions ennemies qui, croyant leur propre
cavalerie engagée dans de bonnes conditions, s'étaient
avancées pour la soutenir. Au lieu de vainqueurs, elles
rencontrent des fuyards, qui jettent la panique dans
leurs rangs. Bientôt, fantassins et cavaliers pêle-mêle,
incapables de faire tête aux escadrons d'Antonius que
viennent encore de renforcer des légionnaires et les

1. Tac., *Hist.*, III, 15-20.

auxiliaires mésiques amenés par Messala, sont emportés dans la même débâcle et rejetés à l'intérieur de Crémone. *La nuit tombait*, quand le gros de l'armée flavienne arriva... Je demande ce que l'on pourrait ajouter à ce récit que je me suis contenté d'analyser, ou ce que le lecteur le plus exigeant y trouverait à reprendre. Chaque détail est expliqué, chaque point éclairé, chaque circonstance située dans le temps et dans l'espace; l'ensemble se tient d'aplomb. C'est un exposé excellent.

Je note pour le combat de nuit qui s'engagea aussitôt, *vers 9 heures du soir*, la précision remarquable avec laquelle Tacite nous renseigne sur l'ordre de bataille des Flaviens et le terrain occupé par toutes leurs légions[1] : « Antonius place la 13e sur la chaussée même de la voie Postumia; immédiatement à gauche, la 7e Galbienne, en contre-bas, dans la plaine; plus à gauche encore la 7e Claudienne, défendue par un fossé d'irrigation. À droite, il dispose la 8e sur un chemin de traverse découvert et, à côté d'elle, la 3e, abritée derrière un épais taillis. » C'était là l'ordre des différents corps; dans chaque corps les soldats, à cause de l'obscurité, se rangèrent au hasard. — Tacite cette fois a un tel désir d'être exact que, ne pouvant, en ce qui concerne la position des troupes Vitelliennes, donner des indications aussi sûres, il l'avoue loyalement. Pour l'armée flavienne les renseignements lui avaient été transmis par quelque témoin oculaire (par Messala peut-être, son ami[2]). Pour le parti adverse il n'ose rien affirmer : *asseverare non ausim*[3]. Que dire en effet de certain au sujet

---

1. III, 21.

2. M. Fabia les attribue à Pline (*Sources*, p. 240), parce que, dans sa pensée Pline étant la source essentielle, Tacite n'a pas pu puiser ailleurs. Mais cela même est une question.

3. Tac., *Hist.*, III, 22. — M. Fabia attribue cette fois le scrupule à Messala (*Sources*, p. 237). Qu'il vienne de Tacite, c'est « assez improbable », dit-il. Pourquoi ?

d'une armée, qui se trouvait jetée sans chef « dans la
double confusion de la colère et des ténèbres » ? Il repro-
duira les indications que d'autres ont données, mais en
exprimant ses doutes. Effort d'autant plus méritoire
vers une vérité rigoureuse, qu'il avait plus à lutter
contre lui-même[1].

Car si Tacite n'est pas « le moins militaire des historiens », ce n'est pas à dire pour cela qu'il soit réellement un écrivain militaire. Il l'est quand il le veut, mais
il a souvent dédaigné de le vouloir. Lorsqu'il en vient à
l'assaut même de Crémone et au sac de la ville, dernier
acte de la sanglante tragédie, il ne soutient pas l'effort
dont je le louais à l'instant. Ailleurs il s'abandonne encore davantage. Les phases de l'action cessent d'être
aisées à suivre et à comprendre. Il glisse au récit vague,
général et (tout se paye, même en littérature) au récit
forcément un peu banal: tel combat des *Histoires* ne se
distingue proprement d'aucun autre. Tantôt alors il
emploie les mêmes expressions toutes faites: *varia apud
Romanos fortuna, milites retinere locum, ferire hostem,
seque et proximos hortari*, etc., formules qui n'appren-
nent rien, bonnes partout, bonnes nulle part. Tantôt il
s'en tire, en présentant du combat ce qui a lieu *avant*
ou *après* plutôt que ce qui a lieu *pendant* : avant, il
note les préparatifs, les harangues des chefs, les craintes

1. Une preuve assez frappante que l'effort d'exactitude lui coûte
est au livre II, ch. 85-86, où, immédiatement après avoir donné le
nombre, le numéro et même le surnom des légions mésiques et
pannoniques, il se consente, pour le 3ᵉ corps dont est formée l'armée de l'Illyricum, des mots *Delmaticum militem* : singulier mélange
de précision et de vague, de scrupule et de négligence. Il semble
bien que la négligence lui soit plus naturelle et qu'il doive constamment veiller sur lui-même pour ne point y retomber.

ou l'ardeur des troupes; après, il signale la joie des
vainqueurs, l'humiliation des vaincus; et c'est à dire
qu'il fait surtout de la psychologie.

Mais, pour ne juger Tacite ni là où il se surpasse
par quelque heureuse rencontre, ni là où il demeure vo-
lontairement insuffisant, arrêtons-nous un instant sur
une bataille comme celle des Castors[1], qui offre un bon
échantillon de sa manière ordinaire et moyenne.
Sommes-nous satisfaits? Oui, jusqu'à un certain point.
L'auteur décrit la configuration du terrain, ces plaines
du Pô d'un caractère si particulier, avec leurs petits
bois, les canaux d'irrigation et les fossés de drainage
dont elles sont coupées, leurs rangées d'ormes ou de
peupliers auxquels monte et s'accroche la vigne. L'entre-
lacement des sarments et des branches dressait au-
dessus du sol un obstacle assez sérieux pour que les
Vitelliens en déroute aient pu, derrière cet abri, reformer
leurs bataillons en vue d'une nouvelle attaque. La disposition des Othoniens est relevée par Tacite avec soin
et les péripéties du combat se déroulent chez lui conformément à la réalité : manœuvre de Cécina pour
attirer l'adversaire dans une embuscade, manœuvre
opposée de Celsus et de Paulinus qui, prévenus, re-
tournent contre les Vitelliens le piège qu'on leur tendait, faute tactique de Cécina amenant ses réserves par
« petits paquets » au lieu de les faire donner en masse,
hésitations du timide Paulinus (*cunctator natura*)[2], qui
ne sait ni profiter au cours de l'action des occasions
favorables ni, une fois vainqueur, achever sa victoire.

---

1. Antérieure à la première rencontre de Bédriac (*Hist.*, II,
24-26). Le lieu tirait son nom d'un sanctuaire consacré à Castor
et Pollux. *Ambo licenter et Polluces et Castores vocantur* (Servius,
Georg., III, 89).
2. Il jugeait « qu'il est assez tôt de commencer à vaincre, quand
on s'est assuré de n'être point vaincu » (II, 25).

Il y a donc de bonnes choses dans cette narration, et le principal, certes, s'y trouve. Est-elle parfaite cependant? Non, si l'on descend au détail. Elle n'est ni absolument complète ni entièrement claire. L'ordre de combat des Othoniens fut modifié durant la journée, et Tacite n'en dit rien : de là une contradiction entre les deux moments successifs de son récit. La panique des Vitelliens, qui s'étend de la ligne de bataille aux retranchements de leur camp, est peu intelligible; car ce camp était éloigné de 12 milles environ du lieu de l'engagement, et d'autre part nous savons que Paulinus empêcha ses soldats de poursuivre les vaincus. Comment les fuyards, sur une distance de 16 kilomètres, ne trouvèrent-ils pas le temps de se ressaisir? Étaient-ils poussés l'épée dans les reins par les cavaliers de Celsus, Paulinus n'ayant pris en effet que le commandement de l'infanterie? Il fallait alors l'indiquer et ne pas laisser une lacune. Lacune ici, contradiction plus haut, le résultat est une certaine obscurité. Tacite contente le lecteur un peu superficiel, auquel suffit une vue d'ensemble, non le lecteur exigeant qui veut se rendre compte de la manière dont tout s'est passé. Il ne va pas, il ne va presque jamais, jusqu'à ce degré supérieur de précision. En revanche, il a soin d'insister sur l'incident des deux frères Julius Gratus et Julius Fronto qui, étant chacun au service d'un parti différent, sont tous deux arrêtés et mis aux fers comme suspects d'intelligence l'un avec l'autre. C'est que l'incident éclaire d'un jour curieux l'état d'esprit général, l'atmosphère de soupçons où l'on vivait, la tendance, au milieu de ces luttes fratricides, à voir partout la trahison; et l'analyse psychologique est ici encore un des objets favoris de Tacite.

Nous touchons là le fond de l'historien : de même que dans les récits de la vie civile il s'attachait aux sentiments des personnages plus qu'au détail anecdotique de

l'événement, de même dans les récits de la vie militaire
ce qui l'intéresse, ce ne sont pas les itinéraires ou les ho-
raires de marche, même quand il les donne, ni les mouvements stratégiques ou tactiques, même quand il les
explique, c'est l'âme des armées, ce sont les dispositions
intérieures des chefs et des soldats, surtout des soldats,
cette guerre étant une rivalité entre légions jalouses
avant d'être un conflit de généraux ambitieux. Il nous
renseignera donc, parce qu'il le faut, sur le nombre, la
composition, l'emplacement des troupes, Mais combien
il aime mieux décrire leur situation morale ! Aussi les
mots *studia militum, militum animus*, reviennent à
chaque instant sous sa plume. Dans la campagne contre
le Batave Civilis l'expression du mécontentement des
soldats, de leur défiance ou de leur colère à l'égard des
chefs lui paraît aussi importante que le récit des opérations de guerre[1]. Les différents livres des *Histoires*,
pourrait-on dire, ne sont qu'une longue peinture du
mauvais esprit des armées, dont l'indiscipline, s'ajoutant
aux tentatives de révolte des provinces, faillit amener
dès cette époque la dislocation de l'empire.

Au seul cours des événements qui aboutirent à la victoire de Crémone, trois révoltes éclatèrent, deux contre
les légats consulaires, auxquels Antonius ne sauva la
vie qu'à grand'peine[2], la troisième contre Antonius lui-
même, en pleine action militaire, dans l'intervalle qui
sépara le combat de jour et le combat de nuit, lorsqu'au
soir, sans vouloir entendre aucun conseil, les mutins
exigeaient qu'on les menât dans l'obscurité à l'assaut de
la ville[3]. Des trois la dernière fût un danger immédiat,
qui risquait de compromettre le succès définitif. Mais les
premières, quoiqu'elles fussent un danger plus lointain,
qu'elles eussent même obtenu ce résultat favorable de

_____

1. *Hist.*, IV, 24-27, 35-36. — 2. III, 10-11. — 3. III, 19-20.

mettre en fuite les consulaires, chefs médiocres, âgés et mous, et de laisser Antonius seul maître du parti dont les affaires allaient être menées avec autrement d'unité, de vigueur et d'audace, les premières, dis-je, n'en étaient pas moins quelque chose de grave. Deux armées, cinq légions, soulevées contre leurs généraux, poussant des cris furieux, demandant leur mort, puis finissant toutes par se donner à un simple commandant de légion, quel exemple de l'anarchie où l'empire était tombé! Quel symptôme inquiétant pour plus tard! A voir l'insistance de Tacite, les détails qu'il apporte, on sent que cet état de décomposition morale[1] est pour lui, malgré l'intérêt de la bataille et le soin avec lequel il la raconte, le fait peut-être essentiel[2]. Que sera-ce, quand les événements de guerre n'offriront plus qu'un intérêt amoindri?... Ainsi, même là où il tâche le plus d'être un historien militaire, il est encore tout autant un historien moraliste.

Il l'est également dans les discours qu'il prête à ses généraux. Au moment où s'ouvre la campagne contre Vitellius, les chefs flaviens réunis au quartier de la 13ᵉ légion, à Poetovio, discutent le plan des opérations prochaines[3]. Deux partis sont possibles : ou temporiser et attendre les légions d'Orient conduites par Mucien, ou prendre l'offensive et envahir brusquement l'Italie. Antonius soutient de son éloquence vibrante le parti de l'offensive. Or quelles raisons allègue-t-il pour marcher de l'avant? Des raisons stratégiques? Par instants, oui ; mais surtout des raisons morales : « L'armée ennemie s'est amollie et comme fondue dans les délices de Rome. Trans-

1. *Legiones velut tabe infectae* (III, 11 ; et déjà I, 26).
2. Voir déjà des révoltes parmi les troupes othoniennes de Spurinna (II, 18-19), dans l'armée vitellienne de Valens (II, 27-29), etc. Tacite n'hésite pas à leur consacrer plusieurs chapitres.—
3. *Hist.*, III, 1-2.

portés de leurs forêts au théâtre ou au cirque, ces rudes Germains ont dévoré des plaisirs qui les ont à leur tour consumés. Les légions du Danube au contraire apportent à la lutte leur santé intacte et leur vigueur entière. De plus, elles ont à se relever de l'affront de Bédriac, où la fortune injustement a trahi leur courage. Animées par la colère, la honte, la vengeance, elles se jetteront sur leurs adversaires d'un élan irrésistible ». Qu'est-ce que tout cela ? Des raisons de sentiment, c'est-à-dire des raisons oratoires, non point des arguments militaires. Antonius fait appel aux passions ; il veut toucher, émouvoir. On aurait attendu quelque chose d'autre, ou de plus, d'un officier parlant à des officiers.

Ce quelque chose de plus existe cependant. Au milieu du discours est abordée un moment la situation stratégique. Antonius envisage l'état des forces vitelliennes et, si on leur en laisse le temps, les secours qu'elles tireront des provinces, de la Germanie voisine, de la Bretagne séparée par un simple bras de mer, des Gaules et de l'Espagne qui sont à portée de leur main. Voilà qui est bien. Mais je me rappelle qu'ayant la première bataille de Bédriac Suetonius Paulinus, examinant lui aussi la situation dans le conseil de guerre tenu en présence d'Othon[1], déclarait que ces mêmes Vitelliens n'avaient rien à espérer, ni de la Germanie exposée aux incursions des Barbares, ni de la Bretagne séparée par un dangereux bras de mer, ni de l'Espagne peu puissante. Ainsi dans les deux discours, c'est sur des raisons identiques que les orateurs s'appuient ; mais les interprétant chacun dans le sens qui lui plaît, ils aboutissent à une conclusion diamétralement inverse, qui est pour l'un de se hâter, pour l'autre de traîner la guerre en longueur. Des arguments qu'il est si facile de retourner, s'efforcent

1. II, 32.

moins d'être justes que de triompher sur le champ.
Tacite a cédé à ses souvenirs d'école et au plaisir de soutenir, comme autrefois, sur un même sujet des thèses
opposées, plutôt qu'il ne s'est soucié d'être un écrivain
strictement militaire.

Tacite n'est pas seulement le moraliste de la guerre ;
il en est également, et peut-être plus encore, le peintre.
S'il a mis tous ses soins à nous rendre la bataille de
Crémone, la raison en est, n'en doutons pas, l'importance exceptionnelle de l'affaire où se décida la fortune
de la dynastie flavienne, mais aussi, n'en doutons pas
davantage, le caractère nouveau, pittoresque de cette
lutte dans la nuit.

On voudra bien remarquer en effet que Tacite ne
raconte pas plus ou moins longuement les batailles,
selon leur degré plus ou moins haut de valeur réelle,
mais selon ce qu'il découvre en elles d'incidents curieux
et singuliers. Il laisse de côté ou abrège celles qui
n'ont rien que d'ordinaire ; il en développe d'autres qui
ont été d'assez mince conséquence, mais qui ont pour
lui le mérite de se présenter sous un aspect imprévu. La
distinction qu'il établit quelque part entre les combats
dignes d'être rapportés et les escarmouches négligeables[1],
ne se trouve donc pas pleinement observée au cours des
Histoires. Tel engagement, qui fut un simple épisode
sans résultat et dont Tacite dit lui-même : *minor quàm
pro tumultu caedes*[2], est décrit avec complaisance, uniquement parce qu'il prête à la description. C'est un
engagement dans les marais, un combat de terre qui se
transforme (voilà la nouveauté) en « une sorte de combat naval »[3], où les adversaires perdus au milieu des

1. *Crebra magis quam digna memoratu proelia* (II, 24).
2. V, 15. — *Tanquam navali pugna* (V, 15).

eaux tâchent de se rejoindre, de se prendre à bras-le-corps pour s'entraîner au fond de l'abîme. — De même, le combat contre les Rhoxolans, peuplade lointaine des bords du Danube, occupe un long chapitre [1]; parce qu'il offre deux singularités : l'armement des barbares, empêtrés dans leurs catafractes [2], comme nos chevaliers du Moyen Age dans leurs armures, et les conditions de la lutte, livrée par un jour de dégel sur un terrain glissant où l'ennemi, incapable après une chute de se relever, était à la merci du Romain plus agile. — L'auteur insiste encore sur le siège de *Vetera*, camp fortifié de la Basse Germanie [3], parce que l'assaut de nuit donne lieu à une scène pittoresque. Les Germains, après avoir mangé et bu autour de grands feux, se jettent sur les retranchements, ivres et sans rien voir. Mais s'ils ne voient pas, ils sont vus. Eclairées par les flammes du bivouac, leurs silhouettes offrent une cible admirable dont profite l'adversaire. Tout coup porte. Civilis s'en aperçoit, fait éteindre les feux, et le combat continue dans une nuit noire, les Romains gardant l'avantage, grâce au bruit des barbares qui sapent les murailles, d'être guidés par le son quand ils fouillent l'obscurité de leurs javelines. Le lendemain, avec l'assaut de jour, apparaît un nouveau genre de combat. On manœuvre le *tolleno*, terrible levier muni d'un grappin qui s'abaisse sur les assaillants, les saisit, les enlève et les lance en arrière dans le camp. *Nova acies,* dit Tacite, et ce mot nous explique sa complaisance à prolonger l'épisode, de même qu'il nous donne la clef de ses préférences pour tel ou tel combat. Quand Tacite s'arrête sur l'un d'eux, ce n'est pas l'historien qui en a décidé ainsi, c'est d'abord le « descripteur » ami de l'extraordinaire, ou le peintre épris de pittoresque.

1. I, 79. — 2. Sorte de cottes de mailles. — 3. IV, 28-30.

Aussi, les deux plus grandes batailles dont traite son ouvrage, celles de Bédriac et de Crémone, sont-elles découpées en épisodes. L'épisode, c'est ce qui parle à l'imagination, c'est la scène à peindre et, quand les circonstances s'y prêtent, détails du paysage ou phénomènes de la nature, c'est la part de poésie. La première rencontre avait eu lieu parmi les alignements d'arbres et de vignes qui couvrent encore aujourd'hui la plaine de Lombardie, puis sur la route militaire dont la chaussée surélevée plaçait les combattants en belle vue, tandis qu'en contre-bas deux légions, comme si elles étaient seules aux prises, engageaient une sorte de duel[1]. De la bataille complexe, dispersée et assez confuse[2] Tacite n'avait retenu que ces quelques traits, comme étant ceux qui en caractérisaient à ses yeux la physionomie particulière. Ils sont intéressants, ils n'ont rien encore de poétique[3]. Dans la seconde rencontre au contraire, où luttèrent presque au même endroit, à six mois d'intervalle, Vitelliens et Flaviens, l'historien a trouvé l'occasion d'être magnifiquement poète.

Je ne parle ici que du deuxième acte de cette seconde bataille, du combat de nuit[4]. Je n'ai pas à revenir sur le combat de jour qui précéda, et dont le récit valait surtout par l'exactitude minutieuse. Non qu'il n'y ait encore, à propos du combat de nuit, un effort d'exactitude pour marquer l'emplacement des troupes et les

1. II, 42-43.
2. A cause de la nature du terrain coupé par les fossés, par les rangées d'arbres, et qui transformait l'engagement général en une série d'engagements partiels.
3. En revanche le style est déjà très empreint de couleur poétique. Voir II, 41 et 42 l'abondance de mots ou de tournures empruntés aux poètes (41, *audire condiciones ac reddere; in vallum impinguntur; mucronibus; pugham resumere; relabebantur;* 42, *ramor dispersus; incubuit acies; umbonibus*).
4. III, 22-25.

vicissitudes de l'action. Tacite signale successivement la défaillance de la 7ᵉ légion, l'entrée en ligne des réserves, l'attaque des prétoriens, puis les exhortations fougueuses d'Antonius, enfin le coup de théâtre qui détermina le suprême élan des Flaviens : la rumeur partout répandue de l'arrivée des renforts d'Orient. Mais cet effort d'exactitude est lui-même subordonné à l'effort artistique. Les renseignements précis veulent être des renseignements curieux et frappants. Ainsi, dans cette obscurité où l'on se bat en aveugle sans essayer de parer les coups, à la confusion habituelle en pareil cas s'ajoutent des causes spéciales d'erreur et de danger : les armes sont les mêmes chez les Flaviens et les Vitelliens ; le mot d'ordre dans les deux camps, demandé et redemandé sans cesse, est connu de chacun des adversaires ; les étendards passent de main en main, d'un parti à l'autre, et risquent de tromper ceux qui s'y rallient. Voilà évidemment des circonstances rares, singulières ; Tacite les met soigneusement en relief.

Et d'autre part, des épisodes viennent interrompre la succession des faits. Comme chacun d'eux n'est pas tellement lié au combat qu'il ne puisse se détacher de l'ensemble, ce qu'on revoit, quand on a fermé le livre, c'est le centurion primipilaire Atilius Verus, mourant dans un carnage d'ennemis pour sauver l'aigle de sa légion ; ce sont les deux soldats chargés d'aller couper les cordes d'une balliste dont les énormes pierres écrasaient leurs camarades, et sachant qu'ils y vont au prix de leur vie ; par-dessus tout, c'est la lune qui se lève dans la seconde moitié de la nuit et qui, favorisant les Flaviens qu'elle éclaire de dos et rend presque invisibles, perdant les Vitelliens qui s'offrent en pleine lumière et prennent pour des corps les ombres allongées en face d'eux sur le sol, assurant les coups des premiers, égarant les traits des seconds, joue un rôle essentiel et

devient comme un personnage de la lutte. C'est elle
qui fait pour Tacite le véritable intérêt du combat,
parce qu'elle en fait la nouveauté pittoresque. Elle est
ce qui ne se retrouvera plus. Grâce à elle le combat ne
ressemble à aucun autre des *Histoires*. Il serait exagéré
de dire qu'il n'est qu'un « sanglant clair de lune[1] » ;
mais, certainement, il est surtout cela. La blanche et
froide lumière enveloppe la scène, jusqu'au moment où
le soleil, venant à poindre sur l'horizon dans la rougeur
matinale, soulève les acclamations des soldats Syriens,
adorateurs de l'astre. Cette prière au soleil est elle-même
quelque chose d'inattendu ; c'est encore du pittoresque,
et du meilleur. Le détail a déjà le mérite d'être histo-
riquement vrai : la 3e légion, venue de Syrie, recrutée
en Syrie ou composée de soldats qui avaient pris aisément les croyances du pays, a dû saluer ainsi l'apparition de son dieu. Mais il a surtout pour lui d'être
merveilleusement poétique : il termine l'effet de lune
antérieur par un contraste des plus saisissants[2].

Si l'on juge mieux, par comparaison, de la valeur
d'un morceau et de la manière d'un auteur, il sera bon,
à propos de ce passage de Tacite, de se remettre un
instant en mémoire Thucydide et l'expédition de Sicile,
Tite-Live et la bataille de Cannes. Il se peut que Tacite,
en peignant son combat devant Crémone, ait songé au
siège de Syracuse[3]. Mais chez l'historien grec la nuit
n'était qu'un incident, parmi d'autres, au cours de
cette terrible attaque de l'Epipole ; elle empêchait les
Athéniens de concerter leurs mouvements sur un terrain dangereux et qu'ils connaissaient mal ; elle était seulement un obstacle de plus, apporté à une entreprise

1. Dubois-Guchan, *Tacite et son siècle* (1861), t. II, p. 517.
2. Tac., *Hist.*, III, 23 fin et 24 fin.
3. Thucyd., VII, 44.

singulièrement difficile par elle-même. Chez Tacite elle est l'objet principal du tableau, le centre où tout converge. Et c'est la différence de sa description, qui est poétique, avec une narration proprement militaire[1].

La différence n'est pas moindre avec la narration oratoire d'un Tite-Live. Un orateur plaide une cause, il a un but; et pour atteindre ce but, il veut émouvoir. Tite-Live, dans son récit du désastre de Cannes[2], n'a eu, au point de vue des faits, qu'une préoccupation : sauver l'honneur de Rome et celui des patriciens, en qui Rome à ses yeux s'incarnait; au point de vue de l'art, qu'une pensée : écrire un récit dramatique. Comment s'y est-il pris ? Il a omis un fait capital, indiqué par Polybe : le sénat qui voulait en finir, avait donné lui-même aux deux consuls l'ordre de livrer bataille. Et il a mentionné deux faits qui ne sont point dans Polybe : les tourbillons de poussière soulevés par le vent dans la plaine et dont Hannibal profite pour aveugler l'adversaire, la trahison de cinq cents Numides qui, se donnant comme transfuges, puis se démasquant au plus chaud de la lutte, auraient attaqué par derrière et massacré les Romains. Il a omis l'ordre du sénat, afin que la faute tombât toute sur Varron, le consul plébéien, et que fût épargné Paul Émile, l'aristocrate, l'élève de Fabius Cunctator, l'héritier de sa doctrine et de sa sagesse. Il accueille avec empressement la version relative aux effets de la poussière et de la ruse des Numides[3], pour apaiser l'émoi de son patriotisme et se prouver que Rome a été vaincue, non pas par la bravoure des Africains ou le génie de leur

---

1. Cf. Dubois-Guchan, *ouv. cit.*, t. II, p. 516.
2. Tite-Live, XXII, 38-50.
3. Tite-Live n'a pas inventé ces détails, qui devaient se trouver dans quelque récit déjà favorable à la cause Romaine ; mais il leur donne une importance qu'ils n'ont sans doute pas eue, s'ils sont réellement exacts. Sont-ils même exacts, du moins le second ?

chef, mais par la *fraus punica*. Du même coup, le récit
a gagné en pathétique; le lecteur est touché par l'infortune de ces légions, victimes des éléments et de la
perfidie humaine, comme il prend en compassion Paul
Emile, victime de la folle témérité d'un collègue.

Bien que Tacite soit souvent éloquent dans ses récits,
il faut mettre à part ses récits de batailles, où l'orateur,
décidément, s'efface devant le poète. Là, il ne cherche
pas tant à émouvoir qu'à surprendre; il veut frapper
l'imagination plutôt qu'agir sur le cœur. Un coup d'œil
donné aux récits militaires des *Annales* confirmera cette
impression. Tacite s'y attache aux campagnes de Germanie. Pourquoi? Parce qu'il prévoit que de là vien-
dront tous les dangers de l'empire, mais aussi à cause
de l'attrait que ce pays exerce sur lui, avec sa nature
étrange, ses forêts profondes et mystérieuses, son sol
mouvant, son ciel bas et voilé, sa mer illimitée et inhu-
maine. Il en éprouve, comme tous ses compatriotes,
comme tous les Méridionaux, un sentiment mêlé de
curiosité et d'effroi. Et de quels épisodes nous entre-
tient-il? D'une nuit passée par les troupes de Cécina
en pleins marais, au milieu de barbares hurlant sur les
bords des chants de triomphe, nuit affreuse, pleine
d'angoisses pour les soldats qui gardent dans leur souvenir le massacre de la forêt de Teutoburg, pleine de
cauchemars pour le vieux général qui voit en songe
Varus se lever tout sanglant et l'appeler à lui sur sa
couche de boue[1]; — d'une marée d'équinoxe, qui
assaille deux légions en marche sur la grève, et dont la
violence inattendue des Romains (ils ne connaissaient
pas les effets du flux et du reflux à cette époque de
l'année) engloutit les bagages et submerge presque les
hommes[2]; — d'une tempête d'automne dans les mers

____
1. *Ann.*, I, 64-65. — 2. *Ann.*, I, 70.

du Nord, horrible, désastreuse, qui disperse les navires
de Germanicus et le jette tout seul sur le rivage désert du
pays des Chauques, où désespéré il médite de se donner
la mort pour ne pas survivre à la catastrophe[1].

Histoires ou *Annales*, nous sommes donc en présence
d'un procédé très net. Il consiste à s'arrêter sur les
choses de guerre, expéditions ou batailles, quand elles
sont par quelque endroit nouvelles, originales, et à ne
s'arrêter que sur celles-là. Tacite veut pouvoir dire de
toutes ce qu'il dit de l'une d'elles : *illa clades* novitate
et magnitudine excessit[2]. Il lui faut le côté extraordinaire, romanesque ou romantique; mais alors ce côté
l'attire et le retient.

Concluons maintenant sur les récits en général. Nous
avons vu Tacite abréger ceux de la vie civile, lorsque
lui manquaient les moyens de les pousser au dramatique.
Il abrège les récits militaires, lorsqu'il ne trouve pas
l'occasion de les tirer au pittoresque et au poétique.
Malgré la différence des deux cas, le but est commun :
effet dramatique ou effet poétique, l'auteur vise un effet.
Or, cet effet, il l'atteindra plus sûrement par le procédé
du tableau; et c'est bien pourquoi les tableaux abondent dans son œuvre. Au reste, ses batailles déjà il les
décrit plus qu'il ne les raconte. Il est surtout un peintre
de batailles. Sa façon même de les découper en épisodes
l'acheminait vers le tableau. Bien plus, un épisode comme
celui du clair de lune pendant le combat de nuit de Crémone est un tableau complet en soi, admirable. Nous
tenons la transition pour passer des récits aux tableaux.

1. *Ann.*, II, 23-24. — 2. *Ann.*, II, 24.

I

L'art du tableau, c'est l'essence même du génie de
Tacite. A constater le nombre de tableaux achevés, de
tableaux ébauchés, de récits qui tournent en tableaux
ou qui sont coupés de tableaux, on serait tenté de dire
que tout est tableau chez lui et que c'est pour aboutir
au tableau qu'il a voulu devenir historien. Il est un
peintre merveilleux. Ses récits peuvent être manqués,
j'en ai dit les raisons; ses tableaux sont presque toujours réussis. Et comme on aime ce que l'on fait bien,
il a pris plaisir à les multiplier.

De cette abondance des tableaux il existe des indices
assez curieux jusque dans le style. D'abord l'emploi

des mots qui marquent l'aspect extérieur des choses.
Prospectus, facies, species, spectaculum se rencontrent
très souvent : *facies urbis, facies camporum, facies
pugnae, nova laborum facies,* ou *foedum, saevum, atrox
spectaculum*[1]. Détail insignifiant? Nullement. Le retour
habituel de certaines expressions jette un jour, à lui
seul, et indépendamment du contexte, sur l'homme
même, sur sa nature de penseur ou d'artiste, et le classe
dans telle ou telle famille, de visuels ou d'auditifs, de
sensitifs ou d'intellectuels. A cet égard, non seulement
le style, l'agencement des mots dans la phrase, c'est
l'homme[2]; mais les mots détachés, c'est déjà l'homme
aussi : ils découvrent le fond d'un esprit. Le vocabulaire de Victor Hugo, où s'accumulent avec toutes les
variétés de la forme toutes les nuances de la couleur,
tous les jeux de la lumière, tous les « rayons » et toutes
les « ombres », nous donne une première et juste idée
de ce qu'est le poëte, œil énorme ouvert sur le monde.
Quand on trouve, au contraire, chez Verlaine tant de
mots qui recueillent les bruits, la musique de la nature,
la note particulière que rend telle saison ou telle journée,
quand on écoute avec lui « les sanglots longs des vio-
lons de l'automne », on a l'impression d'une oreille
sans cesse tendue vers la résonance des choses. Et Sully-
Prudhomme, s'il n'avait été surtout un cérébral, aurait-
il puisé à pleines mains, comme il a fait, dans la langue de la science et de la philosophie? Il n'est donc pas
indifférent de connaître les termes que Tacite affectionne. De cet examen sort la conclusion que nous
sommes en présence d'un imaginatif. Il *voit* et veut
faire voir aux autres; ou plus exactement, comme il

---

1. Remarque déjà faite par M. Vianey, *Quomodo dici possit Tacitum fuisse summum pingendi artificem* (1896), p. 6-7.
2. Je prends la formule courante, au sens courant. Je n'oublie
pas que ce n'est ni le sens ni même le texte de Buffon.

s'agit d'événements écoulés, il revoit ce qu'il a vu dans le passé, et ce qu'il n'a pas vu, il l'imagine comme s'il le voyait. Il dit vrai, quand il répète le mot *spectaculum* ; il a presque toujours un spectacle sous les yeux ; il évoque en lui-même les tableaux. Il devait tout naturellement chercher à peindre ce qu'il évoque.

Après le vocabulaire, la grammaire. Un autre indice est fourni, en effet, non plus par le choix des mots, mais par le temps des verbes de la phrase. L'imparfait domine chez Tacite. Qu'est-ce à dire ? Dans la conjugaison, l'imparfait (*imperfectum tempus*) est le temps qui exprime l'action inachevée ; il l'exprime donc lorsqu'elle est en voie d'achèvement, au moment même où elle se développe, avec le prolongement de sa durée ; il la déroule à nos regards, il la *montre*. Et par là il se distingue nettement de l'aoriste[1]. Écrire : « Vitellius traînait vers Rome son pesant cortége » ou « traîna » (*gravi urbem agmine petebat* ou *petivit*)[2], est chose très différente. L'aoriste marque simplement que dans le passé, à tel moment proche ou lointain, telle action a eu lieu ; il nous renseigne sur l'existence d'un événement antérieur et fournit une indication chronologique, rien de plus : c'est le temps du récit. L'imparfait au contraire est le temps du tableau[3]. Ainsi, pour donner une forme à sa matière, un historien a deux temps à sa disposition ; mais selon que son habitude est d'employer

---

1. J'emploie ce terme, réservé le plus souvent à la conjugaison grecque, parce que la conjugaison latine n'a qu'une forme *amavi*, là où le grec et le français en ont deux. *Amavi* correspond à la fois à ἐφίλησα (*aoriste*), j'aimai (passé défini), et à πεφίληκα (*parfait*), j'ai aimé (passé indéfini). Le mot *parfait*, appliqué ici, manquerait donc de clarté, ou serait même inexact.

2. *Hist.*, II, 87.

3. De là un signe extérieur, et comme un moyen mécanique, pour distinguer ce qui est *récit* de ce qui est *tableau*. Il suffit de faire attention à la différence des temps.

l'un ou l'autre, nous serons éclairés sur le tour particulier de son esprit. Use-t-il à l'ordinaire de l'aoriste, il est un narrateur. Se sert-il plus volontiers de l'imparfait, il est un « descripteur » ou un peintre. Tacite, qui recourt sans cesse à l'imparfait (on s'en convaincra par la lecture d'une page à peu près quelconque des *Histoires*), est un « descripteur [1] ». Michelet chez nous appartient à cette lignée d'écrivains.

Continuons notre enquête grammaticale. Deux autres formes verbales sont encore fréquemment employées par Tacite : l'infinitif historique et le présent historique.

L'emploi de la première s'explique sans difficulté. Comme l'infinitif historique est très souvent un équivalent de l'indicatif imparfait [2], il est bien clair qu'on pourra le rencontrer, soit seul, au lieu de l'imparfait lui-même, soit uni à l'imparfait. — Quant au présent historique, c'est, il est vrai, un équivalent de l'aoriste, et par conséquent un temps du récit. Toutefois Tacite lui-même, malgré la préférence qu'il accorde au tableau, ne saurait se passer du récit ; le récit s'impose à lui, comme étant le fond continu sur lequel les tableaux se détachent, plus ou moins rapprochés. Dès lors, il n'est pas sans importance qu'un historien se serve pour les parties narratives du présent ou de l'aoriste ; car si, pas plus que l'aoriste, le présent historique ne décrit l'action et ne l'accompagne dans sa durée, il a sur lui cet avantage qu'il la transporte au moment où nous

1. Je demande la permission de me servir de ce terme qui n'est pas autorisé par l'Académie, mais que Littré accueille dans son dictionnaire.

2. M. Ramain, dans un article intéressant de la *Rev. de Philol.* (1914, p. 5 et suiv., *Observations sur l'emploi de l'infinitif historique*), a montré que les grammairiens avaient tort d'y voir *toujours* un équivalent de l'imparfait. Mais il me paraît avoir par trop restreint les cas d'équivalence, et certains des exemples qu'il cite comportent plus qu'il ne le dit la nuance « durative ».

sommes et la met sous nos yeux. Tacite, pour avoir
étendu l'emploi de ce présent et limité celui de l'aoriste,
obtient jusque dans le récit un résultat qui a sa valeur :
ce qu'il raconte, est montré au lecteur avec la brièveté
de l'éclair, comme un point sans durée dans le temps,
mais du moins est montré. Son récit *fait voir*. Et
même, pour exprimer la vivacité d'une action, il se
trouve avoir la qualité exactement requise.

Par ce moyen, sans doute, le récit est rendu moins
inégal au tableau. Mais ne vaut-il pas mieux encore, au
lieu de laisser le récit à lui-même, introduire le tableau
dans le récit et mélanger l'un à l'autre ? Tacite l'a pensé.
Considérant surtout le récit comme un moyen de produire un effet de rapidité, il sait bien que par définition
cette sorte d'effet se détruit elle-même, si elle se prolonge. D'où la nécessité qu'il éprouve d'abandonner son
récit sans tarder, puis, toutes les fois qu'il y est revenu,
de l'abandonner encore, et dès qu'il le peut. Dans un
même chapitre récit et tableaux se succèdent, ou mieux
s'entrelacent et s'opposent, l'un toujours courant, les
autres moins pressés, plus étalés, plus amples, comme il
convient, puisqu'ils peignent un état de choses où une
action qui dure ; et de ce contraste l'auteur tire le plus
heureux parti, mais (notons-le) la prépondérance y est
acquise au tableau. Entre le récit pur, assez rare, tout
à l'aoriste ou au présent, et le tableau pur, largement
développé, tout à l'imparfait, se placera donc le procédé
intermédiaire du récit coupé de tableaux plus ou moins
longs. Selon la règle déjà donnée, nous serons avertis du
passage de celui-là à ceux-ci, ou inversement de ceux-ci
à celui-là, par la différence des formes verbales.

Il serait aisé d'apporter de nombreux exemples :
quelques-uns suffiront. Avant la bataille de Crémone[1]

1. *Hist.*, III, 10.

éclate une sédition militaire, sédition en deux actes :
d'abord des injures, des menaces de la part des mu‑
tins, ensuite des voies de fait. Et deux scènes prin‑
cipales : le gouverneur Tampius Flavianus, contre qui
se déchaîne l'émeute, commence par essayer de jus‑
tifier sa conduite et d'apitoyer les furieux ; puis
Antonius, son subordonné, intervient pour le sauver,
et le sauve en effet, grâce à la force persuasive de
son éloquence. Or, au début de chacun des actes le
changement de situation est marqué par une ou deux
phrases de récit (donc par le présent ou l'aoriste).
La 1re fois : « *Rapiuntur* arma metu proditionis ;
ira militum in Tampium Flavianum *incubuit.* » La
seconde : « Ubi crudescere seditio et a conviciis ac
probris ad tela et manus transibant, inici catenas
Flaviano *iubet* (Antonius). » Mais à chaque fois le récit
bientôt s'arrête, et tout de suite apparaît le tableau,
qui retient les regards : d'un côté les étonnantes sup‑
plications de Flavianus baigné de pleurs, prosterné
dans la poussière aux pieds des soldats, de l'autre la
fougueuse intervention d'Antonius et la mimique expres‑
sive dont il accompagne ses paroles. Les deux scènes
se déroulent alors avec la suite obligatoire d'imparfaits :
« Propinquum Vitellii, proditorem Othonis, intercep‑
torem donativi *clamitabant ;* nec defensioni locus (s.
ent. *erat*), quanquam supplices manus tenderet, humi
plerumque stratus, lacera veste, pectus atque ora
singultu quatiens. Id ipsum apud infensos incitamen‑
tum *erat* etc... ». Pour terminer, une phrase rapide
à l'aoriste narratif : « Profectus eadem nocte Flavianus
obviis Vespasiani litteris discrimini *exemptus est.* »
C'est la conclusion de ce qui précède et la fin de
l'aventure.

J'ai choisi un exemple caractéristique : deux tableaux
dans un même chapitre sont encadrés par trois frag‑

ments de récit[1]. Tous les exemples n'offrent pas un type aussi complet. Il est même plus fréquent que le chapitre (en ce cas d'ailleurs moins étendu) ne contienne qu'un tableau, ouvert et fermé par quelques lignes de récit. Mais pour être simplifié, le type ne varie pas , le dessin d'ensemble reste le même : une phrase d'introduction à l'aoriste, un tableau à l'imparfait, une phrase de clôture à l'aoriste. Veut-on suivre Vitellius au champ de bataille de Bédriac[2]? Voici d'abord le sujet posé par le temps du récit : « Inde Vitellius Cremonam *flexit* et spectato munere Caecinae insistere Bedriacensibus campis ac vestigia recentis victoriae lustrare oculis *concupivit*. » Puis, amenée par l'exclamation *foedum atque atrox spectaculum,* vient la description de la plaine (le centre du morceau), avec les milliers de cadavres, les flaques de sang, les débris d'armes, la pourriture et la dévastation effrayantes. Mais une attitude du vainqueur, par une brusque opposition qui ajoute au dramatique de la scène, nous ramène au récit dont elle renoue le fil : « At non Vitellius *flexit* oculos nec tot milia insepultorum civium *exhorruit*. » — Autre exemple[3]. Malgré les lenteurs de sa marche à travers l'Italie, Vitellius est arrivé aux portes de Rome vers le début de juillet[4]. Comment l'historien peindra-t-il l'entrée triomphale ? Suivant le même procédé. La disposition des parties est identique. L'aoriste précède : « Ipse Vitellius a ponte Mulvio... sumpta praetexta et composito agmine *incessit*. » L'imparfait suit (exprimé ou sous-entendu) ; c'est

1. Cf. encore III, 17 ou IV, 62; le récit part, s'arrête, repart, s'arrête de nouveau, etc.; c'est toujours la même façon rapide et fréquente de passer du récit au tableau, du tableau au récit et d'entrelacer l'un à l'autre.

2. II, 70. — 3. II, 89.

4. La date peut être approximativement déterminée ainsi : II, 87, il est question de *maturis iam frugibus* et II, 91, Vitellius publie un édit, à Rome, le 18 juillet (XV *kalendas Augustas*).

le tableau : « Quattuor legionum aquilae per frontem toti-demque circa e legionibus aliis vexilla... ; militum phalerae torquesque *splendebant* ». L'aoriste termine : « Sic Capitolium ingressus' atque ibi matrem complexus Augustae nomine *honoravit* ». Telle est la structure de maints chapitres [1]. Un fait énoncé crée une situation ; la situation est aussitôt matière à peinture, et la description se substitue au récit. Dans la progression des événements, ces pauses sont comme des paliers où visiblement Tacite s'arrête avec plaisir.

Enfin, procédé plus détourné et subtil, le tableau ne se contente pas de venir couper la narration de distance en distance par des phrases ou des paragraphes descriptifs ; c'est jusque dans une phrase dont le verbe est au présent ou à l'aoriste, par conséquent dans une phrase même de récit, qu'il trouve encore moyen de se glisser : il s'y glisse à l'aide des participes. Qu'on examine de près le texte suivant [2] : « *Opposuit* sinum Antonius stricto ferro, aut militum se manibus aut suis moriturum *obtestans*, ut quemque notum et aliquo militari decore insignem aspexerat, ad ferendam opem nomine *ciens* ». Si les circonstances indiquées par *obtestans* et *ciens*, au lieu d'être ramassées dans une même

---

1. Cf. présentant même structure I, 36 : « 1° Tantusque ardor (s. e. *fuit*)... ; 2° Nec tribunis aut centurionibus adeundi locus (s. e. *erat*)... ; 3° Postquam universa classicorum legio sacramentum eius *accepit*..., ita *coepit* ». — I, 54 : « 1° *Miserat* (le p. q. parfait a ici, comme il arrive, la valeur d'un aoriste transporté dans le passé) civitas Lingonum... ; 2° Legati... *accendebant* animos ; 3° Hordeonius..., *iubet* (le présent historique à la place de l'aoriste ». — I, 55 : « 1° Inferioris Germaniae legiones,... *adactae* (s. e. *sunt*) ; 2° Sed ipsis legionibus *inerat* diversitas animorum... ; 3° At in superiore exercitu quarta ac duoetvicesima legiones... *dirumpunt* imagines Galbae ». — I, 57-58 : « 1° Is die proximo... Vitellium *consalutavit* ; 2° Ardorem exercituum... Lingones *aequabant*...; 3° Igitur Vitellius... *disponit*. » Etc.
2. III, 10.

phrase et groupées autour d'un seul verbe principal,
étaient exprimées dans des propositions distinctes et
chacune par un verbe à un mode personnel, les participes ne seraient-ils pas remplacés par des imparfaits? Et
n'aurait-on pas quelque chose comme ceci (j'abrège) :
« Opposuit sinum Antonius stricto ferro, ac se moriturum *obtestabatur* et unumquemque ad ferendam opem
nomine *ciebat* »? *Obtestans* et *ciens*, participes présents,
sont en réalité des participes imparfaits[1] ; ils jouent le
rôle d'imparfaits ; ils peignent donc, ils font tableau.
Et c'est bien tout un tableau, en effet, qui est annexé,
sous forme participiale, aux trois mots de récit : *opposuit sinum Antonius*. — D'ailleurs il peut arriver qu'à
la place des participes on rencontre des adjectifs où des
ablatifs descriptifs : « Longus deditorum ordo saeptus
armatis per urbem *incessit*, nemo *supplici vultu*, sed
tristes et *truces* et adversum plausus ac lasciviam insul-
tantis vulgi *immobiles*[2] ». Que l'ablatif descriptif et les
adjectifs soient accompagnés d'un verbe, le verbe, ici
encore, sera mis à l'imparfait : « nemo *erat* supplici
vultu, tristes *erant* »; Comme dans le premier exemple,
la phrase commencée en récit s'achève en tableau.

Ainsi le tableau semble bien être la forme naturelle, le
cadre ordinaire où se présentent à l'esprit de Tacite les
événements de l'histoire. Il faut, évidemment, que la
chose soit possible, et elle ne l'est pas toujours. Mais,
dès que le récit le permet, c'est-à-dire dès que, dans la
série des faits qui s'emboîtent, une jointure laisse
quelque jour entre deux (voilà l'occasion guettée), aussitôt le tableau surgit, s'insère entre les faits, se pousse,
réclame une place, l'acceptant modeste au besoin, faute
de mieux, mais décidé à l'élargir, pour peu que les cir-

---

1. Cette valeur du participe présent est d'ailleurs fréquente.
2. IV, 2.

constances le favorisent. A force de se développer, de
s'étendre, il finit par devenir une grande scène qui met
le récit à l'écart et envahit toute la place.

❦

Pourquoi Tacite répond-il avec un si vif empressement à l'appel de son imagination ? C'est que le tableau
lui donne tout ce qu'il cherche.

Et d'abord le tableau *montre* : c'est même sa première raison d'être. Il ne se borne pas à nous apprendre
l'existence d'événements antérieurs ; il les étale à nos
regards. Le récit, ai-je dit, peut également faire voir.
Grâce au présent historique, il possède la ressource de
rendre présent le passé. Mais, outre que son rôle est surtout de faire connaître et de faire comprendre, d'exposer la suite de l'histoire dans sa vérité et de l'expliquer
dans sa liaison logique, la manière dont il fait voir,
tout intéressante qu'elle est, demeure encore inférieure
à celle du tableau. De même que la peinture sur la
toile ou le bas-relief sur le marbre ont la faculté de se
déployer dans l'espace, le tableau de l'historien doit
à l'imparfait de pouvoir se dérouler dans le temps. Ines-
timable privilège. Ce n'est plus l'image du récit qui
passe, rapide, sur l'écran, remplacée instantanément
par d'autres ; c'est une image qu'on voit naître, grandir
et durer, et qui donne en conséquence l'impression de
la vie.

Puisque le tableau montre, qu'est-ce que Tacite croit
devoir nous montrer ? En d'autres termes, et puisque
l'œil d'un artiste n'est pas également sensible à la couleur et à la forme, dans ce qui l'entoure qu'est-ce qui le
frappe de préférence ? Il est certain que d'un spectacle
Tacite retient plutôt les formes que les couleurs, et plutôt encore les formes en action que les formes au repos.
L'attitude, le geste, le mouvement, voilà ce qui se réflé-

chit surtout dans son œil ; mais cela, il le voit avec une
acuité extraordinaire. Non point, tout de même, que la
couleur soit absente ; et il ne faut rien exagérer. Une
scène, comme celle de l'entrée de Vitellius à Rome, est
extrêmement pittoresque [1]. L'empereur en manteau
rouge de général, puis avec la toge bordée de pourpre
du magistrat, s'avançant au milieu des aigles, des étendards et des bannières parmi la variété des armures ;
devant les drapeaux, les officiers vêtus de blanc, marchant dans tout l'éclat de leurs décorations, tandis qu'au
cou des soldats, sur les poitrines, brillent les plaques de
métal, les chaînes d'or et d'argent, insignes de la vail-
lance : cet ensemble forme un tableau vraiment chaud
de ton, enveloppé sous le soleil de juillet d'une étince-
lante lumière, d'une couleur même chatoyante [2].

Néanmoins il est plus habituel à l'historien de s'en
tenir aux attitudes et aux gestes des personnages ; et si
l'on voulait serrer de près la comparaison avec les beaux-
arts, c'est à l'art du bas-relief plutôt qu'à la peinture
proprement dite qu'il faudrait en somme assimiler sa
manière [3]. Nous pouvons continuer à nous servir du
mot *peindre*, mais sachons qu'il n'a bien souvent qu'une
exactitude toute relative, et qu'il est pris alors dans
l'acception très générale et littéraire de *décrire*. Tacite
dessine des lignes ou modèle des formes, presque toujours ; il peint, plus rarement. J'en dirai tout à l'heure
la raison.

Si nous remarquons que, dans les tableaux où il
introduit des Barbares et notamment les Germains, il
aime à faire de la *couleur locale*, ne soyons pas davantage les dupes de l'expression employée. Rappelons-nous

1. Tac., *Hist.*, II, 89.
2. Cf. aussi Cécina s'adressant à ses troupes *versicolori sagulo,
bracas indutus*, et sa femme Salonina *insignis equo ostroque* (II, 20).
3. Vianey, *ouv. cit.*, p. 43, 51, 56, 92-93.

que la couleur locale, que les Romantiques croyaient
avoir inventée vers 1820[1], est ce qu'on nommait au
xviie siècle les mœurs, et que le mot ne doit pas servir
à désigner seulement la vérité particulière du costume,
mais plus généralement la vérité des usages d'un temps
ou d'un pays. C'est en ce sens qu'on parlera de couleur
locale chez Tacite. Les Germains sont représentés dans
leurs habitudes nationales. Ils vont au combat nus *more
patrio*[2], portant devant eux, pour effrayer l'ennemi,
d'étranges figures d'animaux tirés de leurs forêts[3], ou
s'élançant avec des cris sauvages et agitant leurs bou-
cliers au-dessus de leurs têtes[4]. Dans le conseil, rangés
autour de celui qui leur adresse la parole, ils l'approu-
vrent du bruit de leurs armes entrechoquées et d'un
piétinement rythmé sur le sol ; et cela aussi, c'est
l'usage (*sono armorum tripudiisquè, ita illis mos, appro-
bata dicta*[5]). Ont-ils à élire un chef ; ils l'élèvent sur
un bouclier, selon la coutume, et le balancent sur leurs
fortes épaules (*impositus scuto more gentis et sustinen-
tium umeris vibratus dux deligitur*[6]). Ces coutumes, on
le voit, se traduisent en une suite d'attitudes, de poses,
de mouvements.

Des mouvements, des poses, des attitudes, c'est ce
que l'on trouve également dans les grandes scènes de la
vie romaine ou de la vie des camps qui passent sous
nos yeux. Lorsque Galba descend du Palatin sur le
Forum pour se rendre compte de l'émeute qui gronde,
quels sont les détails qui attirent d'abord les regards de
Tacite ? La litière du vieillard ballottée par le remous
de la foule, misérable épave que le flot apporte et remporte[7]. Lorsque Antonius harangue ses troupes, à quoi
s'intéresse l'historien ? A ce que dit le général-orateur

1. Cf. Mérimée, *La Guzla* (Avertissement de 1840).
2. Tac., *Hist.*, II, 22. — 3. IV, 22. — 4. II, 22. — 5. V, 17.
— 6. IV, 15. — 7. I, 40.

sans doute, mais aussi à la gesticulation de ce Toulou-
sain qui circule sur le front de son auditoire, se tourne
d'un côté, de l'autre, prend les différentes légions à
partie, interpelle même les individus et parle comme
avec tout son corps (*conversus ad signa ; conversus ad
singulos ; ad Moesicos conversus ; ut quemque notum
aspexerat nomine ciens ; ut quosque accesserat*[1]). La
réponse des légions interpellées n'a pas besoin d'être
formulée ; Tacite voit leur signe de tête, négation suffisante ; et il écrit *cum abnuerent*[2], au lieu de *cum ne-
garent*. Il voit aussi leur frémissement d'impatience,
manifesté par l'agitation de leurs armes (*quatiunt
arma, rupturi imperium ni ducantur*[3]). Ailleurs, des
Romains sont surpris la nuit sous leurs tentes, et s'en-
fuient ; il note *leur vêtement roulé autour du bras*[4]. Des
soldats accourent pour délivrer leurs camarades assiégés ;
c'est *de la main*, à distance, qu'ils les encouragent[5].
Des légions sont prisonnières ; les voici marchant silen-
cieuses, semblables à un long et funèbre convoi (*silens
agmen et velut longae exsequiae*)[6]. Ailleurs encore, les
Syriens prosternés adressent au soleil levant ce salut
magnifique que j'ai déjà cité[7] ; ou Antonius fait devant
ses troupes épuisées, et sur le point de fléchir, le geste
fameux qui leur désigne Crémone, la proie opulente
(*incesserat cunctatio, ni duces fesso militi et velut irritas
exhortationes abnuenti Cremonam monstrassent*[8]).

Toujours donc l'attitude et les verbes qui l'expriment,
immobile ou violente, surtout violente : *sedere, stare*
et ses composés (*astare, circumstare*), plus souvent
surgere, tendere manus, complecti, vertere, etc. De là
des scènes qu'on dirait faites pour le théâtre, tant les
acteurs y trouveraient marquées à l'avance les indications

1. III, 10; III, 20; III, 24. — 2. III, 26. — 3. III, 19. — 4. V,
22. — 5. IV, 34. — 6. IV, 62. — 7. III, 24. — 8. III, 27.

de leur rôle. Et l'on songe à l'art de Racine. Chez Racine s'est rencontrée aussi cette préoccupation de dessiner les gestes des personnages ; Brunetière autrefois, en des pages ingénieuses, l'a relevée avec soin [1]. Rien que dans une scène de *Phèdre*, dans les deux tiers seulement de cette scène, il note que l'héroïne modifie plus de 25 fois son maintien ; or ces changements sont tous indiqués par le texte lui-même. L'opposition avec Corneille est complète sur ce point commè sur beaucoup d'autres. Les adieux de Rodrigue et de Chimène, si beaux pourtant, si tendres, si humains, d'une mélancolie si douloureuse, ne permettent en aucune façon de reconstituer le groupe ou le tableau que forment les deux amants. Lisez au contraire les vers que Phèdre prononce à son entrée. Aux paroles de la reine vous devinez ses mouvements, vous connaissez ses gestes : elle s'avance appuyée sur sa nourrice ; puis elle s'arrête et, défaillante, se laisse tomber sur un siège ; le jour alors l'éblouit ; ses ornements lui pèsent ; elle passe maintenant une main sur ses yeux et rejette ses voiles, trop lourds pour son front enfiévré ; elle écarte enfin jusqu'à ses cheveux dont les nœuds l'importunent. « C'est une succession d'attitudes, de poses ou de tableaux vivants. Le geste est comme inscrit dans le choix même des mots ; la plastique du rôle est vraiment enveloppée dans les vers ; et cela, cette résurrection de la forme, c'est déjà de la poésie. »

Ne serait-ce point par goût commun de la représentation sculpturale, et parce qu'il en trouvait chez Tacite de merveilleux exemplaires, que Racine a placé l'historien latin si haut dans son admiration ? Ne serait-ce pas là une des raisons, au moins, de son jugement si flatteur ?

____

1. Brunetière, *Les Epoques du théâtre français*, p. 144-146.

A ce premier avantage du tableau, qui est de montrer
le passé se déroulant, un second s'ajoute, dont l'importance n'est pas moindre aux yeux de Tacite : la possibilité de modifier le passé pour l'adapter à des vues
particulières, c'est-à-dire la possibilité pour l'artiste
d'intervenir dans son œuvre. Le récit se prête peu à
pareille intervention ; il doit accepter les exigences de la
science, impersonnelle et objective, et qui n'admet que
la vérité avec toute sa rigueur. Au contraire, dans le
tableau l'art s'introduit pour composer, donc pour
choisir, pour grouper. De là à permettre d'arranger un
peu les faits, de les altérer même au besoin, il n'y a qu'un
pas, vite franchi si l'on n'y prend garde. Danger à
craindre avec Tacite, qui n'a point la religion de l'exactitude, et pour qui l'histoire est un genre où l'art
l'emporte sur la science pure.

Mais avant de constater qu'il trébuche parfois, reconnaissons que certaines libertés dont il use étaient légi-
times et découlaient naturellement de l'emploi du
tableau. Là où Plutarque rapporte les faits dans leur
succession chronologique, séparés, comme ils furent en
réalité, par des intervalles de temps qui peuvent être
assez considérables, Tacite évite de signaler quelques-
uns d'entre eux à leur date, pour les réunir à d'autres
de même nature dont il n'aura l'occasion de parler que
plus tard. A l'ordre successif et dispersé il préfère le
groupement d'une composition plus savante ; au récit il
substitue le tableau.

Ainsi, Plutarque raconte en deux fois[1] les manœuvres
auxquelles Othon se livra pour arriver à l'empire :
d'abord ses intrigues auprès des soldats et du favori
Vinius, lesquelles remontent à l'année 68, au temps où

____
1. Plutarque, *Galb.*, ch. 20, 23 et suiv.

il escortait Galba d'Espagne en Italie ; puis, après l'adoption de Pison qui ruine ses espérances, le complot ourdi avec les prétoriens du 10 au 15 janvier 69. Tacite ramasse toutes ces intrigues et les présente d'ensemble au même endroit de son histoire[1]. Nous avons de la sorte un seul tableau à deux faces, d'une part Othon se poussant par les voies régulières de l'adoption, de l'autre Othon, candidat évincé, n'hésitant plus à recourir à la force ; et cette lumière concentrée accroît l'effet général. — Pendant que Galba songeait, en raison de son grand âge, à se donner un successeur, les légions de Germanie s'étaient révoltées et avaient proclamé Vitellius. Plutarque, conformément à l'ordre des temps, raconte cette révolte avant l'adoption de Pison[2]. Tacite l'a renvoyée après l'avènement d'Othon, pour n'avoir à morceler ni le tableau de la révolution qui à Rome renversa Galba, ni celui des événements de Germanie qui portèrent Vitellius à l'empire[3]. Il a craint, comme il le dit dans une autre occasion, que, divisés, ces événements ne perdissent de leur valeur[4]. Ajoutons qu'en retardant la nouvelle du soulèvement de Vitellius, qui n'est plus révélée aux Romains que le jour même du meurtre de Galba, il a ménagé un de ces coups de surprise qu'il affectionne et sur lesquels j'aurai à revenir. — Deux émeutes, dont le camp de Valens fut le théâtre, sont décrites à la suite l'une de l'autre, au moment où les armées de Vitellius s'apprêtaient à faire leur jonction près de Crémone[5]. Mais rapprochées dans l'ouvrage, elles n'ont pas été rapprochées dans le temps. La première éclata bien avant la seconde, avant même que Valens eût franchi les Alpes, en Narbonaise. Tacite les a juxta-

---

1. Malgré la règle annalistique (voir ce que j'en ai dit p. 34, n. 2).
2. Plut., *Galb.* 18 et 22. — 3. Tac. *Hist.*, I, 51 et suiv.
4. *Ne divisa haud perinde ad memoriam sui valerent* (*Ann.*, XII, 40. — 5. *Hist.*, II, 27-30.

posées pour la même raison que tout à l'heure ; il a pensé frapper plus fortement l'esprit du lecteur, en groupant ces diverses manifestations d'indiscipline qui trahissaient chez le soldat un état moral des plus graves.

Dans les exemples qui précèdent, le groupement des faits n'est encore qu'un déplacement des faits. Tout n'est pas inscrit à son jour sur le registre que tient l'historien ; mais au total rien ne manque. Il y a d'autres cas où l'arrangement aboutit à une simplification, et plusieurs scènes sont fondues en une seule. Considérons le tableau de la tentative d'abdication de Vitellius[1]. C'est une page de grand effet, une des plus belles de Tacite. Grâce au passage correspondant de Suétone[2], nous avons la chance de pouvoir démêler comment l'effet a été obtenu : nous saisissons sur le vif la méthode de travail de Tacite. Chez Suétone, qui serre évidemment la réalité de plus près, ce n'est pas une, c'est trois tentatives différentes que fit, vaincu et découragé, Vitellius pour abandonner un pouvoir devenu trop dangereux. Une première fois, sur les degrés du Palatium, en présence de ses soldats, il vint déclarer qu'il s'était chargé de l'empire malgré lui et qu'il renonçait à ce fardeau. Mais comme l'assistance se récriait, ébranlé, ne sachant bientôt plus quelle conduite tenir, il ajourna sa décision et finalement rentra au palais sans rien conclure. Le lendemain, dès la pointe du jour, il descendit au Forum en habits de deuil et, du haut des Rostres, devant les soldats et le peuple réunis, recommença en pleurant ses déclarations de la veille, qu'il avait mises cette fois par écrit, pour être plus sûr de lui. Nouvelles protestations du public, qui l'exhorte à ne pas se laisser abattre et l'assure de son appui fidèle. Alors il reprend courage et, malgré un récent traité de paix signé avec

---

1. III, 67-68. — 2. Suétone, *Vitell.*, 15.

Flavius Sabinus, le préfet de Rome, il donne soudain l'ordre d'attaquer ce frère de Vespasien, qui croyait n'avoir plus rien à craindre. Sabinus et ses partisans surpris se réfugient au Capitole, où ils périssent dans les flammes. Peu après, inquiet des conséquences de sa perfidie, ému de l'incendie du temple, l'empereur revient à son intention d'abdiquer. Il convoque le peuple et, détachant solennellement le poignard suspendu à son côté, il l'offre au consul comme pour se dessaisir de son droit de vie et de mort sur les citoyens ; le consul refuse. Il l'offre aux magistrats, aux sénateurs ; tous refusent également. Il veut aller le déposer dans le temple de la Concorde ; on lui crie « qu'il est la Concorde ». Il finit par annoncer qu'il accepte le surnom et garde le poignard.

Ce récit très circonstancié, parfois d'une précision minutieuse, donne bien l'impression d'être le vrai. La conduite bizarre et incohérente qu'il révèle est conforme à tout ce que nous savons du caractère de Vitellius[1]. Mais c'est un récit, c'est-à-dire quelque chose de successif, d'égrené en quelque sorte, et dont l'effet s'amoindrit pour être dispersé, s'émousse pour être répété. Il y a mieux à faire aux yeux de Tacite : rassembler en un jour ce qui se répartit sur plusieurs, grouper les circonstances, laisser tomber le petit détail qui éparpille l'attention ; en revanche, et quoique le moment ne soit pas aux longs discours, insister sur la harangue attendrissante du prince, ajouter même un ou deux traits pathétiques, montrer par exemple les femmes à quelque distance, derrière les soldats, contemplant cette lamentable scène, ou Vitellius élevant dans ses bras son fils tout jeune encore et le confiant à la foule pour achever d'exciter la pitié. Du coup, la narration se compose autour de la figure impériale,

---

1. Même indécision dans sa conduite le jour de sa mort ; il ne

trouve un centre, devient tableau, et le tableau lui-même prend une vigueur et un relief extraordinaires, — aux dépens toutefois de la scrupuleuse vérité. Selon M. Fabia[1], Tacite, ayant rencontré dans l'auteur qui lui servait de source ces trois tentatives d'abdication, aurait purement et simplement supprimé les deux premières pour se borner à reproduire la troisième. C'est lui attribuer un procédé trop sommaire et ne pas saisir, à mon avis, tout l'art de l'écrivain. Il y a, de sa part, fusion plutôt que suppression. Chez Suétone, il ne semble pas que dans la troisième assemblée, à l'inverse de ce qui s'était passé dans la première et la seconde, des soldats aient figuré parmi les assistants ; or Tacite fait parler Vitellius *inter suos milites*. En outre l'empereur n'avait pas attendu cette troisième réunion pour essayer d'apitoyer le public ; c'est dans les premières déjà que des propos un peu développés avaient leur place naturelle. Et Suétone dit, en effet, que lors de sa deuxième tentative Vitellius mit ses déclarations par écrit (ce qui prouve qu'elles étaient d'une certaine étendue) et les lut en pleurant. Or que disent de leur côté les *Histoires?* Que, tout en gardant une brièveté conforme à la tristesse de la situation, Vitellius expliqua au peuple les motifs de sa retraite, lui recommandant son frère, sa femme, ses enfants « encore à l'âge de l'innocence », et que les larmes finirent par étouffer sa voix. Ce sont là, comme aussi le fait de s'être montré en vêtements de deuil, d'évidents emprunts à la première et surtout à la seconde réunion. La troisième fut, pour ramener les choses au vrai, une cérémonie en deux actes plutôt qu'une occasion de discours ; elle consista dans la prestation du serment[2] et la présentation

sait que résoudre *mobilitate ingenii* : ce sont les termes de Tacite lui-même (III, 84).

1. *Sources de Tacite*, p. 157, 274, 282.
2. *Iuravit coegitque iurare et ceteros...* (Suét., *Vitell.*, 15).

du poignard. Et sans doute elle demeure la tentative la plus importante par cet acte de la présentation, dernier effort de l'apathique Vitellius et geste suprême. Mais Tacite n'a pas rejeté pour cela l'essentiel des deux précédentes, et la scène, telle qu'il la décrit, est le résultat d'un habile amalgame entre les trois[1]. Le récit de Suétone est plus curieux, dans son détail exact ; le tableau de Tacite, plus puissant.

II

Voilà bien l'un des buts que l'artiste assigne à ses tableaux : mettre en relief, faire saillir, produire un effet de puissance. Mais si l'histoire ne lui donne pas d'elle-même ce relief (et malheureusement elle ne le donne pas toujours), alors il ne craindra pas, afin de l'obtenir, d'aller parfois jusqu'à la retouche, « au coup de pouce » nécessaire. Du point de vue d'une méthode sévère, certes, nous le blâmerons ; mais il s'agit pour l'instant d'analyser ses procédés. Ce sont des procédés de poète : *ut pictura poesis*. Peintre et poète négligent les détails au profit de l'ensemble ; par leur distribution des ombres et des lumières ils détachent la figure ou l'objet à éclairer, qui, ressortant seuls, en ressortent davantage.

1. Tacite est bien obligé de placer son tableau avant l'affaire du Capitole, Sabinus n'ayant pu parler et agir au nom de Vespasien (III, 69) que parce que la tentative d'abdication de Vitellius lui faisait croire que son frère avait désormais le champ libre. Si Tacite n'a reproduit que la troisième tentative de Suétone, laquelle eut lieu, en réalité, après l'incendie du temple, il a gravement altéré, comme le dit M. Fabia (*Sources*, p. 282), l'ordre chronologique. Mais si son tableau est un composé des trois, « l'infraction à la vérité » devient plus supportable. On s'explique que Tacite ait eu moins de scrupules à placer la tentative unique au moment que lui imposait la logique des circonstances.

Et peintre et poète ne craignent pas d'interpréter la
réalité, quand une simple copie serait insuffisante, pour
l'élever à la hauteur de leurs conceptions.

Disons donc que Tacite vise à faire grand, ce qui ne
signifie pas faire immense : il garde le plus souvent la
sobriété de l'art classique. Ses tableaux de trois ou
quatre lignes ne sont pas les moins admirables. Et même,
parce qu'il ramasse et condense, il exprime plus qu'il
ne dit ; il évoque, il suggère : à nous de compléter. Sa
peinture est en profondeur, riche de dessous qui se
révèlent à mesure que l'on sait mieux voir. Il ne déborde pas le cadre, il perce les fonds. Quelques images
éclatantes ouvrent des perspectives et donnent le branle
à notre esprit qui achève.

Veut-on des exemples? Je reviens à cette bataille de
Crémone, si fertile en remarques. C'est le moment où,
après la nuit de lutte effroyable, apparaissent les premières lueurs du matin. Il faut forcer la victoire encore
indécise. Antonius passe devant ses légions, disant à
chacune d'elle ce qui peut le mieux l'enflammer. Tout
à coup une clameur : *undique clamor, et orientem solem
(ita in Syria mos est) tertiani salutavere*[1]. Sur ce lever
de soleil le chapitre s'arrête. Mais notre imagination
ne s'arrête pas. Elle a reçu la secousse; détachée du
texte, elle continue son mouvement, poursuit son vol,
et accompagne l'ascension de l'astre qui monte dans
le ciel au-dessus de ses adorateurs en prière. — Autour
de Galba, menacé par l'arrivée des meurtriers, Tacite a
représenté le peuple muet, frappé de stupeur. « Point
de tumulte et cependant point de calme : c'était, dit-il,
le silence des grandes terreurs ou des grandes colères[2] ».
Et ce mystère de l'âme des foules, brusquement évoqué,
nous jette en un vague qui augmente notre appréhen-

1. *Hist.*, III, 24. — 2. I, 40.

sion de la tragédie prochaine. — Vitellius quitte le
champ de bataille de Bédriac, champ d'horreur qu'il a
parcouru sans frémir, sans détourner les regards, joyeux
même de tant de cadavres étendus sur le sol, et tranquille, ne soupçonnant pas le destin qui le guette, il s'en
va offrir un sacrifice aux divinités du lieu[1]. Le contraste
est saisissant, quand on songe que dans ces mêmes
plaines de Crémone, à peine six mois plus tard, sa fortune pareillement viendra se briser. Sur cette ivresse de
fête, sur ce sacrifice d'actions de grâces que les dieux n'ac-
ceptent pas, plane l'ombre sanglante d'Othon, dont les
soldats de Vespasien se feront bientôt les vengeurs. — Les
temps maintenant sont révolus ; le châtiment approche.
Vitellius connaît à son tour l'amertume des vicissitudes
humaines ; il veut abdiquer. C'est le tableau dont je
parlais tout à l'heure. Tâchons de fixer un ou deux
de ces traits qui reculent l'horizon. Lorsque l'empereur
paraît sur les degrés du Palais, vêtu de deuil, ses ser-
viteurs en larmes à ses côtés, suivi de son fils au ber-
ceau qu'on porte comme à une pompe funèbre, les acclamations du peuple retentissent, flatteuses mais déplacées.
Le soldat, lui, demeure impénétrable, enfermé dans un
farouche silence : *miles minaci silentio*[2]. Ainsi s'exprime
le texte. Mais le français est impuissant à rendre l'énergique raccourci du latin. Il manque de ce cas absolu qui,
surtout placé comme il est, à la fin du paragraphe,
détache l'expression et l'emplit de profondeur. Et pour
peindre la déchéance de Vitellius, triste spectacle malgré
tout, quelle que soit l'indignité de celui qui tombe,
une autre image nous est offerte par Tacite, image également intraduisible, car elle aussi contient trop de
choses ; la signification morale s'y mêle à la signification matérielle pour agrandir son objet et donner l'essor

1. *Hist.*, II, 70. — 2. III, 67.

à la pensée. *Exire de imperio* : Vitellius, franchissant
le seuil du Palais, sortait de l'empire[1].

*

Si Tacite vise à faire grand, il vise aussi à faire dramatique. La grandeur à laquelle il atteint, n'est pas
calme et sereine, mais presque toujours tourmentée,
pathétique. En cela, et tempérament personnel mis à
part, il subissait l'influence du théâtre de Sénèque, celle
de la rhétorique des écoles et, plus généralement, la
tendance même de son siècle et de son pays. On aimait
le dramatique à cette époque, les Romains l'ont aimé à
toutes les époques, pour ce qu'il a de violent. Et on
l'aimait pour ce qu'il a d'inattendu. Le goût de l'extraordinaire, des coïncidences rares, des aventures merveil-
leuses est un goût naturel, puisque chacun de nous, à
côté de sa vie réelle, a une vie d'imagination ; mais à
Rome il n'y avait point de genre spécial qui le conten-
tât, les Latins n'ayant guère connu le roman et Pétrone
ou Apulée étant des exemples tout à fait isolés dans leur
littérature. Il cherchait donc ailleurs quelque moyen
détourné de se satisfaire. Il pénétrait dans la tragédie
(Andromaque, pour sauver Astyanax, ne trouve rien de
mieux que de lui donner comme cachette le tombeau
même de son père), dans les sujets de déclamation pro-
posés aux élèves des rhéteurs (quoi de plus romanesque
que certaines des *Controverses* dont le premier Sénèque
nous a transmis le souvenir ?). Il se réfugiait aussi
dans l'histoire sous la forme du dramatique. Dramatique
et romanesque, en un sens, dérivent du même besoin
et contiennent en tous cas un même élément : l'imprévu. La différence de l'un à l'autre réside surtout
dans le dénouement, ici touchant à l'ordinaire et ai-

1. *Hist.*, III, 68.

mable, là terrible, émouvant; mais leur point de départ ne laisse pas d'être souvent commun. Que de fois l'aventure, qui a tourné au drame, avait commencé par être un roman! Ce rapport du romanesque et du dramatique se traduit encore dans le langage par l'expression « coup de théâtre », qui associe l'effet de surprise à l'effet de puissance. Seulement des rencontres frappantes d'événements imprévus, l'historien qui ne craint pas de recourir aux procédés du romancier ou de l'auteur tragique, est obligé parfois de les *imaginer*; car l'histoire n'en présente pas autant qu'il en demande. Force lui est alors de venir en aide à une réalité insuffisante, de solliciter des faits qui se dérobent, de les arranger un peu à sa guise. C'est dans les tableaux, qui se soumettent mieux que le récit pur à un pareil arrangement, que Tacite (nouvelle raison pour lui, s'il en était besoin, de se plaire aux tableaux) introduira le plus de ces coups de théâtre.

Son ouvrage débute par l'un d'eux. Avec le chapitre 12 (ce qui précède ne forme qu'un préambule) nous sommes aux premiers jours du mois de janvier 69. Galba vient de prendre à Rome possession du consulat, quand tout à coup une lettre arrive de Belgique; elle annonce qu'en Haute Germanie les légions se sont révoltées, ont trahi la foi du serment, et qu'elles réclament avec force un autre prince, laissant d'ailleurs au sénat et au peuple la faculté de l'élire. Ainsi l'empereur est à peine installé au pouvoir, à peine descendu du Capitole où il a prononcé les vœux solennels pour le bonheur de l'empire, qu'on cherche déjà dans les provinces à lui opposer un rival.

Jusqu'ici l'exposé de l'historien est conforme à la vérité de l'histoire. C'est en effet le 1er janvier que les légions de Germanie Supérieure refusèrent de prêter serment à Galba, le lendemain 2 que Vitellius fut proclamé par l'armée de Basse Germanie dont il était le

légat, le surlendemain 3 qu'il fut reconnu par celle d'Hor-
déonius, son collègue de Germanie Supérieure. La coïn-
cidence n'est donc pas « arrangée ». Mais on conçoit avec
quel empressement Tacite a saisi cette éclatante façon
d'entrer en matière. Si la règle annalistique, entendez
la nécessité pour les historiens latins de procéder année
par année, ne s'était pas imposée à lui, on peut croire,
malgré là gêne qu'il en devait éprouver ailleurs plusieurs
fois[1], que, libre de commencer à sa guise, il n'eût pas
adopté pour son ouvrage un autre commencement[2].

Est-il exact en revanche, comme il l'affirme plus
loin[3], que Rome n'a su que le 15 janvier le nom du nouveau prétendant? Ce n'est guère vraisemblable. La révolte
de Germanie et l'élévation de Vitellius à l'empire se succédèrent à si court intervalle que les deux nouvelles
durent parvenir presque simultanément en Italie (du
jour au lendemain). Tacite, qui a le droit de nous les
révéler successivement, prend en outre celui de retarder
la seconde de 4 ou 5 jours[4]. Pourquoi? Sans doute il
ne lui déplaît pas qu'un peu de mystère règne en cette
affaire; mais surtout il tient à ce que l'on n'apprenne à
Rome la proclamation de Vitellius que le soir même de
la mort de Galba. La ville était effrayée, ce jour-là, par
le meurtre qui venait de s'accomplir; elle tremblait
aussi, se rappelant le scandaleux passé d'Othon, à l'idée
que ce débauché devenait son maître. La nouvelle de

---

[1]. Voir p. 33-34. — [2]. Là preuve, c'est que les deux livres suivants débutent aussi par un coup de théâtre, quand plus rien alors
ne l'y obligeait. — [3]. I, 50.

[4]. M. Fabia croit que c'est Galba lui-même qui la tint secrète
(voir l'*Ambassade d'Othon aux Vitelliens* dans la *Rev. de Phil.*, 1913,
p. 53 et suiv.). Mais comment expliquer alors le *crebrioribus in dies
Germanicae defectionis nuntiis* des *Hist.*, I, 19 ? Ces mauvaises nouvelles, qui continuent d'arriver et jettent le trouble dans la ville,
ne peuvent être précisément que celles « de la proclamation de
Vitellius, de la défection totale ».

la révolte de Vitellius apportait un surcroît de terreur[1] ;
et c'est un surcroît d'effet que Tacite a voulu obtenir.
Sans compter que la situation, remaniée de la sorte,
offrait une autre conséquence imprévue, et piquante :
Vitellius, qui s'était déclaré contre Galba, se trouvait maintenant avoir à marcher contre Othon, lequel
s'était substitué à Galba dans l'empire.

Devant ces combinaisons, présentées par l'histoire assurément, mais rendues plus singulières par l'historien,
on se rappelle les péripéties si fréquentes dans le théâtre
de Voltaire, où les personnages sont toujours en face,
d'une situation qui n'est pas celle qu'ils attendaient, et
font autre chose que ce qu'ils croyaient faire : Arsace
pensait tuer Assur, il tue Sémiramis ; Oreste a levé le
poignard sur Egisthe, c'est Clytemnestre qu'il atteint.
Tacite, pareillement, aime les faits qui viennent dérouter
les calculs les mieux établis ou les espoirs les mieux fon-
dés. La formule *cum repente* est une de celles qui lui sont
chères : c'est la formule des coups de théâtre. Ainsi Galba
offre un sacrifice aux dieux de l'empire[2]. Coup de théâtre :
déjà l'empire ne lui appartient plus ; en ce moment même
il passe à Othon. — Le bruit se répand qu'Othon a été
tué[3]. Des gens ont assisté au meurtre, ils ont vu ; le
doute est impossible. Peuple, chevaliers, sénateurs se
précipitent auprès de Galba, rivalisent de protestations
et de zèle. Coup de théâtre : la rumeur était fausse, les
prétoriens ont acclamé le mort prétendu ; et tandis que
les courtisans félicitent le vieil empereur, des assassins
s'apprêtent à descendre au Forum pour le massacrer. —
Othon donne un grand dîner[4]. Coup de théâtre encore :
une sédition militaire a éclaté ; des soldats furieux

---

1. Ce sont les termes mêmes de Tacite : *trepidam urbem... novus
insuper de Vitellio nuntius exterruit* (I, 50).
2. I, 29. — 3. I, 34 et suiv. — 4. I, 81.

envahissent la salle du festin et réclament à grands cris
la tête des convives.

On pourrait poursuivre. Qu'il nous suffise d'examiner
les débuts des différents livres, débuts à sensation, ou
romanesques ou dramatiques, ou l'un et l'autre à la
fois. Nous connaissons déjà celui du premier. Au second
livre, Titus est parti de Judée; il croyait aller rendre
ses devoirs et ceux de son père à Galba, l'empereur alors
régnant[1]. En route il apprend coup sur coup que Galba
n'est plus, qu'Othon l'a remplacé, que Vitellius menace
Othon lui-même; et il s'en retourne sans féliciter personne, ne voulant ni porter à un prince des hommages
destinés à un autre, ni risquer d'être l'otage soit d'Othon
soit de Vitellius. Étrange et réelle complication de ces
temps, où les événements se pressaient si vite que l'on
n'était jamais sûr de ne pas être devancé par eux. Mais,
habile arrangement aussi de la part de Tacite. Quoique
l'art y sente un peu l'artifice, cette intervention de
Titus, et de Vespasien derrière Titus, est dramatique.
Pendant que les deux compétiteurs se disposent à entrer
en lutte, le troisième, qui les mettra d'accord, apparaît
dans le fond de la scène. De la sorte, tous les acteurs
sont présentés en même temps; c'est comme une intrigue
qui se noue.

Quant au livre III, il s'ouvre par le conseil de guerre
des généraux flaviens réunis à Poetovio en Pannonie[2].
Moment de grande importance. Il s'agissait d'établir le
plan général de toutes les opérations ultérieures. Antonius, l'homme de l'offensive immédiate, s'opposait aux
partisans de la temporisation. S'il ne l'avait pas emporté,
le sort de la campagne n'en eût sans doute pas été
modifié; mais elle aurait été autrement longue et pénible
qu'elle ne fut. Cette conférence des chefs n'est pourtant

1. II, 1 et 2. — 2. III, 1 et 2.

pas un début logique. Le livre devrait commencer avec
le commencement même de la révolte des légions de
Pannonie, lorsque Antonius nous est montré pour la
première fois[1]; seulement l'effet ne serait plus le même.
Coupé comme il est, il saisit davantage. Nous avons
encore un lever de rideau dramatique.

Ajoutons que les fins de livres, à l'ordinaire, ne sont
pas moins soignées que les débuts. Le premier se termine sur le départ d'Othon pour l'armée, d'où il ne
doit pas revenir; le second, sur la trahison de Cécina,
qui perdra Vitellius; le troisième sur la mort de Vitellius lui-même. En somme, chacun de ces livres est conçu
comme une tragédie qui, entre une exposition à surprise
et un dénouement solennel ou pathétique, contient une
péripétie émouvante, constituée par le meurtre de Galba,
par le suicide d'Othon, par la défaite des Vitelliens et le
sac de Crémone. Ou, si l'on veut, car le dénouement
de chaque livre ne fait qu'amorcer le livre suivant et
excite la curiosité dans l'attente de ce qui se prépare,
les différents livres sont comme les actes divers d'une
vaste tragédie, dont le dénouement total n'apparaîtra
que beaucoup plus loin.

Le mélodrame est l'exagération des procédés du drame.
S'il est vrai qu'on verse toujours plus ou moins du côté
où l'on penche, Tacite devait finir par verser dans le
mélodrame, comme avaient fait avant lui les auteurs de
tragédies et de déclamations. On sait quelles sont, dans
les pièces de Sénèque, et la violence des situations et
l'outrance des sentiments. Passions exceptionnelles, personnages invraisemblables de vertu ou de scélératesse,
héros gesticulant, exaltés, furieux, montrant le poing

----

1. II, 85-86.

au ciel, ou d'une raideur, d'un courage, d'une impassi-
bilité hors nature; Polyxène transformée en virago stoï-
cienne, Andromaque elle-même devenue par moments
une Bacchante; comme spectacles, Médée massacrant
ses enfants, Thésée, après la catastrophe où a péri Hip-
polyte, comptant les membres qui lui sont rapportés,
énumérant ce qui reste, ce qui a disparu : voilà les gros
effets qui plaisaient sous l'Empire aux invités des séances
de lectures — et pourraient plaire de nos jours à un auditoire populaire. Dans les écoles même chose. Deux des
personnages les plus chers aux déclamateurs étaient le
tyran et la marâtre, monstres de la vie publique ou
privée, traître et empoisonneuse de mélodrame, ancêtres
d'Angelo de Padoue et de Lucrèce Borgia.

Cet acheminement au mélodrame ne pouvait manquer
de se produire. Quand on recherche un effet, de quelque
ordre qu'il soit, on est amené insensiblement à renchérir
sur sa propre manière. Les effets s'usent. Il faut les
renouveler. Il faut donc exagérer. Poursuit-on le pathétique; on frappe de plus en plus fort. Court-on après
l'esprit; on raffine, on tombe dans le fin du fin. C'est
une lutte avec ses rivaux et avec soi-même, pour ajouter
sans cesse un trait émouvant ou une pointe ingénieuse.
Voilà en quoi les déclamations des écoles et les lectures
des *auditoria* ont contribué à gâter les lettres latines. Mais
nous serons justes, en disant que ces deux institutions
n'ont pas seules la responsabilité de la décadence. Auraient-elles obtenu le succès éclatant qui les salua dès
l'abord, si elles n'avaient répondu à quelque tendance
profonde du génie romain? La corruption, pour s'épa-
nouir, demande un terrain qui se laisse corrompre. Osons
donc le reconnaître : l'art de Rome a toujours été un peu
gros. Ce n'est pas un art de nuances ou de demi-teintes.
L'élégante distinction d'un Térence, la tendresse d'un
Virgile, le discret enjouement d'un Horace restent de

belles exceptions, le fruit de natures très hellénisées. Et Térence, Horace, Virgile étaient des poètes, artistes qui échappent davantage à l'influence du vulgaire! Mais l'éloquence, celui de tous les genres qui est le plus en contact avec la foule et reflète le mieux son âme, mais parmi les orateurs Cicéron, celui qui représente le plus brillamment cette éloquence, ont-ils jamais renoncé tout à fait, même dans leurs meilleurs jours, aux tirades, aux antithèses, aux figures de rhétorique, aux péroraisons débordantes d'émotion? A-t-on jamais connu à Rome la sobriété d'un Lysias ou la vigueur nerveuse et dépouillée d'un Démosthène? Le pompeux et le déclamatoire, ce que notre délicatesse juge avec raison comme le mauvais goût, ne datent pas de l'Empire. Si l'on ne peut nier que le mal ne se soit aggravé au 1er siècle de notre ère, il s'est aggravé seulement. Le germe était plus ancien : il était dans la race. Un peuple, qui a si aisément laissé s'implanter chez lui les combats de gladiateurs, qui a imaginé une cérémonie comme celle du triomphe; où il costumait son général vainqueur en un Jupiter terrestre, et donné à une cérémonie funèbre elle-même, à l'enterrement de ses patriciens, l'aspect d'une étonnante mascarade; qui chaque jour enfin sur le Forum, devant les tribunaux, ne répugnait pas à un étalage grossier de moyens matériels pour émouvoir les juges, ce peuple a toujours raffolé de la mise en scène et des spectacles excitants; ses sens avaient besoin d'être violemment secoués. Il a eu une littérature à son image. L'excessif devait se retrouver dans son art, puisqu'il était à chaque instant dans sa vie.

Institutions et habitudes nous expliquent un assez grand nombre de tableaux des *Histoires*. Ceux auxquels je pense, paraissent d'abord extraordinaires et même déplaisants. Ils continuent d'être déplaisants, mais ils cessent d'être extraordinaires, si on les rapporte à ce fond du Romain. Partout de bruyantes démonstrations, des gestes pathétiques, des cris, des pleurs. Il est incroyable à quel point le monde que dépeint Tacite, même le monde militaire, a le sanglot facile et les larmes à son commandement. Un général, soupçonné de trahison, se roule dans la poussière aux pieds de ses soldats, tend vers eux des mains suppliantes, *pectus atque ora singultu quatiens*[1]. Des mutins veulent rentrer en grâce; comment traduisent-ils leur repentir? *Precibus ac lacrimis veniam quaerebant*[2]. Ils pleurent; le chef pleure de son côté : *deformis et flens... Valens processit*. Deux partis qui se sont entr'égorgés, se réconcilient après la bataille : *tum victi victoresque in lacrimas effusi (sunt)*[3]. Othon annonce à son armée qu'il renonce à la lutte; l'armée éclate en gémissements[4]. D'ailleurs la joie ou la flatterie ne sont pas moins violentes que la tristesse. Un candidat à l'empire envoie des baisers aux prétoriens; les prétoriens s'embrassent à leur tour[5]. Transports immodérés, *immodica studia* : Tacite lui-même a dit le mot[6]. Et tout cela nous choque par son manque de mesure, souvent par son manque de sincérité; mais tout cela n'est peut-être pas inventé.

Vitellius, au Forum, lorsqu'il essaie d'abdiquer, joue l'émotion; il a pris son fils dans ses bras, l'élève, le présente avec des larmes à l'assistance, à chaque citoyen séparément, puis à tous réunis, et finit, tant il suffoque, par ne plus pouvoir parler[7]. Quelque temps auparavant une scène analogue s'était déroulée au Palais[8]. Cette fois, l'acteur était Lucius Vitellius; et il jouait l'effroi, et vis-à-vis de l'empereur son frère. Ouvrant la porte de l'appartement impérial et saisissant son neveu, il était tombé avec lui à genoux et avait adjuré tragique-

1. III, 10. — 2. II, 29. — 3. II, 45. — 4. II, 46. — 5. I, 36. — 6: I, 35. Cf. II, 29 : *ut est vulgus utroque immodicum.* — 7. III, 68. — 8. III, 38.

ment le prince, dont un complot, affirmait-il, menaçait le pouvoir, de veiller à sa sécurité comme à l'avenir des siens. Douleur ou terreur, dans les deux cas c'était une douleur ou une terreur de théâtre, une pantomime à effet. C'était aussi une scène de tribunal et un effet d'audience : l'exhibition du fils de l'accusé, de l'enfant en bas âge, à la fin du plaidoyer, comptait parmi les artifices usuels de péroraison.

Il n'est donc pas facile de dire, au sujet de ces tableaux, ce qui vient de Tacite et ce qui est pris sur le vif, ce qui est réalité et ce qui est invention. Plusieurs éléments sont mêlés ensemble, sans qu'on puisse préciser dans quelle proportion ils le sont. Il faut évidemment faire sa part au tempérament méridional, qui ne veut rien de contenu et ne juge pas son émotion suffisante, s'il n'appelle le corps à son aide pour la marquer vigoureusement au dehors. Mais chez beaucoup de Romains cette tendance innée à l'exagération était renforcée par la détestable éducation qu'ils avaient reçue du rhéteur. Dressés par lui à déclamer, à jouer un rôle, à exprimer des sentiments qu'ils n'éprouvaient pas, ou à grossir leurs sentiments vrais par une émotion factice, ils restaient plus ou moins comédiens toute leur vie, après l'avoir été à l'école. On nous rapporte de César et d'Auguste, têtes froides pourtant et, semble-t-il, politiques maîtres de leur cœur, des manifestations qui nous stupéfient. L'un au moment de franchir le Rubicon, pour gagner ses soldats, pleure en leur présence, déchire ses vêtements, met sa poitrine à nu[1]. L'autre, après le désastre de Varus, parcourait ses appartements, se frappant la tête contre les portes et criant : « Varus, rends-moi mes légions[2]. » Jusque dans le privé, ces Romains se croyaient toujours un peu sur un

---

1. Suétone, *Cæs.*, 33. — 2. Suét., *Aug.*, 23.

théâtre. De sorte que les scènes que nous lisons chez
Tacite, toutes surprenantes qu'elles soient, ne dépassent
sans doute pas beaucoup, si elles le dépassent, le niveau
exact de la réalité. On a le droit de penser que souvent
cette rhétorique en action des *Histoires* a été de la rhétorique véritablement vécue.

 Quelquefois, malgré tout, Tacite a dû ajouter : on le
prend comme en flagrant délit d'arrangement. N'oublions pas qu'il est Romain lui-même, élève des rhéteurs, et que son goût personnel de l'effet l'incline au
mélodrame. Une preuve entre autres. Le carnage qui
accompagna la victoire de Crémone fut signalé par
une aventure tragique : on vit un fils tuer son père. Le
hasard les avait placés l'un en face de l'autre. Pendant
que le vainqueur dépouille son adversaire demi-mort,
« il le reconnaît, en est reconnu. Alors il l'embrasse
expirant, et d'une voix lamentable il supplie les mânes
paternels de lui pardonner, de ne pas le traiter en par-
ricide : Tous étaient responsables, gémissait-il, du crime
d'un particulier; et qu'est-ce que la part d'un soldat,
d'un seul, dans l'œuvre générale de mort? Puis il emporte le cadavre et, creusant une fosse, il lui rend les
derniers devoirs[1] ». Le fait est intéressant, parce que
nous sommes sûrs qu'il est vrai. Tacite le mentionne
sur la foi d'un témoin oculaire, Vipstanus Messala. Lui
qui ne cite guère ses sources, a justement pris soin en
la circonstance de désigner l'auteur sur lequel il s'appuie. Mais les choses se sont-elles passées, comme il les
décrit? Le fils a-t-il enterré son père séance tenante ?
L'a-t il pu, au milieu de la bataille? Ses plaintes ne
sont-elles pas bien maniérées et ses réflexions bien phi-
losophiques pour un simple soldat? On saisit donc le
procédé. Sur les données certaines qui lui étaient four-

1. Tac., *Hist.*, III, 25.

nies, Tacite a travaillé; il a développé, poussé au théâtral
et au pathétique.

D'autres scènes dans les *Histoires* sont douloureuses
comme celle-ci. Il y en a de terribles et effrayantes,
comme le sac de Crémone[1]. Il y en a de brutales et
cyniques, comme celle de ce soldat qui, après avoir tué
son frère en une sorte de duel, va demander à ses chefs
le prix du sang[2]. Toutes pourtant ne sont point haus-
sées à ce ton. Il fallait que les événements le permis-
sent et, l'eussent-ils permis, il fallait que l'historien
évitât d'être monotone. Mais je n'en connais qu'une seule
où Tacite se détende vraiment et consente à sourire.
Quand les troupes flaviennes, victorieuses, approchèrent
de Rome, une députation fut envoyée vers elles, pour
tâcher d'obtenir qu'elles ne se montrassent point intrai-
tables : « Aux députés s'était joint Musonius Rufus, de
l'ordre équestre, qui avait embrassé avec ardeur les maximes des Stoïciens. Il allait de groupe en groupe parmi les
soldats, discourant sur les biens de la paix et les dangers
de la guerre, prêcheur au milieu d'hommes armés. Il fut
la risée des uns, il fatigua les autres. On s'apprêtait même
à lui courir sus et à le fouler aux pieds, quand, devant
les menaces des furieux et sur le conseil des plus modé-
rés, il accepta de renoncer à sa morale intempestive[3]. »
Le tableau est charmant, avec une pointe d'ironie. Cet
homme d'État-philosophe, qui croit en l'efficacité de ses
sermons pour ramener au calme une soldatesque excitée,
fait preuve d'une naïveté quelque peu ridicule. Et le
ridicule tombe du même coup sur les philosophes en
général. Tacite n'en est pas fâché : il n'aimait guère ces
rêveurs, trop enfoncés dans leurs chimères, ces vaniteux
trop portés, même les meilleurs d'entre eux[4], à étaler

____

1. III, 32-33. — 2. III, 51. — 3. III, 81.
4. Voir ce qu'il dit d'Helvidius Priscus, malgré l'estime où il le
tient (*Hist.*, IV, 6).

leur vertu et à administrer, même hors de propos, les
leçons de leur sagesse. Il a mis plaisamment en relief
l'*intempestiva sapientia* du seul Musonius; mais il atteint
aussi les confrères, tous gens dépourvus comme lui du
sens des réalités.

III

Effet ironique par exception, effet dramatique à l'ordinaire, et dont la grandeur et la vigueur sont admirables, quand la vigueur ne va pas jusqu'à la violence ni
la grandeur jusqu'au théâtral, mais parfois effet mélo-
dramatique et déclamatoire, quand cette force ne craint
pas d'abuser d'elle-même jusqu'à la contorsion, — on
peut dire en un sens que pour Tacite le tableau est un
effet à produire. C'est le morceau d'expression, qui té-
moigne du talent et, au besoin, de la virtuosité de l'artiste. Nous avions vu déjà le tableau servant dans ses
différentes parties à dessiner le geste, l'attitude, la forme.
Le voici qui groupe ces attitudes, combine ces gestes,
agence ces formes, et constitue un ensemble en vue du
but à atteindre.

Quel but? Croit-on que ce soit simplement le désir
de montrer son talent ou de déployer sa virtuosité? On
rabaisserait le grave historien qu'est Tacite; il a une
autre idée de son rôle. Certes, il ne dédaigne pas de
plaire. Mais frapper, émouvoir, lui sont surtout des
moyens de se faire mieux écouter. Le passé est plein
d'enseignements utiles à la conduite de la vie. Pour qui
sait le comprendre, il est toute une morale en action.
L'histoire a précisément comme objet de tirer de ce
passé les leçons qu'il comporte et d'indiquer aux vivants
les exemples à suivre ou les écueils à éviter. Tacite le
dit et redit dans ses ouvrages, en termes qui ne per-

mettent aucun doute sur sa véritable pensée. Il suffit
de rappeler sa déclaration si nette des *Annales*[1] : « Peu
d'hommes savent distinguer par eux-mêmes le bien du
mal, le profitable du nuisible; les exemples d'autrui
sont l'école du plus grand nombre. » Or l'historien
instruit de deux façons : par ses réflexions personnelles
(il tire la leçon lui-même), par la peinture de l'homme
et de ses passions (il la laisse tirer au lecteur). Tacite
usera de l'une et de l'autre, et toutes deux trouveront
place dans ses tableaux. De là un troisième avantage du
procédé. Non seulement le tableau fait revivre sous un
jour pittoresque les figures et les choses disparues;
non seulement, par la composition et l'arrangement des
traits, il permet d'obtenir des effets saisissants; mais
(ce qui importe le plus) il fournit encore d'excellentes
occasions d'analyse : Tacite y peut scruter les arrière-
pensées, percer à jour les intentions, sonder les reins et
les cœurs. L'intervention du moraliste après l'intervention de l'artiste, et celle-ci aboutissant à servir celle-là,
c'est le trait qui achève de définir sa manière.

La peinture que trace l'historien, en effet, ne serait
pas complète, si elle n'atteignait les âmes. Ni le pittoresque ni le dramatique ne se suffisent à eux-mêmes;
il faut leur adjoindre l'étude psychologique et morale
qui seule, en éclairant les dessous de la scène, lui donne
tout son sens. Le véritable intérêt d'un tableau réside
donc en ceci, qu'au moyen du dehors il explique le
dedans. Les actes sont la porte d'entrée, la voie d'accès. Mais on ne séjourne pas sur le seuil, ni dans un
vestibule ou dans un couloir; on veut parvenir à la
chambre intérieure. Et c'est ici la conscience. L'historien pénétrera jusqu'à la conscience.

Dès lors, bien des choses se comprennent, dont nous

1. *Ann.*, IV, 33.

ne voyions pas encore pleinement la raison. Nous comprenons notamment pourquoi Tacite, quand il a un spectacle sous les yeux, est plus attentif à la forme qu'à la couleur. La couleur parle peu au moraliste; parce qu'elle le renseigne peu sur les âmes[1]. Au contraire le geste est souvent révélateur. Dans l'attitude, dans le mouvement du corps se traduit et se trahit la pensée qui se tait ou l'intention qui se cache. Et nous comprenons aussi pourquoi un psychologue comme lui devait se plaire à ce sujet des *Histoires*, période dramatique entre toutes, féconde en catastrophes (*opimum casibus*[2]). C'est dans les grandes crises que le fond de notre nature se découvre. Toutes les passions alors sortent au jour, et les plus mauvaises en particulier, qui sont les plus nombreuses. Indiscipline des armées, lâcheté de la populace, bassesse des magistrats, cruauté des individus et des foules, débauche générale, tout ce que recouvrait un vernis de civilisation, tout ce que contenaient au moins les lois, les règlements, les conventions, les habitudes acquises, apparaît maintenant et se déchaîne, à l'époque choisie par l'historien. Plus de frein; la bête est lâchée. L'âme humaine s'étale à nu dans ses laideurs. Tacite tient de beaux cas pathologiques, une riche matière à dissection : il en éprouve une âpre jouissance.

Et nous comprenons enfin pourquoi ses tableaux tendent vers la simplification et la généralité. Tous les détails n'ont pas une signification morale ou une valeur psychologique. Certains (ce sont souvent les plus gros-

___

1. S'il arrive pourtant qu'elle soit une indication, Tacite ne la néglige pas. Ainsi Domitien, grâce à la rougeur naturelle de son visage, se protégeait comme d'un masque contre la rougeur de la honte. Détail intéressant à noter; il l'a été (*Hist.*, IV, 40, et déjà *Agric.*, 45). Mais les cas de ce genre sont rares.

2. *Hist.*, I, 2.

siers et les plus réalistes) n'offrent qu'un intérêt de curiosité. Ils peuvent être éliminés sans inconvénient ou men-
tionnés seulement pour l'essentiel. Lorsque Vitellius, à
l'arrivée des ennemis, se réfugie chez son portier, il attache le chien devant la loge et se barricade avec un lit et
un matelas. Ces renseignements de Suétone nous amu-
sent[1]. Tacite se contente de nous dire que la cachette où
se dissimule l'empereur est un ignoble réduit (*pudenda
latebra*[2]). Il juge que c'en est assez pour exprimer le
degré d'abaissement auquel était tombé le maître du
monde ; des faits matériels il a dégagé le trait moral.

Mais sur ce point l'on ne saurait trop insister et il
nous faut comparer la scène tout entière des *Histoires*
avec le récit du biographe. Car ce sont deux systèmes
qui s'opposent. Suétone ne distingue pas entre les détails qu'il énumère ; il les enregistre tels que ses recherches les lui ont fournis ; il les donne parce qu'il les croit
exacts, et quelle que soit leur importance, grande ou
petite, avec le seul souci d'être complet. Il est plus complet que Tacite, à coup sûr ; et voici ce qu'il nous apprend[3]. A la nouvelle que les vainqueurs approchaient,
Vitellius se blottit dans une chaise à porteurs et, n'ayant
pour compagnons que son cuisinier et son boulanger,
gagna furtivement l'Aventin ; puis, sur le bruit vague
de la conclusion de la paix, il revint au palais où il
trouva tout désert. Abandonné de ceux mêmes qui l'accompagnaient, il remplit une ceinture de pièces d'or,
se la mit autour des reins et alla, comme je l'ai dit plus
haut, se cacher chez son concierge. Il est découvert,
tiré de la loge. On lui lie les mains derrière le dos, on
lui passe une corde au cou et on le pousse à moitié nu
sur le Forum. Alors c'est la série des outrages : les

1. Suét., *Vitell.*, 16. — 2. Tac., *Hist.*, III, 84. — 3. Suét.,
Vitell., 16 et 17.

cheveux ramenés en arrière, comme s'il était un criminel; la promenade avec une pointe d'épée placée sous le
menton; la boue et les excréments qu'on lui lance au
visage; les insultes sur sa taille démesurée, son ventre
proéminent, sa face d'ivrogne. Enfin il est déchiré à
petits coups et traîné par un croc dans le Tibre. — Tels
sont les faits; Suétone n'en a omis aucun; mais ils
sont tous sur le même plan. Son récit est un procès-
verbal minutieux, d'une vérité criante, qui produit une
vive impression sur le lecteur par la seule accumulation de toutes les circonstances grotesques ou horribles,
mais une impression d'ordre physique. Quels ont été,
au cours de cette pitoyable tragi-comédie, les sentiments
de Vitellius, et ceux des spectateurs de la scène? Nous
ne savons rien des premiers, nous savons peu de chose
des seconds. Cette peinture des âmes au milieu des
événements, c'est au contraire ce qui passionne Tacite,
et bien plus que le détail des événements eux-mêmes :
il veut que du drame sorte une impression morale[1].

Il appuiera donc sur deux traits que Suétone, étant
donnée sa conception de l'histoire, n'a même pas songé
à tirer du récit : d'une part sur l'épouvante du prince
délaissé, que son malheur hébète, de l'autre sur la
honte qu'inspire à tous cette fin lamentable. Suétone
dit simplement, avec la sécheresse d'un rapporteur :
« Quand il rentra au Palatin, Vitellius trouva tout désert; ceux mêmes qui l'accompagnaient s'étaient déban-
dés; il se munit d'une ceinture pleine d'or et s'enfuit
à son tour. » Écoutons Tacite : « La mobilité de son
esprit et la peur, qui ne craint jamais rien tant que la
situation présente, le ramenèrent au palais. Le palais
était vide, abandonné. Tous, même les derniers des
esclaves, s'étaient dispersés ou se dérobaient à sa ren-

1. Tac., *Hist.*, III, 84-85.

contre. Alors la solitude l'effraie, ainsi que le silence de ces lieux. Il cherche quelque secours dans les appartements fermés, et frissonne de les trouver déserts. Las enfin de ces courses misérables, il va demander le salut à quelque ignoble cachette. » Le malheureux avait perdu toute dignité. Pendant son supplice, une seule parole s'échappa de sa bouche, qui ne fût pas d'une âme abâtardie : à un tribun qui l'insultait il répondit que « cependant il avait été son général ». Le mot n'est pas dans Suétone qui, à l'inverse de Tacite, se soucie des faits plus que des sentiments : Tacite l'a relevé. De même, Suétone en donnant le détail des outrages, réaliste impitoyable qu'il est, s'abstient d'émettre aucune réflexion. Tacite évite le renseignement sous la forme crue ; il s'en tient à une description plus générale, qui nécessairement est plus vague, afin de garder cette décence et ce ton de gravité noble qui est le ton de toute son histoire, mais c'est lui qui rend le mieux l'impression produite sur les assistants : « Personne ne pleurait, dit-il ; la laideur du spectacle avait tué la pitié dans les cœurs. » Il fallut la présence d'un soldat de Germanie, pour que toute compassion ne fût pas exclue de cette journée. Le soldat courut sur Vitellius, l'épée haute. Le frappait-il dans un accès de colère, ou voulait-il l'arracher à la risée publique ? Tacite ne se prononce pas, mal servi en la circonstance par son esprit soupçonneux ; mais il laisse entendre (et Dion Cassius le confirme[1]) que le coup avait pour but d'abréger cette pénible humiliation d'un empereur.

Pour terminer, l'historien a une réflexion bien amère : « Le peuple outrageait le prince mort, avec la même bassesse qu'il l'avait adoré vivant. » Réflexion qui remplace le trait plus précis de Suétone : « Vitellius fut

____

1. Dion, LXV, 21 : ἐγώ σοι, ἔφη, βοηθήσω ὡς μόνως δύναμαι.

traîné par un croc dans le Tibre. » Le changement tient
en partie, je l'ai dit moi-même[1], à la répugnance de
Tacite pour le détail bas ou vulgaire ; mais il y faut
reconnaître aussi le goût du psychologue pour les vérités générales et le désir de peindre par des traits moraux
autant et plus que par des traits matériels.

IV

Le spectacle donc, puis les sentiments des personnages, enfin ce que spectacle et sentiments suggèrent à
l'esprit de l'auteur, en d'autres termes la description
pittoresque, l'analyse psychologique, la réflexion morale :
tels sont les trois éléments qui entrent dans la composition
des plus belles scènes des *Histoires*. Le tableau de la
mort de Vitellius en est un cas frappant, mais non point
un cas isolé. Qu'on relise les chapitres qui concernent
ou la mort de Galba[2], ou la visite de Vitellius à Bédriac, son entrée dans Rome et sa tentative d'abdication[3], ou la reddition et le sac de Crémone[4], ou l'incendie du Capitole[5], ou le combat des Flaviens et des
Vitelliens dans les rues de la ville[6] ; partout on démêlera
sans peine les caractères que je viens d'indiquer. L'ordre
des trois éléments peut, d'ailleurs, se trouver interverti,
et il se peut aussi que tel ou tel, suivant la circonstance,
l'emporte en étendue sur les autres ; mais il est bien
rare que tous à quelque degré, sous forme au moins

1. Voir également Fabia, *Sources de Tacite*, p. 270-271.
2. Tacite, *Hist.*, I, 40-41.
3. II, 70 ; II, 87-89 ; III, 67-68.
4. III, 31-34.
5. III, 70-72.
6. III, 83.

embryonnaire, ne paraissent pas dans le tableau ; il arriverait plutôt que le même y fût représenté deux fois au lieu d'une.

Ainsi la visite de Vitellius au champ de bataille de Bédriac commence par l'élément-spectacle, la description de la plaine, avec les contrastes que Tacite accumule : lieu d'épouvante et lieu d'allégresse, champ de mort et théâtre de réjouissances, amas de cadavres et tapis de roses, odeur infecte de pourriture et encens des autels. Mais tout de suite après, l'auteur passe à la réflexion personnelle : *quae laeta in praesens mox perniciem ipsis fecere.* Et il a rejeté à la troisième place les sentiments des personnages, des soldats et de Vitellius, tout en ramenant d'ailleurs, à cette occasion, la leçon qui se dégage de la scène : si la plupart des vainqueurs admirent le beau carnage, quelques-uns sont émus de pitié devant ces vicissitudes humaines, et si Vitellius s'abandonne à la joie, les dieux vengeurs des excès préparent déjà l'expiation[1]. — Dans le tableau de la mort de Galba[2], c'est l'élément psychologique qui domine[3]. Tacite, mêlant les réflexions à l'analyse, a moins cherché à entasser les petits faits matériels relatifs au meurtre lui-même qu'à connaître l'attitude de la victime, à rendre ses dernières pensées, à décrire la stupide inertie du peuple, qui ne dit pas un mot, ne fit pas un geste pour défendre son empereur. — Au contraire, dans le tableau où il montre Vitellius descendant vers Rome, puis entrant dans la ville, l'élément pittoresque prend le dessus[4]. Comment, cette fois, n'être pas frappé surtout par le côté extérieur des choses ? Le cortège offrait un spectacle

1. II, 70. — 2. I, 40-41.
3. Comme dans le tableau de la mort de Vitellius. Voir plus haut p, 159-161.
4. II, 87-89.

extraordinaire. C'était un encombrement et une confusion incroyables : ni discipline, ni hiérarchie ; toutes les catégories sociales mélàngées, le peuple aux sénateurs, les civils aux militaires, les valets d'armée aux officiers et aux courtisans ; un personnel de bas étage, bouffons, comédiens, cochers, honorés de l'amitié particulière de Vitellius et le déshonorant en leur compagnie. Ajoutez l'insolence des vivandiers, l'espièglerie de la populace répandue dans le camp et s'amusant à couper les baudriers pour désarmer les soldats ; puis la goinfrerie du maître dans toutes les villes traversées, la licence des soldats qu'il engraissait comme il eût fait ses gladiateurs, la dévastation des campagnes par ordre de l'intendance, le pillage de Rome par les tribuns et les préfets eux-mêmes devenus chefs de bandes ; enfin l'arrivée au Forum des troupes de Germanie, barbares horribles à voir, lourdauds incapables de marcher sur les pavés d'une ville ou au milieu d'une foule, bousculés, bousculant et, pour tout argument, frappant à tort et à travers. Quel sujet pour un peintre ! Ni l'analyse des sentiments ni les réflexions de l'auteur ne sont absentes du morceau. Mais comme il est naturel qu'elles aient cédé le pas à la description !

Cela même prouve l'extrême liberté de Tacite et la variété qu'il donne à ses tableaux. Les trois éléments existent toujours ; mais ils jouent avec souplesse. Une fois même, dans l'affaire du Capitole, chacun d'eux se développe, grandit, jusqu'à prendre les proportions d'un chapitre tout entier[1]. Sabinus avec ses partisans s'est réfugié derrière les murailles de la colline Capitoline. De là il a envoyé le primipilaire Cornelius Martialis auprès de Vitellius, pour se plaindre de la conduite de l'empereur et de la comédie qu'a été sa tentative d'abdi-

<hr>

1. III, 70-72.

cation. Le premier chapitre contient un long exposé en style indirect des griefs de Sabinus, quelques mots de réponse de Vitellius, fort embarrassé de se justifier, et qui rejette la faute sur ses troupes dont il n'est plus maître. C'est l'élément psychologique du tableau; il se présente sous la forme oratoire, les discours étant pour Tacite, ainsi que nous le verrons, un moyen d'analyser les sentiments des personnages. Puis vient le chapitre descriptif, consacré à l'incendie du temple, épisode dont certains traits restent un peu dans l'ombre, toile magnifique néanmoins, où les détails sont résolument sacrifiés à l'impression d'ensemble et qui demeure d'une saisissante beauté par la vigueur de l'exécution.

Mais voici le troisième élément, les réflexions personnelles : elles atteignent un développement inusité. En présence d'une pareille catastrophe l'historien s'est ému, et un nouveau chapitre ne lui paraît point de trop, pour épancher sa douloureuse indignation. Aussi bien il s'agit de la disparition du monument le plus sacré, du temple par excellence, symbole de la puissance et de la prospérité romaines, gage du salut de l'empire. Tous les souvenirs nationaux se réveillent en Tacite; tout ce passé d'histoire si glorieuse, auquel est attaché le nom du Capitole, lui remonte au cœur et l'étreint. De son patriotisme blessé naît l'émotion, de l'émotion naît l'éloquence. Sa voix s'enfle naturellement, et la phrase, d'ordinaire courte, pressée, un peu haletante, s'élève sans effort à la période. Une traduction ne dirait rien ; il faut citer le texte[1] : *Id facinus post conditam urbem luctuosissimum foedissimumque rei publicae populi Romani accidit, nullo externo hoste, propitiis, si per mores nostros liceret, deis, sedem Iovis Optimi Maximi auspicato a maioribus pignus imperii conditam; quam non Porsenna dedita urbe neque*

1. III, 72.

*Galli capta temerare potuissent, furore principum ex-
scindi.* C'est plus qu'une belle phrase, c'est une phrase
juste ; ou plutôt, et comme il convient, sa beauté vient
de sa justesse. Les termes n'en sont pas trop forts. Pour
un Romain[1] ce temple avait la valeur d'un Palladium.
Pour un citoyen, la honte était que ce désastre fût
l'œuvre des citoyens eux-mêmes : crime deux fois impie,
contre les dieux et contre la patrie. Le Capitole avait
déjà brûlé sous Marius et Sylla, mais par la main d'un
égaré. Maintenant la responsabilité s'étendait à tous.
Rome entière était coupable, non plus un seul : *nunc
palam obsessum, palam incensum (Capitolium).* Cette
pensée fait souffrir Tacite davantage. Les interrogations
lui échappent, se pressent ; le mouvement devient plus
oratoire : « Et pourquoi cette guerre ? Quel prix de
telles ruines[2] ? Est-ce donc pour la patrie que nous
combattions ? »... Puis il s'apaise et, après avoir rappelé
les différents fondateurs du temple, il ajoute simplement : *ea tunc aedes cremabatur.* C'est par ces quelques
mots tout unis, dont le calme voulu contraste avec l'agitation antérieure, qu'il termine ce morceau, digne de
la grandeur du sujet, sorte d'éloge funèbre, comme
ces *laudationes* qu'on accordait jadis aux morts illustres
de la cité.

Retenons ce trait, l'émotion. Il distingue les personnages de l'Empire d'avec ceux de la République, de la
vieille République tout au moins. Peut-être a-t-on trop
décrié la société romaine du Ier siècle de notre ère. Les
grands hommes qui la composaient avaient pris, au

---

1. Et pour tous les peuples de l'empire aussi : *nihil aeque quam
incendium Capitolii, ut finem imperio adesse crederent, impulerat
(Gallos)* IV, 54.
2. Je lis : *Quod tantae cladis pretium stetit ?*

contact de la civilisation grecque, quelque chose de
généreux, de pitoyable, d'humain, que les paysans du
Latium au patriotisme jaloux, aux préjugés étroits, au
cœur dur et fermé, n'avaient pas connu. Quelle qu'ait
été la défiance de Tacite pour la philosophie, la philosophie l'a touché, lui aussi ; l'empreinte en est visible.
Il rejoint par moments Sénèque, qu'il n'aimait pas, et
prononce à sa façon le *res est sacra miser.* Il va jusqu'à
s'émouvoir pour Vitellius, un indigne ; mais Vitellius
est malheureux, cela suffit ; et il dit de lui, quand le
sort le précipite à l'abdication[1] : « Non, il n'y avait personne qui fût assez oublieux des vicissitudes humaines,
pour n'être pas saisi de pitié en voyant un prince,
naguère maître du monde, quitter le séjour de sa grandeur et à travers le peuple, à travers la ville, sortir de
son Palais et de l'empire. » Noble phrase encore, qui fait
honneur à Tacite, et, comme dans l'exemple précédent, tout animée d'un souffle oratoire. De nouveau,
l'intensité du sentiment a créé la période.

Cette émotion, enfin, distingue Tacite d'avec lui-
même. Dans les *Annales* elle se concentrera davantage.
La passion subsistera, plus latente, et le frémissement,
plus secret. Dans les *Histoires* l'art est moins impersonnel ; et sans doute est-ce là une des raisons de nos
préférences intimes. Ce qui donne à ces tableaux leur
beauté toute particulière, c'est que Tacite ne s'y montre
pas seulement un artiste puissant et un pénétrant psychologue. Au psychologue, à l'artiste s'ajoute l'homme,
dont l'âme a passé dans le style, qui d'une phrase, d'un
mot, quand il ne croit pas pouvoir faire davantage, s'at-
tendrit, s'exalte, proteste ou condamne, qui a été remué
par les spectacles qu'il dépeint, et nous remue avec lui.

1. III, 68.

CHAPITRE TROISIÈME

LES PORTRAITS

I

Pour nous modernes, depuis Saint-Simon et Michelet,
faire un portrait historique, c'est d'abord peindre le personnage par le dehors. Certes, nous voulons connaître
l'homme intérieur, son caractère et ses mœurs, ses qualités, ses défauts ou ses vices, — et c'est bien là qu'il
faut aboutir ; mais nous voulons auparavant le voir dans
son air individuel, avec sa physionomie et sa tournure,
ses gestes et son attitude, le voir, en un mot, comme
s'il était là, devant nous. Rien d'abstrait ni de général ;
mais du pittoresque et du vivant (nous avons la passion
de la vie), et que l'image, comme on dit, nous saute
aux yeux. De là deux conditions, qui paraissent essentielles. Ebauche de quelques coups de pinceau ou toile
de vastes dimensions, le portrait sera haut en couleur
et de relief vigoureux ; il accusera les détails physiques,
révélateurs de traits moraux. En outre, il s'enlèvera sur

la muraille, entendez il se détachera du récit. Bref, il attirera pour un moment le regard seul, avant de retenir la pensée du visiteur en arrêt. Morceau traité à part et morceau faisant une place importante à l'aspect extérieur du modèle, nous ne pouvons plus guère comprendre le genre autrement.

On serait fort déçu, à l'ordinaire, si l'on s'attendait à trouver dans les *Histoires* de semblables portraits. Tacite — sauf exceptions — ne cherche pas à camper ses personnages en pied, sous nos yeux. Au lieu de les présenter en une fois, dans le cadre d'un chapitre spécial, qui donne d'eux une idée plus frappante en la donnant plus complète, mais qui semble les immobiliser, qui suspend en tous cas l'exposé des faits, il préfère les peindre en action ; ou, si l'on veut, il les laisse se peindre eux-mêmes par les différentes circonstances qu'ils traversent, et qui révèlent au fur et à mesure tel ou tel détail nouveau de leur caractère. Souvent donc ces portraits ne sont pas des portraits proprement dits : ils se fondent dans la trame générale de l'histoire. A la fin sans doute, la série des touches parvient à constituer un ensemble ; tout cela se groupe, se recompose à distance dans le souvenir, mais à la fin seulement, c'est-à-dire à la fin de la vie du personnage. Et Tacite en a si bien le sentiment que c'est alors, quand le personnage disparaît de l'histoire, qu'il s'arrête et prend un peu ses aises. En quelques lignes qui complètent et résument, il apprécie l'homme, il juge le rôle, il marque l'impression morale que le lecteur doit emporter de l'un et de l'autre.

Car c'est là le second point qui distingue sa manière : du personnage il ne décrit presque jamais les traits physiques ; il les néglige comme trop matériels, souvent insignifiants et indignes de son ouvrage. Nous connaissons la conception qu'il s'est faite de l'histoire, dont il oppose la gravité à la frivolité du journal et de la chronique, conception élevée et fière, un peu étroite, un peu trop dédaigneuse. L'histoire, selon lui, étant une école de morale, doit se préoccuper, dans la peinture des hommes, d'atteindre les âmes. Seuls, les traits moraux importent ; et de cette anatomie du cœur ouvert devant nous, chacun tirera les leçons appropriées à la conduite de sa vie, ou publique ou particulière. Tel était déjà l'objet qu'il se proposait par la peinture des événements eux-mêmes, quand au drame il ajoutait, pour lui donner sa valeur, l'analyse psychologique des individus et des collectivités. Les portraits sont chargés d'achever l'étude entreprise ; si bien que d'habitude mêlés aux tableaux, faisant corps avec eux, ils méritent de n'en être considérés que comme une partie intégrante ou une annexe nécessaire.

Tous les historiens latins n'ont pas procédé de la sorte. Parmi les adeptes d'une méthode différente, il faut citer d'abord le plus différent de tous, Suétone : rien ne définit mieux un auteur que de l'opposer à son contraire. Or Suétone, créateur du genre biographique, uniquement soucieux du document, de l'anecdote, du petit détail pittoresque, excluant à peu près toute intention morale ou politique et sûrement toute prétention oratoire, offre un contraste parfait avec ses prédécesseurs et ses contemporains. Pour nous en tenir au portrait, il y a en lui des parties de peintre très moderne. Il fouille assez peu les caractères, et en cela il reste inférieur à nos bons portraitistes. Mais pour la ressemblance physique il est volontiers comme eux d'une précision minutieuse. Il ne manque jamais de porter sur ce point sa curiosité de fureteur. Qu'est-ce qui frappe surtout d'une personne, la première fois qu'on l'aborde ? Sa taille. Suétone nous dira donc celle de tous les empereurs, et au besoin celle de leurs ascendants. Le père de Galba était bossu, Galba lui-même de dimension moyenne, Othon plutôt petit, Vitellius démesuré, énorme, Vespasien trapu et massif, Domitien ridicule avec son gros ventre sur ses jambes grêles. Du corps l'attention passe ensuite à la tête, au visage, au teint, à l'expression. Observateur exact, Suétone note que Galba était chauve, qu'il avait les yeux bleus, le nez aquilin (ne dirait-on pas un signalement pour pièce d'identité ?), que Vitellius avait la face enluminée par l'abus de la boisson, Domitien la peau très rouge, l'œil grand mais terne. Son goût du réalisme fait qu'il insiste sur les laideurs ou les difformités, comme son goût de l'indiscrétion fait qu'il cherche et révèle le défaut caché, la tare secrète. Il a découvert ainsi que Galba était affligé au côté droit d'une grosseur difficilement maintenue par un bandage, qu'Othon dissimulait habilement sa calvitie sous une perruque, que Domitien avait les doigts des pieds trop courts ; et tout heureux chaque fois de sa trouvaille, il nous glisse le renseignement à l'oreille.

Ces renseignements, d'ailleurs, sont groupés. Non pas qu'il ait voulu les placer spécialement en belle lumière. Suétone, à proprement parler, ne compose pas ; il se contente de rapporter d'ensemble, au même endroit de son ouvrage, tous les détails qu'il a recueillis concernant un même sujet. Il classe dans un chapitre tout ce qui est relatif à la personne physique du prince, comme il classe dans un ou plusieurs chapitres tout ce qui est relatif à ses guerres, à son administration, à sa vie privée, aux prodiges qui ont marqué son règne. Pour employer ses expressions, il procède « par catégories[1] », et les *Vies* des Césars sont divisées en une suite de compartiments. Aucun de ces groupes ne lui paraît avoir plus d'importance qu'un autre. Ils

—

1. *Aug.*, 9 : *per species.* — Cf. *Ner.*, 19 : *in unum contuli...*

sont plus ou moins développés, selon qu'il a réuni plus
ou moins de documents et possède plus ou moins de
matière ; mais dans sa pensée ils sont tous sur le même
plan. Le portrait ne se trouve former chez lui un
ensemble distinct, que parce que le biographe, ne tenant
aucun compte de la chronologie, a découpé en tranches
toutes les parties de sa biographie.

Ce dernier résultat, consistant à isoler la figure du
personnage, et que Suétone a obtenu sans y songer,
simplement par l'effet du système qu'il inaugurait en
histoire, d'autres historiens avant lui l'avaient atteint de
propos délibéré, dans un récit suivi et chronologique.
Salluste notamment avait déjà conçu le portrait, non pas
comme un hors-d'œuvre (la peinture morale à laquelle
il s'applique nous aide au contraire à comprendre l'influence que les hommes ont exercée sur leur temps),
mais tout de même comme un morceau d'apparat qui
réclame les soins de l'artiste, comme un morceau brillant où il doit donner sa mesure, beau prétexte à antithèses et à parallèles. C'est avec lui vraiment que le
portrait se détache du récit et devient chose à part,
indépendante : ce qu'il n'était pas encore chez Thucydide, dont les héros se peignent surtout dans les discours qu'ils prononcent, ce qu'il était encore bien
moins chez les prédécesseurs latins de Salluste, annalistes ou auteurs de mémoires, pour la raison que ces
vieux Romains, ne s'occupant pas des individus [1], ne
songeaient point à peindre des caractères.

Avec Salluste, selon la remarque de Saint-Evremond,
« toute personne extraordinaire qui se présente est exactement dépeinte, quand même elle n'aurait pas une

---

1. On sait que Caton dans ses *Origines* ne citait aucun nom propre : *sine nominibus res notavit* (Corn. Nep., *Cat.*, 3). — Cf. aussi
Pline, *N. H.*, VIII, 11.

part considérable à son sujet [1] ». Qu'il s'agisse de Marius
ou de Sylla, de César ou de Caton, ou seulement de
cette curieuse Sempronia, « qui savait la musique et la
danse plus qu'il ne convient à une honnête femme [2] »,
âme corrompue, « précipitée à l'abîme par la débauche
et la gêne », mais esprit plein de grâce piquante,
« capable tour à tour d'un langage modeste, tendre,
provocant », chaque fois que des noms nouveaux apparaissent dans son récit, l'écrivain marque une pause [3] et
complaisamment nous décrit la personne morale que
ces noms recouvrent. A plus forte raison, quand il
s'agit des deux protagonistes, Jugurtha et Catilina. Leur
figure, comme une estampe à la première page des
vieux livres, mais une estampe où sous les traits per-
cerait l'âme, est placée en tête de chacun des ouvrages
qui leur est consacré, qu'ils ouvrent ainsi et dominent.
Dès le début le lecteur a pris contact avec eux ; il sait
ce qu'on peut attendre de ces natures inquiétantes,
mélange de séduction et de perversité, de ruse et d'audace, de qualités et de vices, qui fait d'elles des forces
redoutables. Le portrait de Catilina surtout est traité
avec une attention particulière. Il semble que Salluste y
ait mis toute sa finesse de psychologue et tout son art
de peintre. C'est l'échantillon-type de sa manière. Notre
XVIIe siècle, amateur de portraits moraux au point d'en
avoir fait un jeu de société, ne s'y est pas trompé. Les
commentaires de Saint-Evremond [4] et l'imitation de
Bossuet [5] prouvent qu'on l'admirait alors sans réserve.

---

1. *Observations sur Salluste et Tacite* (1668).
2. Sall., *Catilin.,* 25.
3. D'ordinaire il nous avertit lui-même de ce temps d'arrêt.
Catil. 4 : *de cuius hominis moribus pauca prius explananda sunt quam
initium narrandi faciam.* — Cf. encore *Catil.*, 53 ; *Iugurth.*, 95.
4. *Ouvr. cit.*, et *Discours sur les Historiens français* (1673).
5. Portrait de Cromwell dans *l'Oraison funèbre de Henriette de
France.*

Que Tacite l'ait admiré pour sa part, c'est ce qui
n'est ni douteux, puisqu'il s'en est inspiré lui aussi, ni
étonnant, puisque Salluste a d'abord été son maître,
comme Thucydide a été celui de Salluste. Peu à peu il
se dégagera de cette influence ; mais elle est très sensible
encore dans les *Histoires,* son premier grand ouvrage,
où il cherche sa voie. Il aimait ces portraits conçus
comme une étude d'âmes et une analyse de passions ; et
il en aimait la facture en antithèses, le style brusque,
hardi, rapide, plein de saillies, d'ellipses, de nerf et de
relief. Il était impossible que dans les siens il ne s'en
retrouvât pas quelque chose.

Le portrait de Mucien par exemple[1], au commencement des *Histoires,* est tout à fait un portrait à la
Salluste. « Jeune, Mucien avait cultivé, pour se pousser,
d'illustres amitiés. Puis, ayant épuisé sa fortune,
ébranlé sa situation, assez mal vu de Claude, il vécut
relégué en un coin de l'Asie, aussi près de l'exil alors
qu'il le fut ensuite du rang suprême. Mollesse et activité, politesse et arrogance, qualités bonnes et mauvaises
se mêlaient en lui. De la volupté sans retenue, quand il
était de loisir ; une fois en campagne, les plus rares
mérites. Des actes publics dignes d'éloge ; une vie
intime, de fâcheuse réputation. Du reste, auprès de ses
inférieurs, de ses familiers, de ses collègues, puissant
en séductions de tout genre ; un homme enfin qui pouvait garder l'empire, et préféra le donner. » A cette
suite de petites phrases détachées, aux propositions sans
verbe, aux idées qui s'opposent et se heurtent, on
reconnaît les procédés du modèle. Tout cela est très
soigné, très « écrit ». Choix des mots, ordre des mots,
suppression des mots, rien n'est laissé au hasard ;

---

1. Tac., *Hist.,* I, 10. — Cf. Valmaggi, *éd. des Hist.,* Introd.
p. xviii-xix,

chaque chose a sa valeur, trahit une intention. C'est un travail de ciselure ; l'application au détail semble être celle d'un artiste en métaux précieux. Comme l'orfèvre qui monte une pièce rare ou le joaillier qui sertit un bijou, Tacite, ayant une matière de choix entre les mains, refuse de l'avilir par une exécution maladroite ou seulement inférieure à son prix.

Relisez en particulier les lignes : *Luxuria, industria, comitate, arrogantia, malis bonisque artibus mixtus : nimiae voluptates cum vacaret ; quotiens expedierat, magnae virtutes ; palam laudares, secreta male audiebant.* Décomposez cet ensemble et dites s'il est rien qui soit plus minutieux. Aucune liaison, d'abord, non seulement entre les phrases, mais entre les éléments de chaque phrase ; aucune particule[1] ; partout ce que l'on appelle « l'asyndète » ; d'où l'impression d'un assemblage de petites pierres juxtaposées, et proprement d'une mosaïque. Aucun verbe principal, non plus, qui alourdirait cette légère construction ; des compléments sous-entendus. Remarquez aussi la perpétuelle opposition des substantifs entre eux et des propositions entre elles, et la forme de ces oppositions qui affecte l'ordre interverti, le croisement ou « chiasme » des grammairiens[2]. Remarquez encore la préoccupation de variété : en trois lignes, quatre changements de sujets (*mixtus Mucianus; nimiae voluptates, laudares, secreta male audiebant*) ; deux propositions subordonnées, puis deux propositions principales avec changement de modes (*cum vacaret, quotiens expedierat ; laudares, audiebant*). Ajoutez les pensées brillantes, l'une placée au cours de

---

1. Une exception cependant : *malis bonisque artibus.*

2. *Luxuria, industria,* — *comitate, arrogantia* : le vice avant la qualité, puis la qualité avant le vice. *Nimiae voluptates, — cum vacaret ; — quotiens expedierat, magnae virtutes* : la proposition principale avant la subordonnée, puis la subordonnée avant la principale.

la description (*tam prope ab exsule fuit quam postea a principe*), l'autre réservée pour le dernier trait (*cui expeditius fuerit tradere imperium quam obtinere*). Il est certain qu'il y a là un art très curieux et raffiné, qui se ressent, à la fois, et de l'influence de Salluste et du besoin d'être applaudi dans les cercles de lectures par un public très friand de ces couplets de virtuose.

Le portrait de Mucien n'est pas le seul de son genre. Tels autres, d'Helvidius Priscus, d'Antonius Primus ou de Cornelius Fuscus[1], les deux artisans de la révolte des légions de Pannonie contre Vitellius, rappellent par leurs qualités de vigueur, de rapidité, de netteté tranchante dans l'antithèse les meilleurs de Salluste, et en particulier le portrait de Catilina qui, décidément, a comme hanté l'esprit de Tacite. Ici et là, même relief, même coupe, même allure de style, même air de famille, mêmes syllabes finales de certains substantifs ; des deux côtés cela se détache, fait saillie sur le corps de l'ouvrage ; cela « sonne » aussi pareillement[2]. Noterai-je enfin, entre Valens et Cécina, le vieux soldat rapace et le beau parleur somptueux[3], entre Mucien et Vespasien, l'homme d'Etat grand seigneur et le général de petite naissance[4], des oppositions esquissées chemin faisant,

---

1. *Hist.*, IV, 5 ; II, 86.

2. Comparez Catilina (5, 4) : *subdolus, varius, cuius rei lubet simulator ac dissimulator, alieni appetens, sui profusus* et Antonius (*Hist.*, II, 86) : *strenuus manu, sermone promptus, serendae in alios invidiae artifex, discordiis et seditionibus potens, raptor, largitor, pace pessimus, bello non spernendus.* — Comparez Catilina (5, 5) : *vastus animus immoderata, incredibilia, nimis alta semper cupiebat* et Cornelius Fuscus (*Hist.*, II, 86) : *pro certis et olim partis nova, ambigua, ancipitia malebat.* — Rapprochez encore de la première phrase citée de *Catilina* (5, 4) celle-ci de la notice sur Galba (*Hist.*, I, 49) : *famae nec incuriosus nec venditator, pecuniae alienae non appetens, suae parcus, publicae avarus.* L'écho est direct.

3. *Hist.*, II, 30. — 4. II, 5.

restes de ce goût auquel était dû le parallèle plus développé de Caton et de César[1] ?

II

Et cependant, encore une fois, malgré les imitations certaines, Tacite la plupart du temps suit une route différente. J'observe d'abord que l'imitation apparaît surtout dans les deux premiers livres des *Histoires*, comme si l'auteur, à mesure qu'il avançait, prenait davantage conscience de son originalité et se débarrassait graduellement de liens acceptés au début. J'observe en outre qu'elle ne s'exerce guère que sur des personnages, dont je ne veux pas nier l'importance, mais qu'on ne saurait tout de même comparer aux grands premiers rôles, Galba, Othon, Vitellius[2]. Or ceux-ci, je le reconnais, obtiennent de l'auteur, au moment de leur mort, quelques lignes d'adieu, parfois tout un paragraphe, où est rapporté l'essentiel de leur carrière ; mais justement, c'est une sorte d'article nécrologique plutôt qu'un portrait véritable, et surtout qu'un portrait complet. « Né à Lucérie, il achevait la cinquante-septième année de son âge » : ainsi commence la notice sur Vitellius[3]. « Sa famille sortait du municipe de Ferentinum ; son père fut consul, son aïeul préteur » : ainsi commençait auparavant la notice sur Othon[4]. Cette fois même, recourant à l'anecdote, lui qui en est si avare (il est vrai que l'anecdote est relative à un prodige), Tacite avait conté au lecteur l'aventure merveilleuse d'un oiseau de forme

1. Sall., *Catil.*, 53-54.
2. Dans les *Annales*, c'est à propos de Séjan (IV, 1), de Livie (V, 1), ou de personnages moindres comme Vatinius (XV, 34), Pétrone (XVI, 18), qu'on trouverait également quelques essais de portraits en pied.
3. *Hist.*, III, 86. — 4. II, 50.

inconnue, que personne n'avait pu faire envoler d'un
bois trés fréquenté où il était venu s'abattre, puis qui
subitement avait disparu, à l'instant précis où Othon
s'était suicidé. On avouera que de telles fables n'ont rien
à voir avec un portrait.

En réalité, il n'y a pas de portrait d'ensemble de
Galba, d'Othon, de Vitellius, pas plus qu'il n'y en a de
Tibère, de Claude, d'Agrippine, de Britannicus, de
Néron dans les *Annales*. La peinture est faite un peu
partout ; elle n'est nulle part ramassée en une page
complète et définitive. Galba lui-même, dont le résumé
biographique se rapprocherait le plus d'un portrait,
c'est surtout en le voyant agir que nous apprenons à le
connaître. Sa conduite avec les prétoriens ou avec son
entourage nous en dit plus sur son caractère que toutes
les phrases générales dont s'orne le résumé, qui sont
des phrases à effet, bien souvent, et des cliquetis d'antithèses : *maior privato visus, dum privatus fuit, et omnium consensu capax imperii nisi imperasset*[1].

Tacite a été très frappé par le contraste entre l'affai-
blissement de corps et d'esprit dont le vieil empereur
donnait malheureusement trop de signes, et le réveil de
sa volonté dès que la question d'argent était en jeu ou
qu'il s'agissait de défendre la discipline militaire. Sur
ces deux points l'ancien Galba reparaît, intraitable. Il a
beau s'être livré à ses favoris Vinius et Laco, à son
affranchi Icélus, qui commettent sous son nom mille
abus de pouvoir et, amassant sur lui l'odieux et la haine,
contribueront à le perdre[2] ; quand les prétoriens, lors
de son avènement, lui réclament les largesses arrachées
à la faiblesse des précédents empereurs, il répond fière-

1. I, 49.
2. Tous trois le gouvernaient à ce point, habitant avec lui et ne
le quittant jamais d'un pas, qu'on les appelait par moquerie ses
« pédagogues » (Suét. *Galb.*, 14).

ment « qu'il enrôle ses soldats et ne les achète pas[1] ». Parole comme on n'avait plus coutume d'en entendre : les Claude et les Néron tremblaient devant la soldatesque. Pense-t-on qu'elle lui ait été dictée seulement par son amour de l'argent poussé, selon ses adversaires, jusqu'à l'avarice? C'est bientôt dit. Pourquoi ne pas admettre aussi des motifs plus honorables : le souci de ménager les finances publiques, et la belle habitude enfin, prise au temps de sa vigueur, de ne pas céder à la menace? Une autre scène, également étonnante, est celle où le vieillard impotent, hors d'état de marcher, jeté dans une litière, pauvre chose ruinée, à la merci, semble-t-il, des hommes et des événements, retrouve son énergie pour réprimer un acte de licence militaire, quoique cet acte provînt d'un excès de zèle mis au service de sa cause[2]. A un soldat de la garde qui se portait au-devant de lui, l'épée ensanglantée, et s'écriait qu'il avait tué Othon, il demanda d'une voix sévère : « Qui te l'a ordonné? », rappelant ainsi ces Romains de la République qui ne souffraient pas qu'on engageât le combat, ni même qu'on fût victorieux, sans un ordre du général. Quelles qu'aient été les fautes commises sous son règne, des circonstances comme celles-là le relèvent à nos yeux, et nous comprenons que Tacite n'ait pas conçu de lui, en définitive, une opinion trop défavorable. « Singulière vigueur d'âme, dit-il, chez ce chef attentif à réprimer la moindre indiscipline, intrépide devant les menaces, incorruptible à la flatterie[3]. » C'est surtout autrefois que Galba méritait un tel éloge. Tacite apporte un peu de complaisance à regarder le présent à travers le passé ; mais n'a-t-on pas le droit de tenir quelque compte au vieillard des défaillances de son âge?

1. I, 5. — 2. I, 35. — 3. Ibid.

Le portrait d'Othon est fait aussi d'un contraste entre
l'indignité de ses mœurs, tant qu'il resta simple particulier, et l'estime que lui méritèrent ses qualités d'homme
public. Alors que, d'ordinaire, le pouvoir tourne les
têtes et qu'à Rome la plupart des empereurs subirent ce
vertige, Othon donna le rare exemple d'un prince qui
fut meilleur sur le trône que dans la vie privée[1]. Déjà
comme gouverneur de province, cet ancien favori, ce
mignon de Néron, confident de tous ses secrets et com-
plice de toutes ses débauches, avait administré la Lusitanie « avec une modération et une intégrité remar-
quables[2] ». Arrivé à l'empire par un crime, il semble
qu'il ait voulu faire oublier ce moyen de parvenir. Le
temps lui manqua, dans un règne de trois mois.
Reconnaissons du moins, sans trop chercher d'arrière-
pensées[3], ce que ses intentions eurent de généreux. Il
s'efforça de rentrer en grâce auprès de ses adversaires, se
montra clément envers la famille de Vitellius ; avant
de se tuer, il s'assura que ses amis avaient pourvu à
leur sûreté. Enfin il sut mourir, et sa mort simple et
sans bruit rachète bien des choses. De sa jeunesse, antérieure à l'année 69, en dehors par conséquent des
limites de l'ouvrage, Tacite ne peut nous parler que par
allusions. Mais elle était assez présente au souvenir des
citoyens, pour qu'elle revive à nos yeux dans les sentiments publics qui à maintes reprises se font jour. Sentiments de défiance et de peur. Les honnêtes gens redou-
taient les pires calamités. Et comme tout d'abord Othon
avait remis en place les statues de Poppée, laissé reparaître les images de Néron, accepté même ou craint de
refuser le nom de Néron que lui décernaient la foule et

---

1. De même Vespasien ; mais Tacite a tort de n'accorder cet
éloge qu'à Vespasien seul (I, 50).
2. Suét., *Oth.*, 3.
3. Tacite en cherche, selon son habitude (*Hist.*, I, 47).

les soldats, on s'attendait à ce qu'il recommençât le règne scandaleux dont il relevait le souvenir. C'était au point que, si l'on jugeait détestables les deux rivaux restés aux prises après la mort de Galba, on trouvait encore moins dangereuse l'énorme gloutonnerie de Vitellius [1]. Or « contre l'attente générale, Othon ne s'endort ni dans les plaisirs, ni dans la paresse [2] ». On est étonné ; on ne veut pas admettre une transformation ; on soupçonne de l'hypocrisie, des débauches différées, de la cruauté renvoyée à plus tard, et l'on continue de trembler. Conséquence de trop de déceptions éprouvées et misère de ce temps : on finissait par ne plus pouvoir croire au bien. Qu'il mît dans sa conduite la dignité du rang suprême, « on n'y voyait qu'un nouveau sujet de crainte, en songeant que ces vertus étaient fausses et que les vices reviendraient. » *Vitia reditura* [3] : Tacite prend-il le mot à son compte ? Peut-être, étant donnée sa terrible manie de supposer le mal. Il montre en tout cas quelles étaient les inquiétudes des Romains. Il ne fallut rien de moins que la mort d'Othon pour le réhabiliter. Sa renommée fut alors solidement établie dans l'estime du public. « Il se frappa d'un coup de poignard, dit Tillemont, finissant une vie honteuse par une mort qui a paru glorieuse aux païens. »

Tel se dégage des *Histoires* le portrait de ce prince ; mais, remarquons-le, c'est nous-mêmes qui le dégageons des événements. L'auteur nous met en mains les matériaux et nous indique seulement, quand encore il l'indique, le mode d'emploi : il ne nous dispense pas de construire. On ne saurait vraiment considérer comme suffisante l'appréciation dernière : « Un acte horrible (le meurtre de son prédécesseur), un autre magnifique

---

1. Hist., II, 31.
2. I, 71. — 3. Ibid.

(son propre suicide) ont valu à sa mémoire autant
d'admiration que de blâme[1]. » Cette phrase unique
n'est même pas une phrase juste. Le suicide d'Othon
ne fut point si admirable. La bataille de Bédriac
n'ayant pas tourné tout de suite en sa faveur, il se tua,
victime de son impatience et de ses nerfs, par l'impos-
sibilité où il était de souffrir l'incertitude, plutôt que
par une décision sagement pesée. Selon le mot du
vieux Balzac, « il quitta la partie, à cause qu'il ne
gagna pas du premier coup[2] ». Tacite, pour mieux
opposer la louange et le blâme, s'est laissé aller à grossir l'expression, suivant un procédé de rhétorique. De
plus, il a simplifié le contraste à l'excès. D'autres actions,
en dehors des deux seules qui sont mentionnées, furent,
dans la vie d'Othon, soit à sa honte, soit à son honneur. C'est de l'exposé même des faits, tels qu'ils ressortent des *Histoires,* que nous tirons les moyens de
rectifier un jugement qui, sans tout ce qui le précède,
resterait sommaire et inexact.

Vitellius enfin n'est pas davantage dépeint en une
fois. Des deux vices principaux qui le caractérisent, une
gourmandise effrénée et une lâche inertie, le premier
n'est même pas rappelé dans le demi-chapitre final qui
lui est consacré[3], où il ne faut donc voir qu'une
nouvelle occasion pour l'historien d'émettre quelques
réflexions rétrospectives. En revanche, au cours de cette
année 69 qu'il remplit presque entière[4], le vicieux sous
son double aspect s'étale à plein. Le glouton d'abord[5].
Il est à table, quand les troupes révoltées de Germanie
viennent lui offrir l'empire, à table quand éclate une
émeute parmi ses soldats. S'étant vendu jadis en esclave

1. II, 50. — 2: *Le Prince,* ch. 22. — 3. Tac.; *Hist.,* III, 86.
4. Du 2 janvier au 20 ou 21 décembre (cf. Goyau, *Chronol.
de l'Emp. rom.,* p. 146 et n. 5).
5. *Hist.,* I, 56 ; II, 62, 68, 71, 87.

à Néron, le maître qui l'engraissait, il continue, dans sa marche victorieuse à travers l'Italie, de Bédriac aux murs de Rome, à se faire engraisser par les populations dont il est devenu le maître à son tour. Ce ne sont que festins, orgies, bacchanales. Les villes sont épuisées, les campagnes pillées, pour suffire aux approvisionnements. Partout retentit le bruit des chariots, qui roulent sur les chemins de quoi satisfaire ce monstrueux appétit. Aussi, quand il agit, ses actes, stupides, incohérents, semblent dictés par la folie de l'ivresse. Mais le plus souvent il n'agit point. Tout effort le rebute, et l'indolent s'enfonce de jour en jour davantage dans sa mollesse[1]. Décider, penser, c'est trop encore. Du moins il ne veut arrêter son esprit que sur des choses agréables. Il écarte les préoccupations, les soucis, qui fatiguent ; il se refuse à voir le danger, qui le forcerait à sortir de son apathie. Il accueille avec joie les bonnes nouvelles, mais il défend qu'on lui apprenne les mauvaises et met à mort les importuns dont la franchise trouble sa quiétude[2]. Seule l'idée de son rival, Vespasien, le hante par moments, le gêne, le remue[3]. Lorsqu'il a envoyé contre lui ses généraux Valens et Cécina, il croit avoir assez fait et, pour s'étourdir, s'enivre de plus belle. « Sous les ombrages de ses jardins, semblable à ces animaux paresseux qui restent couchés, engourdis, auprès de la pâture qu'on leur jette, il évitait de songer au présent, au passé, à l'avenir ; il languissait dans la torpeur parmi les bosquets d'Aricie[4]. » La situation est déjà compromise, qu'il saisit les moindres occasions de se tromper encore, d'être optimiste : l'optimisme sied à l'indolence. A la fin cependant, il lui faut ouvrir les yeux : le désastre de Crémone a ruiné ses affaires. Alors

1. *In dies segnior* (II, 87). — 2. III, 54. — 3. II, 73. — 4. III, 36.

« réveillé de sa léthargie[1] », il s'effraie, s'affole, convoque les tribus, pleure, supplie, « généreux en promesses, prodigue même, comme tous ceux qui ont peur[2] ». Ce qui était mollesse au temps de ses succès devient lâcheté dans l'infortune. Il s'abaisse, s'avilit, ne cherche plus qu'à sauver sa tête. Il est prêt à souscrire aux conditions de Vespasien. Son âme était tombée dans une telle prostration que, « si l'on ne se fût souvenu autour de lui qu'il était prince, lui-même l'eût oublié[3] ».

Voilà le personnage et la manière de le peindre. L'étude de cette figure, prise, laissée, reprise maintes fois, comme celle des précédentes, n'est jamais qu'une esquisse dans chaque cas particulier. Les divers traits qui la composent, apparaissent seulement à mesure ; c'est en s'ajoutant les uns aux autres, en se précisant, se complétant, que d'une silhouette ils arrivent à faire un portrait[4].

J'ai déjà dit combien le détail physique, d'ordinaire, est absent. Libre à Suétone de reproduire une ride, une verrue, ces *fortuita*[5] que rejette l'histoire, laquelle n'est pas un appareil enregistreur. Tacite, dans ses portraits,

---

1. III, 55. — 2. III, 58. — 3. III, 63.

4. Certains critiques semblent s'y être trompés. M. Fabia (*Rev. des Et. Anc.*, 1903, p. 362-363) reproche à Tacite, la première fois qu'Antonius Primus paraît dans les *Histoires* (II, 86), de n'en avoir présenté qu'une image incomplète. Mais de quoi s'agit-il en cet endroit de l'ouvrage ? De la révolte de l'Illyricum et de son adhésion à la cause flavienne. Les légions de Pannonie vont être entraînées dans le mouvement par l'influence d'Antonius (*vi praecipua Primi Antonii*). Qu'est-ce donc qu'il importe de révéler, maintenant, du caractère de l'homme ? Son génie d'intrigue, l'ascendant de sa parole, son habileté de meneur révolutionnaire. Voilà les talents qui lui servent *pour le moment* auprès des soldats, et ce sont eux que Tacite met surtout en lumière. Les autres mérites d'Antonius, esprit d'initiative et d'audace, clairvoyance dans la conception, énergie dans l'exécution, ne se déploieront que plus tard, une fois la lutte engagée ; ils ne seront indiqués que plus tard.

5. *Ann.*, XV, 48.

ne retient le détail physique qu'exceptionnellement, et lorsqu'il doit servir à l'interprétation des sentiments ou de la conduite du personnage. Il relève la rougeur fréquente qui monte aux joues de Domitien, parce qu'elle fait illusion sur le caractère du prince, en laissant croire à une réserve pleine de modestie[1]. D'un officier romain il note qu'il est borgne, parce que la perte de cet œil lui donne une expression affreuse[2] : de même que plus tard, il décrira Tibère dans sa vieillesse, voûté, le front chauve, la face rongée d'ulcères, et souvent couverte d'emplâtres, parce que la honte de ces laideurs fut peut-être une des causes de la retraite du prince sur son rocher de Caprée[3]. Mais, je le répète, dût-il même en tirer des conclusions de ce genre, l'indication du trait physique demeure des plus rares chez lui. Et quant au trait moral, il vise dans la mesure du possible à la généralité. Gaston Boissier[4], comparant le Néron des *Annales* à celui de Renan dans l'*Antechrist*, observait que le premier est tout de même moins romantique[5]. L'observation s'applique aux personnages des *Histoires*. En Vitellius par exemple, Tacite aurait pu davantage marquer l'être d'exception, le monstre. Il lui suffisait d'appuyer sur les côtés bouffons ou grotesques, et le modèle y prêtait. Au contraire, il s'est efforcé de le faire rentrer dans l'humanité générale. Les vices de l'empereur sont énormes, mais non pas tels, que sur un plus modeste théâtre nous n'ayons jamais rencontré quelque chose d'approchant. Point de vue de moraliste,

---

1. *Hist.*, IV, 40 (cf. *Agric.*, 45). — 2. *Hist.*, IV, 62. — 3. *Ann.*, IV, 57. — 4. G. Boissier, *Tacite*, p. 100-101.

5. Renan, *Antechrist*, ch. VI, p. 124. « Qu'on se figure un homme à peu près aussi sensé que les héros de M. Victor Hugo, un personnage de mardi gras, un mélange de fou, de jocrisse et d'acteur, revêtu de la toute-puissance et chargé de gouverner le monde... C'était un *romantique* consciencieux, un empereur d'opéra, un mélomane tremblant devant le parterre et le faisant trembler. »

désir d'instruction, qui l'emporte ici dans le portrait, comme naguère dans le tableau. On n'instruit qu'en montrant ce qui intéresse tous les hommes, et les hommes ne s'intéressent qu'à ce qui, d'une certaine manière, leur ressemble. La leçon morale ne pourrait pas se dégager d'une existence, où nous ne verrions rien de commun avec la nôtre.

III

Cette tendance à représenter l'homme dans l'action même plutôt qu'en marge des événements, à montrer l'homme intérieur plutôt que l'homme physique, à peindre enfin l'homme général plutôt que l'homme particulier, devait conduire Tacite à donner une attention toute spéciale aux hommes réunis en groupes, en classes sociales, en partis politiques. Et de fait, quel que soit le mérite de ses portraits d'individus, c'est dans la peinture des êtres collectifs que véritablement il excelle. Il est le maître-peintre des assemblées ou des foules. Ses portraits du sénat, du peuple, des armées sont incomparables. Nul n'a rendu avec plus de vigueur la honteuse bassesse du premier, la lâcheté féroce du second, l'indiscipline incroyable des troisièmes.

Le sénat restait encore un nom, rien qu'un nom, il est vrai, mais imposant : *stat magni nominis umbra*. De loin surtout, vu des provinces, il gardait bonne apparence et inspirait le respect. Lorsque les légions du Haut Rhin, après avoir refusé au 1ᵉʳ janvier 69 le serment de fidélité à Galba, demandèrent un autre empereur, elles remirent au sénat et au peuple la faculté de l'élire[1]. Othon, pour ramener à son parti les troupes de

---

1. *Hist.*, I, 12 (cf. Suét., *Galb.*, 16). — Galba lui-même ne voulut être d'abord que *legatus senatus ac populi R.* (Suét., *Galb.*, 10).

Germanie qui venaient de proclamer Vitellius, leur
envoya des délégués « sous le nom du sénat[1] », et
auprès des armées d'Orient, Rome et le sénat encore lui
étaient une recommandation puissante[2]. « C'est le
sénat qui fait les princes, disait-il dans un discours aux
soldats[3], et il fondait la légitimité de sa cause sur
l'appui que lui prêtait cet ordre, « tête de l'empire,
honneur de toutes les provinces ». Le sénat conservait
donc du prestige ; c'était un vieux souvenir qu'on ne
pouvait pas négliger. Nous ne comprendrions point
sans cela que les empereurs[4] aient tenu à le ménager,
comme s'ils en avaient peur, lui témoignant des égards
que ses bassesses ne lui méritaient certes pas. Que
craindre en effet d'une assemblée uniquement soucieuse,
non pas de délibérer librement, mais de connaître au
plus tôt qui devenait son maître, afin de lui porter au
plus vite ses hommages ? Et quelle estime faire d'un
corps, assez servile pour recommencer avec chaque nouveau prince la comédie de flagornerie qu'il avait jouée
la veille avec le prédécesseur ? Comme en cette
année 69 quatre empereurs se succédèrent sur le trône,
on appréciera la souplesse d'échine qu'exigeaient des
volte-face aussi nombreuses et rapides. Le sénat suffit à
toutes. Galba, Othon, Vitellius, Vespasien, reçurent
chacun à leur tour les mêmes serments, les mêmes
vœux, furent accablés des mêmes honneurs[5]. Platitude
à la fois révoltante et comique[6]. On ne sait s'il faut

1. *Hist.*, I, 74 : *specie senatus*.
2. *Hist.*, I, 76 : *erat grande momentum in nomine urbis ac prae-
texto senatus.*
3. *Hist.*, I, 84.
4. Même les plus mauvais. Cf. *Hist.*, II, 91 : *ventitabat (Vitellius) in senatum, etiam cum parvis de rebus patres consulerentur.*
5. Voir pour Othon *Hist.*, I, 47, pour Vitellius II, 55, pour
Vespasien IV, 3.
6. Le Sénat n'est pas seul, d'ailleurs, à donner ce spectacle. La

avoir plus de colère, de dégoût ou de pitié. L'amère
ironie de Tacite trouve matière à s'exercer et ne s'en
prive pas. Elle se plaît à peindre les sénateurs en ridicule posture. Elle les montre embarrassés pour flatter
Othon, lequel, ancien flatteur lui-même et connaisseur
en mensonges, n'était pas dupe de leur jeu. Ils invecti-
vent contre Vitellius ; mais par prudence, ils hasardent
leurs injures au milieu des cris de l'assemblée ou les
couvrent sous le flux étourdissant de leurs propres
paroles[1]. Quand Othon leur a fait l'honneur, dont ils
se seraient bien passés, de les emmener à la guerre[2],
pendant la bataille ils se taisent, se cachent, attendant
la décision. Le sort malicieux les tient longtemps dans
les transes[3]. Les nouvelles apportées sont indécises,
contradictoires même. A Modène où ils sont d'abord
restés, puis à Bologne où ils se sont retirés, ils n'osent
se réjouir à cause des Othoniens qui les entourent, ni se
lamenter par crainte de Vitellius. Leur attitude en toute
cette affaire est misérable, presque grotesque. Enfin, la
certitude qu'Othon est mort les tire d'angoisse et leur
enthousiasme éclate bruyamment pour le vainqueur[4].
Dans la suite, ce qui rend ces grands seigneurs joyeux
du triomphe de Vespasien, un petit bourgeois, le premier empereur d'extraction si modeste, ce ne sont pas
les solides qualités de l'homme qui arrive au pouvoir ni
la perspective d'un règne réparateur, c'est qu'ils ne flot-

confrérie des Arvales, chargée d'assurer par ses prières la fécondité des champs, ajoute à son calendrier, sous l'Empire, des fêtes
pour le salut des empereurs. On a retrouvé quatre-vingt-seize des
procès-verbaux de la corporation, au nombre desquels figure justement une partie de ceux de l'année 69. Il est très curieux de
voir avec quelle indifférence (pour ne rien dire de plus) les frères,
qui appartenaient à la haute société, célèbrent les empereurs les
uns après les autres, se servant pour tous indistinctement de la
même formule (cf. Henzen, *Acta fratrum Arvalium*, p. xc et suiv.).
1. Tac., *Hist.*, I, 85. — 2. *Hist.*, I, 88. — 3. II, 52-54. —
4. II, 55.

teront plus ballottés entre deux maîtres ; un seul reste
désormais ; ils sont fixés, ils savent où placer leurs
espérances et leurs adulations. *Senatus laetus et spei
certus*, dit Tacite[1]. Le mot est cruel.

Du peuple, l'historien ne trace pas davantage un portrait flatté. Le voici envahissant le palais, pêle-mêle
avec les esclaves, acclamant Galba, demandant à grands
cris la mort d'Othon et le supplice des conjurés, puis,
le soir de ce même jour, lorsque la révolte a triomphé,
se précipitant au camp des prétoriens, chargeant Galba
d'imprécations, couvrant de baisers la main d'Othon[2].
Plus tard, il s'enrôle avec la même ardeur pour Vitellius ; il accourt à lui en masse, affecte tous les dehors
d'un enthousiasme délirant, au fond « vil amas de
lâches, incapable de rien oser au delà des paroles[3] ».
Mais le sénat ne donnait-il pas l'exemple, lorsque, plein
de jactance et intrépide, lui aussi, en paroles, il se dérobait au moment du péril, passait de Galba à Othon
et prenait sa bonne part de la servilité générale dans
cette scène honteuse que je rappelais à l'instant, « où
plus le zèle était faux, plus on en prodiguait les vaines
apparences[4] » ? La conduite de la foule, qui ne fut
pas moins laide, se comprend davantage. Ce qu'on
appelait encore le peuple romain, n'avait plus en effet
de romain que le nom. C'était un composé d'étrangers,
venus de tous les coins du monde, et d'affranchis, eux-
mêmes le plus souvent d'origine étrangère. Recruté
dans l'esclavage ou parmi les déclassés des autres pays,
agglomération essentiellement cosmopolite, sans traditions, sans dignité, sans esprit national, vraie lie de

1. I, IV, 3.
2. I, 32 et I, 45.
3. III, 58.
4. I, 45 *alium crederes senatum, alium populum : ruere cuncti in
castra...*, et déjà I, 35.

l'univers, que lui importait tel ou tel empereur, pourvu qu'il fût amusé et nourri [1] ?

Un trait par lequel Tacite complète sa peinture, c'est la cruauté de cette multitude. Elle n'est pas seulement lâche, elle est féroce. Voir couler le sang lui est un spectacle, dont elle a pris le goût à l'amphithéâtre. Les scènes de meurtre deviennent un divertissement public ; d'une tuerie on se fait une fête. Déjà lorsque les prétoriens étaient descendus au Forum pour massacrer Galba, des curieux, tout autour de la place évacuée, s'étaient postés sur les marches des temples, et de ces observatoires où ils ne risquaient rien, en un temps où les armes à feu étaient inconnues, ils attendaient avec une impatience mauvaise ce qui allait se passer [2]. Le peuple eut cependant une attitude plus ignoble encore, le jour où, les Flaviens ayant pris d'assaut les murailles de la ville, une bataille s'engagea dans les rues avec leurs adversaires. Cette fois, il ne se borna pas à un rôle de spectateur passif ; mais « comme s'il assistait aux jeux du Cirque, il encourageait de ses clameurs et de ses applaudissements chaque parti tour à tour [3] ». Voyait-il l'un ou l'autre fléchir et les vaincus se réfugier dans les maisons, dans les boutiques ; il poussait des cris, les désignait au vainqueur, réclamait qu'ils fussent tirés de leurs cachettes pour être égorgés. Or c'était l'époque même où l'on célébrait les Saturnales. Croit-on qu'elles furent un instant suspendues ? La bataille et les meurtres semblèrent au contraire une distraction nouvelle ajoutée à la fête, un assaisonnement piquant du plaisir. Goûter des jouissances dans des conditions si anormales, quel raffinement ! « On exultait, sans chercher à savoir qui triompherait ; on savourait les malheurs publics, on nageait dans la joie. » Ces quelques lignes sont une des

1. IV, 38 : *vulgus, cui una ex re publica annonae cura.*
2. I, 40-41. — 3. III, 83.

sentences les plus fortes qui aient été prononcées contre
le peuple romain ; elles sont plus terribles même que le
célèbre portrait laissé par Juvénal[1]. Il est impossible que
l'homme qui les a écrites ait été un admirateur du gouvernement populaire, et l'on est bien étonné, après les
avoir lues, que l'idée ait jamais pu venir de le prendre
pour un républicain.

Les armées du moins possédaient-elles ce patriotisme
qui manquait à l'élément civil ? En aucune façon. La
patrie pour elles, c'était le drapeau. Du jour où, franchissant les limites de l'Italie, elles passèrent les Alpes
et la mer, elles perdirent, comme dit Montesquieu,
« l'esprit de citoyens ». Voyant de plus loin la ville,
elles commencèrent à ne connaître que leur général.
Ce n'étaient plus « les soldats de la République, mais de
Sylla, de Marius, de Pompée, de César ». Sous l'Empire, ce furent les soldats de l'empereur, lorsqu'il y
eut un prince unique, les soldats de tel ou tel empereur
particulier, aux époques où il y en eut plusieurs. On
s'attachait à l'homme qu'on avait élevé au pouvoir et
dont l'image était fixée à la hampe des enseignes en un
médaillon de métal[2]. D'où une sorte de culte qu'on lui
rendait, comme au *genius legionis* représenté par l'étendard ; et de là une des causes qui expliquent l'étonnante
fidélité dont bénéficièrent un Othon, un Vitellius : des
prétoriens se tuèrent aux funérailles d'Othon, après avoir
porté son corps au bûcher et baisé sa blessure, et les
troupes de Germanie s'obstinèrent à défendre Vitellius,

1. Juvénal, *Sat.*, X, 56 et suiv.

... *Sed quid*
*Turba Remi ? Sequitur fortvnam, ut semper, et odit
Damnatos : idem populus...* (v. 72 et suiv.).

2. Aussi le premier acte d'une légion qui se révolte, le signe
même de la rébellion, est-il d'arracher ou de briser les images du
prince et de les remplacer par celles du nouvel empereur qu'on crée
ou qu'on adopte.

abandonné de ses officiers et de tout le monde[1]. Cet
étrange dévouement avait en partie sa source dans le
respect religieux.

Mais c'est aussi par esprit de corps et par esprit
provincial que, d'Orient ou d'Occident, chacun soutint
son empereur. Ici quelques développements sont nécessaires. — Lorsque, au lieu d'être dissoute après chaque
campagne, comme elle l'était sous la République,
l'armée prit une existence de plus en plus durable, au
point de devenir décidément permanente[2], lorsque cette
existence fut manifestée aux yeux par un numéro d'ordre
invariable, qui faisait de la légion un être vivant d'une
vie indéfinie et ayant une histoire[3], l'esprit de corps,
qui n'existait pas jusque-là, apparut. On eut la fierté de
sa légion. Il en résultait un principe d'émulation qui
pouvait être salutaire. Malheureusement, par la façon
dont le recrutement s'opérait, l'émulation dégénéra en
rivalité, et la rivalité elle-même en jalousie. Campées
loin du centre, sur le pourtour de l'empire, à la garde
des frontières, les légions finirent de plus en plus par se
recruter sur place, dans les contrées où elles séjour-
naient. La III[a] *Gallica*, longtemps cantonnée en Syrie,
était formée, à la bataille de Crémone, de soldats adorateurs du soleil, c'est-à-dire de Syriens ou de Romains
ayant adopté les mœurs et les croyances syriennes[4]. Les
armées de Germanie, le long du Rhin, en pays demi-
barbare, se composaient de Gaulois de la rive gauche,

1. *Hist.*, II, 49 et II, 101 (*animos obstinatos pro Vitellio*), III, 56
(*acerrimum militem et usque in extrema obstinatum*).

2. Elle le devint peu à peu, à mesure qu'il était nécessaire de
garder un plus grand nombre d'années les hommes sous les drapeaux. Avec César, elle l'est déjà presque en fait. Avec Auguste, elle
l'est officiellement.

3. De bonne heure Tite-Live mentionne des numéros de légions ;
mais ils n'étaient donnés alors que pour une année.

4. III, 24. — Cf. Suét., *Galb.*, 10 : *e plebe provinciae legiones...*

moins civilisés que ceux de l'intérieur, et probablement aussi de Germains de la rive droite. Des inscriptions montrent qu'en Afrique la III[a] *Augusta,* établie à Lambèse, était composée presque uniquement d'Africains[1]. Les soldats prenaient donc non seulement un esprit de corps, mais un esprit provincial, plus dangereux. Car le jour où d'Espagne, de Germanie, d'Orient surgirent des compétiteurs à l'empire, les légions qui les avaient proclamés, animées de cet esprit particulariste, défendirent chacun d'eux, parce qu'il était leur chose, le représentant d'une province ou d'un groupe de provinces, l'étiquette sous laquelle elles pouvaient abriter leurs ambitions ou leurs convoitises[2], et satisfaire les unes contre les autres leur animosité réciproque. On s'en voulait mutuellement de n'avoir pas ratifié le choix du voisin ; et l'on se battait pour le prince qu'on avait élu, mais tout autant contre les soutiens du prince opposé. Aussi les deux grandes rencontres de Bédriac et de Crémone furent-elles des batailles de soldats à soldats plutôt que des batailles entre chefs[3]. Les empereurs Othon, Vitellius, Vespasien n'y eurent aucune part. Même la part des généraux y fut relativement faible. Avant tout, c'étaient des troupes dressées contre des troupes, prétoriens contre légions de Germanie, armées du Danube contre armées du Rhin. La seconde fois, l'armée d'Illyrie n'avait qu'un chef d'occasion, Anto-

1. Voir notamment l'inscription de Lambèse trouvée près du temple d'Esculape, « qui rappelle probablement une offrande faite à ce dieu par un certain nombre de sous-officiers de la légion ». A l'exception de trois d'entre eux nés en Dacie, en Pannonie et en Cilicie, « tous ceux dont la patrie est indiquée dans cette liste étaient originaires de colonies ou de municipes africain' » (Léon Renier, *Archives des missions scientifiques,* t. III, p. 326-331). — Cf. aussi C. I. L., VIII, 2586.

2. *Hist.,* II, 6 : « Le soldat frémit à l'idée de voir en d'autres mains les profits de la domination, *imperii praemia.* »

3. Voir Mommsen, *Hermès,* V, p. 172-173.

nius Primus. Les Vitelliens n'en avaient point du tout ; et pourtant, quoique laissés à eux-mêmes, durant neuf heures d'une longue nuit d'automne[1], ils tinrent avec un acharnement indicible. C'est qu'ils luttaient pour eux, pour leurs intérêts et leur réputation, ou encore pour leur province de Germanie, afin qu'elle restât la province-mère de l'Empire, celle qui avait fait l'Empereur.

Cette jalousie des armées entre elles est mise en vigoureuse lumière par Tacite. Mais il y a plus. A l'intérieur même des armées, des querelles s'élèvent entre les corps qui les constituent. Chacune est un mélange de peuples, toujours prêts à ne pas s'entendre. Les mœurs, le langage diffèrent[2]. Il en résulte à chaque instant des discordes, des rixes, des bagarres, dont la moindre s'aggrave aussitôt et menace de tourner à l'émeute. La garde méprise les légions, les légions méprisent l'infanterie auxiliaire[3]. Lorsque Bataves et légionnaires échangent des injures et des coups, tous les camarades de se porter à la rescousse[4]. Un Gaulois ayant culbuté par jeu un soldat de la 5e légion, les spectateurs prirent aussitôt parti pour ou contre. Afin de trancher la querelle, les légionnaires sortirent de leurs tentes et massacrèrent deux cohortes gauloises[5].

Avec de pareilles dispositions, on juge en quel état se trouvait la discipline militaire. A vrai dire, c'était la complète anarchie ; les soldats échappaient à l'autorité.

---

1. *Hist.*; III, 22. Le soldat vitellien est *indigus rectoris*. La bataille, commencée *tertia ferme noctis hora*, donc vers 9 heures du soir, se continue jusque vers 6 heures du matin ; et l'on est à la fin d'octobre.

2. II; 37 : *exercitus linguis moribusque dissonos*.

3. *Auxilia*, tous les corps qui sont en dehors des légions, milices privilégiées à part.

4. *Hist.*, I, 59 ; 1, 64 ; II, 27 ; II, 66,

5. II, 68.

Un mot résume la situation : *indomitus miles*[1]. Plus de frein, plus d'obéissance aux règlements, plus même de règlements ; la confusion partout ; les centurions quelquefois nommés à l'élection. Les chefs n'osaient rien, car ils savaient que « la guerre civile donne à la troupe plus de pouvoir qu'au général[2] ». La plupart s'effaçaient, trop heureux si leur sécurité n'était point menacée. Mais elle l'était souvent. Tous en cette année 69, sauf peut-être Antonius, sont suspects. Au moindre échec, on crie à la trahison. On va jusqu'à maltraiter un légat, on déchire ses vêtements, on l'accable de coups, on le met aux fers[3]. Les expressions *fraus ducum, perfidia, proditio, insidiae legatorum, suspiciones vulgi* sont de celles qui reparaissent sans cesse, et cette défiance est une cause de perpétuelles révoltes[4]. Presque à la veille de la bataille de Crémone éclatent deux séditions successives contre les gouverneurs de Pannonie et de Mésie, dont l'un, après s'être traîné aux genoux des mutins, fut sauvé seulement sur les prières d'Antonius, et dont l'autre eut la bizarre mais heureuse idée de se cacher dans un fourneau de bain, où l'on ne put le découvrir[5]. Ainsi, par tendance anarchique, cinq légions n'hésitaient pas à se priver, au moment de combattre, de leurs commandants supérieurs. Si elles gagnèrent au change, ce fut un pur hasard : elles ne s'étaient pas proposé d'être mieux commandées. Que de fois les soldats entendent conduire les affaires à leur gré, diriger eux-mêmes les opérations, décider de la

1. II, 18. — 2. II, 29.

3. IV, 27 : *victi, quod tum in morem verterat, non suam ignaviam sed perfidiam legati culpabant.*

4. Voir II, 26 le cas curieux des deux frères Julius Gratus et Julius Fronto qui, servant comme officiers dans chacun des camps opposés, sont bientôt accusés par les soldats de trahir chacun leur parti au profit de l'adversaire, arrêtés l'un et l'autre et enchaînés.

5. *Hist.*, III, 10 et 11.

lutte à poursuivre, marcher à l'ennemi sans écouter ou attendre le général, parce qu'il leur plaît ainsi.[1] Leur résiste-t-on, ils menacent : *minari assueverant*[2]. « Ils frappent sur leurs boucliers, tout prêts à braver les ordres, si on ne les mène pas à l'assaut[3] ». Triste état d'esprit, dont les officiers les plus énergiques, comme Antonius, comme Spurinna, sont obligés de tenir compte. Ils cèdent, quand ils peuvent le faire sans danger, pour ne pas user inutilement ce qui leur reste d'autorité[4]. Au lieu d'imposer des ordres, l'habileté consiste à tâcher d'obtenir une adhésion volontaire. Il faut persuader, et de là vient l'importance de la parole à l'armée. Un général n'est rien, s'il n'est orateur. Pour disposer de cette foule qui se laissera entraîner par le premier meneur venu, il faut pouvoir en être soi-même le meneur, dans le bon sens. Mais cela ne va pas sans ménagements obligés, sans complaisances pénibles, sans concessions humiliantes. On permet aux soldats de s'ingérer dans les choses du commandement ; on leur entr'ouvre la porte du conseil de guerre[5] ; on les convoque en assemblée, et au *consilium* se substitue la *contio*[6]. Ils sont mis officiellement au courant de la situation, reçoivent communication des lettres parvenues au quartier[7] et parfois, chose incroyable, ils en ont lecture avant leurs chefs immédiats[8]. Ce sont bien eux, les maîtres. Leurs maîtres apparents, les généraux et les princes, en dépendent et en ont peur[9].

Il est certain qu'en cette année, qui vit quatre empereurs, le mal atteignit à son comble. Il y eut alors, par suite de l'instabilité générale, des causes propres de décadence. Néanmoins le vice était intérieur et dans le

1. II, 18 ; II, 30 ; III, 19 ; III, 21. — 2. IV, 34. — 3. III, 19. — 4. II, 18. — 5. III, 3. — 6. III, 3 ; III, 9. — 7. III, 3. — 8. IV, 25. — 9. II, 56 : *obnoxiis ducibus et prohibere non ausis.*

régime même institué par Auguste. En fondant l'Empire, Auguste avait complètement séparé l'armée de la nation. Il avait fait une armée de métier ; et comme les citoyens, à mesure qu'ils gagnaient des richesses, perdaient l'esprit militaire, c'était un métier dédaigné. Il n'y eut plus pour l'embrasser que les déshérités du sort. Mais ces gens sans fortune ou sans aveu étaient pour la plupart des gens énergiques : avec eux la force se réfugia dans les camps. Les empereurs se mirent donc à flatter ce qui était la force. Seulement l'excès même des flatteries trahissait la faiblesse de ceux qui les prodiguaient. Les soldats qui en étaient l'objet le comprirent, et la discipline en sortit gravement énervée. Les désordres de la soldatesque dont nous avons eu à parler, sont une conséquence naturelle et nécessaire de l'état de choses antérieur. Si même il y a lieu d'être surpris, c'est que, depuis sa nouvelle constitution, l'armée ait aussi peu, somme toute, usé de sa puissance. Car, après la révolte des légions de Germanie sous Tibère, elle demeura tranquille jusqu'à la mort de Néron ; et après les diverses explosions de l'année 69, Vespasien ayant ramené l'ordre et le calme, cette situation dura jusqu'à la fin du second siècle. Peut-être, après tout, l'âme du soldat n'était-elle pas irrémédiablement gâtée. Au milieu de ses pires erreurs un bon sentiment lui restait, le dernier levier avec lequel on pût tenter son relèvement moral : il souffrait qu'on le punît. Il ne se retenait pas de mal faire, emporté par sa folie[1] ; mais revenu à la raison, il acceptait, il demandait même parfois son châtiment[2]. Sa conscience obscurcie était

---

1. IV, 27 : *mixtus obsequio furor, ut contineri non possent qui puniri poterant.* — *Ibid : exercitui diversitas inerat licentiae patientiaeque.*

2. I, 82 : *sensit invidiam miles et compositas in obsequium auctores seditionis ad supplicium ultro postulabat.*

encore accessible à la honte, et il sentait d'un instinct
confus la nécessité d'une certaine discipline. Au fond il
s'agissait surtout de le protéger contre lui-même, contre
ses habitudes prises de licence. C'est à quoi l'autorité,
lorsqu'elle s'appelait Vespasien, Trajan ou Hadrien,
réussit sans trop d'efforts.

Voilà quelques-unes des réflexions que fait naître à
l'esprit la lecture de Tacite. Elles ne nous ont pas
écarté de notre sujet ; elles l'ont prolongé seulement.
Elles prouvent aussi la profondeur de cette peinture des
armées. C'est la marque des bons portraits de donner à
penser : ils doivent dire beaucoup, ils doivent suggérer
plus qu'ils ne disent.

IV

A regarder maintenant d'ensemble, et avec un peu
de recul, les portraits des *Histoires*, nous sommes mieux
frappés, je crois, de ce que la personnalité de Tacite, au
moment où il écrit son premier grand ouvrage, offre
encore parfois d'indécis.

Il y a en lui un homme de son temps, qui sacrifie à
la mode, veut plaire, cherche le joli, l'effet, les antithèses
et les pointes, les jeux de style. C'est l'homme des lectures publiques, et c'est l'auteur des petits portraits,
morceaux d'art très travaillés, très finis, très « figno-
lés », tableautins précieux où les touches s'additionnent
et prétendent valoir chacune par elle-même, qui visent
aux applaudissements d'un cercle et au succès du
jour.

Et il y a un homme qui échappe à son temps, parce
qu'il est de tous les temps. Celui-là cherche la vérité
générale, la vérité humaine. Il pénètre aussi avant qu'il
peut dans les âmes ; il les explore, les met à nu, et en

retire ce fond d'éternité qui, mêlé aux caractères indi-
viduels, fait du livre d'histoire le livre d'instruction par
excellence. C'est l'auteur des larges portraits, tracés
sans hâte, à mesure que les événements se déroulent, et
avec la collaboration du récit lui-même. C'est le peintre
en particulier de ces fresques où un groupe, une foule,
mille têtes se meuvent, animées d'un seul esprit et
vivant d'une seule vie, où l'être collectif ainsi formé est
un admirable miroir des passions humaines, qui s'y
reflètent prodigieusement agrandies. Tacite doit être
jugé là, non ailleurs. Ce genre de portraits convenait
entre tous à ses dons de psychologue et à son génie
d'artiste, et il n'y a pas été surpassé. Nous ne pouvons
plus aujourd'hui nous représenter le sénat ou le peuple
ou les armées de l'Empire sous d'autres images que
celles qu'il en a tracées.

CHAPITRE QUATRIÈME

LES DISCOURS

I

On a tout dit, d'une manière générale, sur l'emploi
des discours chez les historiens latins. Mais il s'agit,
ici, de dire l'emploi particulier que Tacite en à fait
dans ses *Histoires*.

Les discours dont nous avons à nous occuper sont
nombreux et variés, comme on pouvait s'y attendre[1].

1. M. Gœlzer (*Introd.* à l'édit. in-16 des *Histoires*, p. xxx)
note la « sobriété de Tacite dans l'emploi des harangues » et
M. Jules Martha (*Rev. des Cours et Conf.*, 1895, t. III, 2, p. 565)
trouve la proportion de celles-ci bien faible par rapport au nombre
des chapitres. Mais il faut s'entendre. Je n'ai pas seulement en
vue les grands discours de style direct, peu nombreux en effet (je
le dirai plus bas) ; j'envisage toutes les formes sous lesquelles se
manifeste la parole dans les *Histoires*. Or, d'une façon ou d'une
autre, Tacite fait beaucoup parler ses personnages.

Discours en langage direct, discours indirects, discours prononcés par un personnage de marque ou par une foule obscure et anonyme, discours qu'on adresse aux autres, discours qu'on s'adresse à soi-même : toutes les formes d'éloquence sont représentées dans l'ouvrage, selon une tradition littéraire, bien connue, qui flattait le goût des lecteurs. Les anciens aimaient ce quelque chose de vif et dramatique que communiquait au genre l'habitude de faire parler les personnages ; il ne leur suffisait pas de les voir en action, ils voulaient entendre comme le son de leur voix. Et puis, un ouvrage d'histoire sans harangues n'aurait pas paru reproduire fidèlement la réalité. La vie antique était tellement pénétrée de discours, qu'un récit où elle était mise en scène devait nécessairement, semble-t-il, contenir des scènes oratoires. Quand je dis la vie antique, je dis la vie même de l'époque impériale. On parlait moins sous l'Empire que sous la République ; mais on parlait encore, et beaucoup. Si la parole ne décidait plus toujours, elle continuait de se mêler presque à tout. Le mot de Tacite sur l'éloquence « pacifiée » par Auguste[1] doit s'entendre de la suppression des discussions de la place publique avec les orages qu'elles amenaient. Le Forum n'en était point pour cela réduit au silence, et l'usage de la *contio* n'avait pas disparu. Seulement l'assemblée se tenait au profit de l'empereur, qui gardait le privilège de parler au peuple[2].

Quant au sénat, il retentissait, non moins que par le passé, de discours où les opinions les plus diverses se heurtaient. Et aux armées, que de discours aussi ! dans les conseils des chefs, du haut de la tribune du quartier

---

1. *Dialogue*, 38.

2. Au troisième livre des *Histoires*, Vitellius réunit à tout moment le peuple en *contio*.

général, jusque sur le champ de bataille ! Car c'est
peut-être là le trait le plus curieux des mœurs militaires d'alors : l'abondance des discours à la guerre.
Aujourd'hui nous opposons volontiers l'une à l'autre la
parole et l'action. Nous craignons les bavards, quand
il faut agir ; nous croyons que c'est l'heure où « le
monde appartient aux silencieux ». A Rome il fallait
qu'un général fût orateur, la harangue avant la bataille
étant une pièce essentielle de l'art du commandement.
Sous l'Empire cette nécessité s'accroît, à mesure que la
discipline s'affaisse. Dans l'anarchie des légions, les chefs
ne se soutiennent que par le prestige personnel. Leur
autorité est faite de leur force de persuasion. Ils doivent
obtenir du bon vouloir de chacun ce qu'imposait
naguère le règlement obéi par tous sans réplique ; plus
que jamais ils doivent savoir parler. Ils recourent donc
à l'*allocutio* dans le camp, pour apaiser les émeutes,
devenues un mal chronique parmi ces armées en perpétuel état de révolte ouverte ou latente. Ils y recourent
avant le combat, dans le combat même, et à chaque
instant, pour vaincre les hésitations, réchauffer l'enthousiasme, gourmander les défaillances. Au plus fort
de la mêlée, on est surpris de voir un général s'aboucher
avec ses soldats, passer de rang en rang, interpeller les
uns, les autres, renouvelant les procédés de la guerre
primitive. C'est que la bataille, sans armes à feu, sans
artillerie, demeure une bataille relativement sans bruit.
Comparée aux rencontres modernes et à leur effroyable
tonnerre, elle est silencieuse, et l'on s'y fait entendre de ses
voisins, à peu près comme aux temps homériques.
C'est ainsi qu'un Antonius Primus doit à l'ascendant
de sa parole son influence sur ses troupes et une partie
même de ses succès à la guerre. Trois fois au cours de
la seconde bataille de Crémone il intervient de son éloquence, et par son éloquence rétablit les affaires com-

promises ou achève d'enlever la victoire[1]. Tacite note
même en une circonstance que ni les ordres ni le courage du général ne furent d'une importance plus décisive
que ses exhortations[2]. Les choses se sont-elles passées
de la façon exacte que Tacite les raconte, nous n'en
savons rien au juste, mais rien n'est moins impossible ;
et dès maintenant, de cette première vue sur l'ensemble
de notre sujet (qu'il s'agisse d'ailleurs de l'*allocutio*
militaire ou des autres formes du discours), nous devons
retenir que les harangues des historiens, si étrange que
leur emploi nous paraisse, n'étaient pas invention ni
convention pure : grâce à elles, les auteurs s'efforçaient
de donner au public et le public retrouvait dans l'œuvre des auteurs une véritable image de la vie quotidienne[3].

Il semble dès lors que les historiens auraient dû
tâcher de reproduire les discours tels qu'ils avaient été
prononcés. On sait pourtant qu'une reproduction tex-
tuelle n'a guère été l'objet de leurs soucis, ou plutôt qu'un
autre souci l'a toujours emporté dans leur esprit, celui
de l'art, qui faisait taire les objections soulevées par la
science. Afin de ne pas mélanger les styles, l'auteur
récrivait avec son propre style les paroles qu'il rappor-
tait ; il les rendait dans sa forme à lui ; c'était ce qui
s'appelait « traduire[4] ». Et il aboutissait tout de même
à un mélange singulier : pour se rapprocher de la réalité, il introduisait des discours dans son histoire ; mais

---

1. *Hist.*, III, 17, 20, 24.
2. III, 17 : *consilio, manu, voce insignis hosti, conspicuus suis.* Les
trois choses sont mises sur le même plan, comme étant de valeur
égale.
3. L'importance de la parole est reconnue jusque chez les peuples des frontières. Cerialis dit aux habitants de Trèves : *Quoniam
apud vos verba plurimum valent,... statui pauca disserere* (*Hist.*,
IV, 73).
4. *Invertere* (cf. *Ann.*, XV, 63).

en les remaniant, il s'éloignait de cette réalité. L'insertion *faisait vrai*, l'arrangement *faisait faux*. Il y avait recherche contradictoire de vérité et de fiction.

Tacite se conforme à la tradition, parce que c'est la tradition, et parce qu'elle convient à ses habitudes d'orateur autant qu'à sa nature d'artiste. En sa qualité de Romain déjà, il aime l'éloquence ; puis il a été l'élève des rhéteurs, il a remporté comme avocat les plus éclatants succès ; enfin il est imbu de la conception que l'histoire est essentiellement œuvre d'art. Comment, à l'exemple de ses devanciers, n'aurait-il pas mis des discours dans son ouvrage, et des discours refaits de sa plume, et, au besoin, des discours inventés de toutes pièces ? Oui, même des discours inventés. Quand on entre dans la voie du mensonge, même littéraire, on est entraîné de proche en proche ; et du mensonge de la forme on finit par passer au mensonge de l'idée. On prête d'abord aux gens un langage qui n'est pas absolument le leur ; on leur prête ensuite une pensée qui les contredit ; on va jusqu'à les faire parler dans des circonstances où ils n'ont jamais pris la parole. Nous trouvons de ces diverses sortes de mensonges chez Tacite. A certains signes cependant, il semble qu'il n'ait pas toujours cédé sans remords, et nous verrons qu'il a tenté parfois un essai de conciliation entre les exigences de l'art, tel que l'entendaient les Romains, et celles de la science. Tentative intéressante à coup sûr, mais dont nous ne pouvons lui savoir pleinement gré ; car elle demeure insuffisante, et le fût-elle moins, nous continuerions à lui en vouloir, alors que tant de belles occasions et de facilités lui étaient offertes de respecter le vrai, de n'en avoir pas été respectueux davantage, et jusqu'au bout.

On a observé avec raison[1] qu'un Tite-Live ne se

1. G. Boissier, *Tacite*, p. 88.

trouvait pas dans des conditions aussi favorables : les
documents lui manquaient. Longtemps en effet, sous la
République, l'éloquence avait été improvisée. Une fois
qu'elle avait manifesté son action, aucune trace d'elle
ne subsistait plus. Les vieux héros de Rome n'écrivaient
rien avant de parler et, vainqueurs ou vaincus dans la
cause qu'ils avaient défendue, ils ne se préoccupaient
point de rédiger après coup ce qui n'avait plus d'intérêt à leurs yeux. Même aux siècles suivants, le cas de
Caton le Censeur qui récrivit ses propres discours, fut
assez extraordinaire pour avoir mérité d'être signalé.
Dans cette absence de textes authentiques pour les
époques lointaines, dans cette rareté de documents
pour les époques plus récentes, l'historien qui voulait
malgré tout mêler des harangues à son récit, était bien
obligé d'en introduire de fictives. Tacite n'avait pas la
même excuse. Les discours, sous l'Empire, étaient ré-
crits ou transcrits, ils étaient même souvent sténogra-
phiés[1] ; la parole avait donc plusieurs moyens de se
survivre. Les discours des empereurs, notamment,
étaient consignés dans les procès-verbaux des séances
du sénat et reproduits par le Journal de Rome, les *acta
diurna populi*. Tacite, comme tous les citoyens, avait à
sa disposition ce journal, qui était affiché, copié, ex-
pédié jusque dans les provinces. Et quant aux procès-
verbaux des séances, les *acta senatus*, quoiqu'ils fussent
secrets depuis Auguste, un sénateur comme lui avait
certainement l'autorisation de les consulter[2].

1. Plutarque (*Cat. min.*, 23), signale déjà la présence de sténo-
graphes au Sénat, lorsque Caton prit la parole contre Catilina.
2. Les sénateurs avaient accès aux archives du Sénat : voir
l'anecdote de Pline (*Ep.*, VIII, 6). Pline, ayant voulu vérifier
l'exactitude des éloges que l'affranchi Pallas se décernait dans son
épitaphe funéraire, trouva le sénatus-consulte encore plus répugnant de bassesse que l'inscription même du tombeau : il avait
donc pu se reporter aux sources officielles.

Nous sommes sûrs qu'il existait de son temps des discours authentiques, puisqu'il le dit lui-même[1]. Non
seulement il les connaissait, mais il les avait sous les
yeux, puisque certains d'entre eux, nous les avons
encore. Lorsqu'il a fait parler l'empereur Claude en
faveur des citoyens de la Gaule Chevelue qui sollici-
taient le droit d'arriver aux honneurs, il aurait pu
reproduire exactement les paroles du prince : le texte
du discours nous est parvenu sur deux morceaux d'une
table de bronze. Il s'est bien gardé pourtant de le
transcrire ; il l'a refait à sa manière[2], supprimant les
naïvetés, le bavardage, l'érudition pédantesque, tout ce
qui, disons-le, nous amuse parce que nous y reconnaissons la marque personnelle de Claude, mais aussi
tout ce qui aurait créé une disparate et altéré l'unité de
ton de l'ouvrage. L'unité de ton ! grande loi, maintenue
intacte jusqu'à Suétone.

Si par hasard il se risque (exception des plus rares) à
donner quelque citation littérale, il s'en excuse. Il
demande la permission de citer, comme nous aujour-
d'hui de ne point citer : « Cette fois, dit-il, je rapporte-
rai les paroles elles-mêmes, *ipsa verba referam*[3] ». Une
fois n'est pas coutume ; le lecteur est prévenu. D'ordinaire, sa méthode est la suivante : prendre la pensée
d'autrui et la transporter dans son style à soi, et si les
termes où elle s'est produite sont trop connus pour
qu'on y puisse rien changer, la passer simplement sous
silence. Sénèque mourant a dicté un beau discours à
ses secrétaires ; mais comme ce discours a été publié
tel qu'il est sorti de sa bouche, et que tout le monde l'a
pu lire dans la forme originale, Tacite « s'abstient de
le traduire en des termes différents » : *quae in vulgus*

1. À propos des discours de Tibère (*Ann.*, I, 81 ; II, 63).
2. *Ann.*, XI, 24. — 3. *Hist.*, III, 39. Cf. *Ann.*, XIV, 59.

edita eius verbis invertere supersedeo[1]. Voilà qui est net : ne pouvant rapporter à sa façon les paroles du personnage, il aime mieux ne pas les rapporter du tout ; ce qui revient à dire que, là où il les rapporte, il les rapporte à sa façon. Nous avons un aveu indirect, mais clair, que les discours sont bien son œuvre propre, sa création. Et cet aveu est confirmé par les formules dont il use en donnant la parole à ses orateurs : *locutus fertur, in hunc modum allocutus est, in hunc modum disseruit*[2], par quoi il indique suffisamment qu'il se borne à reproduire le sens général, non les mots, ni même les idées particulières. Aveu d'ailleurs qui n'était pas pour lui nuire, car il n'était pas pour indisposer le lecteur. On lui savait gré, au contraire, par cette habile intervention dans son ouvrage, de s'être montré un artiste.

II

Les discours des *Histoires*, ainsi faits de toutes pièces ou refaits pour l'essentiel, semblent se proposer trois objets. Tantôt ils servent à mettre en scène un personnage, dont le caractère se reflète dans des propos qui lui appartiennent plus ou moins : ils sont alors comme un prolongement du portrait, et tel acteur du drame achève en effet de s'y peindre. Tantôt ils servent à exposer les idées particulières de l'auteur ; le personnage, ici, n'est plus qu'un porte-parole ; il a pour fonction de répéter, au risque de contredire son caractère, les propos qu'on lui souffle. Tantôt enfin ils servent à exposer une situation sous forme pathétique et brillante, à plaider d'une question le pour et le contre, à développer une idée générale : ils deviennent des exercices presque purement littéraires,

---

1. *Ann.*, XV, 63. — 2. Cf. Fabia, *Sources*, p. 268, n. 2.

où un disciple des rhéteurs trouve l'occasion de verser
sa rhétorique. Ce que les trois variétés ont de commun,
c'est d'être des morceaux d'apparat, qui ne tiennent pas
très solidement à l'ensemble, sortes de pièces de rapport
qu'on retrancherait au besoin sans grand dommage pour
le reste, ou sortes d'airs de « bravoure » destinés surtout
à enlever les applaudissements d'un auditoire. — Nous
examinerons chacune d'elles avec quelque détail.

Le discours à tendance psychologique, je veux dire
révélateur de l'âme de celui qui le prononce, ne pouvait
manquer d'apparaître chez Tacite. Toutefois, chose
singulière, il n'apparaît pas aussi souvent qu'on l'atten-
drait d'un historien psychologue. Un excellent exemple
de cette manière est la harangue que Pison, sur les
marches du palais, fait à la cohorte de garde, lorsque
apprenant la trahison d'Othon il essaie de retenir les
prétoriens dans le devoir[1]. Tout le caractère du personnage y est indiqué (et même il ne l'est nulle part mieux
que là), avec sa douceur, son honnêteté, sa mélancolie. Figure triste, pensive, où le malheur a mis son
pli, victime marquée par le destin qui a déjà tué le
père, la mère et deux frères, mais résignée à la fatalité
sous laquelle elle succombe. S'il s'inquiète, ce n'est pas
pour lui, c'est pour Galba, son père adoptif, c'est pour
le sénat, pour l'empire : il voudrait éviter à Rome les
troubles qui ramèneront des meurtres et du sang. Paci-
fique dans une ère de violences, désintéressé en une
époque d'intrigues, patriote au milieu des conflits d'ambitions personnelles, la sympathie s'attache à lui, comme
à tout noble cœur trahi par la fortune. Or ses actes,
dans le court intervalle de quatre jours qui sépare son
adoption de sa mort, que sont-ils ? que peuvent-ils
être ? Presque rien. C'est son discours qui met en

<hr>

1. *Hist.*, I, 29-30.

lumière sa physionomie et la générosité de ses sentiments, et qui nous donne de lui une opinion aussi favorable.

Mais ce genre de discours n'est pas le plus fréquent dans les *Histoires*. Malgré l'exemple de Salluste,
si habile à éclairer l'âme de ses personnages par les
harangues qu'il leur prête (au point que les représen-
tants d'un même parti, que des tribuns par exemple,
au lieu de se répéter, comme souvent chez Tite-Live, et
de reproduire des exemplaires à peine différenciés d'un
même type, parlent chacun avec leur tempérament et,
tous démagogues, restent des individus distincts), Tacite
se sépare de son modèle pour demander aux discours
dont il orne son ouvrage des services d'autre sorte. Il
leur demande d'être un moyen de faire briller son talent
oratoire. Et il leur demande aussi de pouvoir à l'occasion exposer, sous un nom d'emprunt, ses propres idées
sur diverses questions politiques. Ainsi reparaissent
chez le Tacite de cette époque les deux hommes que
nous ont déjà révélés les tableaux et les portraits : celui
qui cède à la mode et cherche à plaire, celui qui s'élève
au-dessus de son temps. Il s'élève parfois assez haut
pour faire figure d'homme d'État dans ses harangues.

Deux d'entre elles attirent tout particulièrement
l'attention par l'ampleur du développement et l'importance des sujets abordés. Ce qu'elles discutent, ce n'est
rien de moins que la question même du gouvernement de Rome et du gouvernement des provinces,
la valeur de l'administration impériale pour l'Italie et
les peuples frontières, les plus graves problèmes, on
le voit, de politique intérieure et, l'on peut dire, de
politique étrangère, puisqu'il s'agit d'amener d'autres
nations à reconnaître loyalement la puissance romaine.
Cérialis, vainqueur des Gaulois alliés aux Bataves, est

entré dans Trèves révoltée. Au lieu de punir les habitants, comme les lois de la guerre l'y autoriseraient, il
leur tient un discours admirable de maîtrise de soi, de
raison, de clairvoyance[1]. Il leur montre tout ce qu'ils
doivent de reconnaissance à l'Empire qui les protège,
tout ce que sans lui ils auraient encore de dangers à
craindre, et justifie les conquêtes de Rome et sa domination par les bienfaits qu'elle a répandus sur l'univers.
Mais croit-on que ces larges vues politiques, c'est à
Cérialis seul qu'il en faille attribuer le mérite, que
Tacite ne s'y associe pas pour son compte, bien plus,
que ce ne soit pas lui-même qui les ait inspirées au
général-orateur ? Rapportera-t-on à l'homme de guerre
ou à l'historien qui depuis longtemps a étudié la Germanie, ce jugement extraordinaire de vérité prophétique :
« Les mêmes causes ont toujours existé pour les Germains de se jeter sur la Gaule : leur fureur capricieuse,
leur soif de s'enrichir, leur désir de changer de séjour,
de quitter leurs marais et leurs déserts pour envahir les
fertiles campagnes voisines et s'emparer avec le sol du
peuple qui l'habite. Ils parlent de liberté (naguère ils
nous parlaient de « culture ») : beaux noms qu'ils
mettent en avant ; mais jamais ambitieux n'a voulu
l'esclavage pour autrui et la tyrannie pour soi-même ;
sans qu'il ait pris également ces mots-là pour devise » ?
Croit-on encore que ce soit l'homme de guerre, ou
l'homme d'État, qui a prévu la ruine de l'Empire sous
les coups des Barbares, les longues luttes, les déchire-
ments, le chaos, et après l'écroulement de la civilisation
romaine, la nuit qui descendra sur le monde ? Par la
bouche de Cérialis, n'en doutons pas, c'est Tacite en
personne qui parle[2] ; c'est lui qui, au lieu d'exposer

1. IV, 73-74.
2. La formule qui introduit le discours : *ita allocutur, no*

directement au lecteur ces grandes pensées, trouvo plus dramatique de les faire entendre aux vaincus eux-mêmes dans une circonstance solennelle. Il use d'un intermédiaire, voilà tout. Entre la façon dont il a procédé et celle qu'aurait employée un moderne, il n'y a peut-être, suivant une piquante expression, « qu'une différence de guillemets[1] ».

Le second discours trahit encore mieux l'auteur derrière l'interprète[2]. Car Cérialis, général intelligent, énergique, un des meilleurs officiers de Vespasien, pourrait à la rigueur avoir tenu quelque chose du ferme langage que lui prête Tacite. Mais le vieux Galba, fatigué de corps et d'esprit[3], dominé, mené par ses favoris qui se partagent la réalité du pouvoir[4], a été incapable de prononcer, dans le conseil où il adopta Pison, le discours que nous transmettent les *Histoires*. C'est l'œuvre d'un philosophe moraliste et politique, habitué à voir les choses de haut, connaissant les hommes, connaissant les Romains, et apportant à les juger une vigueur d'intelligence entière et une rare profondeur. Dans cette parole calme et grave, qui s'épanche avec noblesse, nous refusons de reconnaître ou le prince affaibli par l'âge, ou le soldat redevenu brusque et cassant, lorsque sa volonté assoupie se réveillait en présence d'une infraction à la discipline[5], l'homme enfin qui n'avait jamais cessé, quand il parlait, de le faire avec la brièveté du commandement[6]. Ni le fond ni la forme ne répondent

prouve rien. Chez Tite-Live, les *inquit*, les *ita coepit* ou *disseruit* amènent quantité de discours qui sont certainement de caractère fictif.

1. Alfred Croiset, *Hist. de la Littér. gr.*, IV, p. 145.
2. Tac., *Hist.*, I, 15-16.
3. *Infirmus et credulus* (I, 12).
4. Voir plus haut la note 2 de la page 177.
5. Voir les mots de lui cités I, 5 et I, 35.
6. *Imperatoria brevitate* (I, 18).

à l'idée que les derniers événements nous ont donnée du vieillard ; ses paroles jurent avec ses actes. Il porte trop gauchement l'habit de son rôle, pour qu'on ne voie pas aussitôt que c'est un rôle et un habit d'emprunt. À dire vrai, Tacite ne se soucie plus de son personnage, il ne s'occupe point de maintenir l'unité de son caractère, il s'est substitué à lui. La formule d'introduction n'était pas menteuse : « *in hunc modum locutus fertur* ». C'était nous avertir que le discours contient peu de chose de Galba, si même il n'est tout entier de l'invention de l'auteur[1].

Au début se trouvent quelques réflexions générales sur la destinée qui attend Pison, que les flatteurs vont assaillir après son changement de fortune et dont l'âme devra se défendre contre le poison de la prospérité ; réflexions dans le goût de cette époque très mondaine, qui se plaisait aux études morales comme nos salons du xviie siècle, et les accueillait avec un plaisir particulier, quand elles s'exprimaient comme ici sous forme de maximes et d'antithèses : *secundae res acrioribus stimulis animos explorant, quia miseriae tolerantur, felicitate corrumpimur* ou encore *adulatio, blanditiae et, pessimum veri affectus venenum, sua cuique utilitas.* Mais l'intérêt du morceau, pour nous, n'est pas là. Chez Tite-Live, chez Salluste, chez Sénèque, nous avons lu de ces pensées, devenues banales. La partie la plus curieuse, parce qu'elle est la plus personnelle, est celle qui est consacrée aux deux grosses questions de la transmission du pouvoir impérial et de la forme du gouvernement.

Le malheur de l'Empire fut d'avoir manqué d'une loi de succession ; et il en manqua, pour avoir été vicié dans son principe par le mensonge de son fondateur. Auguste

---

1. C'est assez l'opinion de M. Fabia (*Sources*, p. 268).

avait institué une monarchie sans le dire, ou plutôt en
disant que ce n'en était pas une : la vieille République
était censée subsister. Mais il se trouva pris au piège de
son mensonge, car il ne put établir qu'une souveraineté
d'usufruit. Comme tous ceux qui instituent un régime
nouveau, il avait le souci d'en léguer le bénéfice à ses
descendants et de se survivre en fondant une dynastie.
Or parler d'hérédité, c'eût été faire éclater l'équivoque.
Il fut même convenu, sur ses propres instances, que l'on
recommencerait à lui prêter serment tous les ans, que
tous les ans lui serait confirmée la puissance tribuni-
cienne, tous les cinq ans, tous les dix ans renouvelé son
pouvoir. Qu'était-ce, cela, sinon une négation de l'hérédité ? Mais il fallait sauver les apparences républicaines.
Plus tard, quand d'un ensemble de magistratures
temporaires Auguste transforma l'empire en une magistrature à vie, il dut encore lui laisser son caractère
de magistrature personnelle et élective. Sa punition
d'avoir été sans franchise fut de ne pouvoir assurer à
son œuvre toutes les garanties de durée. L'œuvre dura
cependant aux mains des siens, tant que les siens exis-
tèrent, parce qu'on le voulut bien, par tolérance et comme
à titre précaire. La concession, quoiqu'elle fût révocable,
ne fut point révoquée. Rome accepta de fermer les
yeux et d'aller prendre le prince dans la famille julio-
claudienne, bien plus de ratifier la désignation que l'empereur faisait par avance de son successeur. Une hérédité, qui n'existait point en droit, s'établit ainsi par
l'usage, et les citoyens pouvaient dire comme Galba à
Pison : *unius familiae quasi hereditas fuimus*[1].
Après Néron, une autre manière s'introduit d'arriver à
l'empire, le choix[2] ; il venait de s'exercer en la personne de

1. *Hist.*, I, 16.
2. *Eligi coepimus*, dit Galba (I, 16).

Galba par la voie de l'élection populaire et Galba voulait
l'exercer à son tour en la personne de Pison par la voie
de l'adoption. L'adoption antérieure, celle qui se pratiquait dans la maison d'Auguste, n'était qu'un moyen
de faciliter au successeur désigné son passage sur le
trône, et elle n'avait pu produire ses pleins effets, parce
qu'elle avait été restreinte aux membres d'une seule
famille. La véritable adoption, elle, ira partout chercher
le plus digne[1], et elle sera un système nouveau, qui
s'opposera au précédent et qui aura la prétention de le
remplacer. Un sort fâcheux ne lui permit point d'y
parvenir; l'Empire fut condamné à flotter, ballotté
entre les deux systèmes.

Tacite est nettement partisan de l'adoption. La théorie
était-elle chez lui préconçue? Ou l'exemple de Trajan
adopté par Nerva la lui avait-il suggérée? En tout cas,
cet exemple venait à point, pour lui en démontrer
l'excellence; et la contre-épreuve, que Tacite ne vit pas,
n'aurait fait que le confirmer dans sa thèse. Tant que
les Antonins suivirent le système adoptif, Rome connut
les meilleurs des empereurs. Le jour où Marc-Aurèle
rompit avec lui en léguant le pouvoir à son fils, il affligea
son pays d'un monstre. Toutes les dynasties, au reste,
ont mal fini : par un Domitien, un Commode, un
Caracalla. Si bien que l'histoire a donné raison à Tacite,
plus même qu'il ne le pensait. Mais de son vivant déjà
elle avait commencé à prononcer; et de là vient qu'il
ait été aussi affirmatif touchant les avantages de l'adoption: Galba, qui n'avait pas cette lumière des faits,
ne pouvait, malgré la circonstance, parler avec autant de décision. Et c'est encore une preuve, à joindre
aux autres, que le discours n'est pas de lui, mais de
Tacite.

1. *Optimum quemque adoptio inveniet* (I, 16).

Notre conclusion sera la même, si nous passons à la seconde des questions dont traite le discours : quelle forme de gouvernement convient le mieux aux Romains ? La réponse est celle-ci : « Les Romains sont un peuple qui ne peut supporter ni l'entière servitude ni l'entière liberté[1] ». Qu'est-ce à dire ? Pour l'entière liberté, tout le monde est d'accord. L'Empire ne s'établit avec la facilité que l'on sait que parce que le peuple fut trop heureux de se décharger entre les mains d'Auguste du soin de disposer de lui-même. Mais l'entière servitude ? Est-il exact qu'ils ne l'aient point connue, ceux qui ont connu un Caligula, un Néron ? On objecte que le gouvernement impérial n'était pas un despotisme, qu'il y avait un sénat, une opinion publique, qui en limitaient l'arbitraire, que la différence ainsi demeurait grande avec les despotismes orientaux où se trouvait pour les Romains le type de la tyrannie véritable. Et Galba en effet, dans son discours, oppose Rome à l'Orient : « Il n'en est pas chez nous, dit-il, comme chez ces nations soumises à des rois, où un seul commande en maître et tout le reste est esclave[2]. » Cependant, voit-on que le sénat ait jamais défendu ses droits ou protesté contre les abus de pouvoir ? Au moindre signe du prince il tremblait et rentrait sous terre. Et l'opinion publique, qu'a-t-elle fait pour empêcher les folies de Caligula ou les scandales de Néron ? Toute l'opposition, opposition d'un seul homme, fut de s'abstenir d'approuver ; son énergie se borna au silence[3]. En quoi Caligula enfin, avec ses atroces caprices, ses fantaisies sanguinaires, son mépris inouï de la dignité humaine, Caligula dont on nous raconte qu'il s'amusait à faire

1. I, 16. — 2. Ibid.
3. Voir en effet la conduite de Thrasea. Tout l'empire a les yeux sur elle, « ut noscatur quid Thrasea non fecerit » (Ann., XVI, 22).

courir des sénateurs en toge auprès de son char l'espace
de plusieurs milles, ou à retenir d'honnêtes citoyens
accroupis dans une cage comme des animaux, ou à
ordonner, au sujet de ses victimes, que celle-ci fût sciée
par le milieu du corps et celle-là tuée à petits coups
lents et répétés de façon qu'elle se sentît mourir[1]; en
quoi Néron, qui faisait trancher la tête à Cornelius Sylla
et à Rubellius Plautus, coupables seulement de porter de
grands noms, ouvrir les veines à Soranus et à Thraséa,
coupables d'être « la vertu même »[2], qui, selon Suétone,
« frappait à tort et à travers sans choix ni mesure, sous
quelque prétexte que ce fût, et, fier de tant d'exploits,
déclarait orgueilleusement que ses prédécesseurs n'a-
vaient pas su ce qu'il leur était permis d'oser[3] » ; en
quoi, je le demande, tout-puissants et féroces, diffé-
raient-ils l'un et l'autre des monarques absolus de
l'Asie? Ce régime, dont parle Tacite, qui n'est ni la
pleine liberté ni la pleine servitude, qui veut donc être
une sorte de monarchie tempérée, avant Nerva et Trajan
Rome ne le connaissait point. C'est Nerva qui en donna
le premier modèle, qui le premier unit, pour reprendre
un autre mot de Tacite, « le principat et la liberté[4] ».
Jusque-là les deux choses avaient paru incompatibles.
Ici encore l'historien était éclairé par une expérience
qui a manqué à Galba, et il a projeté dans le passé ce
qui n'était vrai que de son époque, prêtant à son
orateur d'occasion une belle théorie libérale, à laquelle
le vieux soldat autoritaire n'avait sans doute jamais
pensé.

Ainsi non seulement par son allure générale, mais
encore par ses idées particulières, ce discours ne semble

1. Suétone, *Calig.*, 26, 27, 30.
2. Tac., *Ann.*, XIV, 57-59; XVI, 21.
3. Suét., *Ner.*, 37. — 4. Tac., *Agric.*, 3.

guère convenir à celui qui est censé l'avoir débité. Mais
pourquoi, là et ailleurs, Tacite, voulant exposer des
vues personnelles, ne les a-t-il pas exposées en son
nom? Parce que le procédé de l'orateur intermédiaire
lui offrait certains avantages, qu'il n'est pas malaisé d'a-
percevoir. D'abord, comme il parlait sous le couvert
d'un autre, il pouvait parler plus hardiment; et quoique
ses hardiesses n'aient rien, si l'on veut, de bien subver-
sif, il n'en avait pas la complète responsabilité devant
l'auditoire mondain, toujours un peu susceptible et om-
brageux, d'opinions probablement diverses, auquel il
soumettait ses *Histoires*. Et cependant l'auteur paraissait assez derrière son personnage, pour donner aux paroles prononcées ce caractère de hors-d'œuvre artistique
qui faisait d'un discours le morceau de lecture par excellence.

C'est par là, je l'ai dit, que se rejoignent toutes nos
variétés de discours. Qu'ils aient telle ou telle fin secondaire, comme de peindre une âme, d'expliquer une situation, de développer la pensée de l'historien lui-même,
ils veulent avant tout être une œuvre soignée et raffinée
de littérateur. Et sans doute le trait s'accuse dans ceux
qui ne sont que des exercices d'école; mais il n'est pas
complètement effacé des autres. J'ai signalé ailleurs
dans le discours de Galba le côté de rhétorique, les
maximes brillantes, les antithèses, les phrases à effets[1].
Dans le discours même de Pison, discours à intentions
psychologiques, la rhétorique se reconnaît au dédain de
l'exactitude matérielle. Peut-on approuver par exemple
cette assertion de l'orateur que l'avènement de Galba
s'est opéré sans effusion de sang[2], comme si ce n'était
rien vraiment que d'avoir égorgé l'ancien consul Tur-

1. Voir p. 211.
2. Tac., *Hist.*, I, 29 : *Solacium proximi motus habebamus incruen-
tam urbem.*

pilianus et le consul désigné Cingonius Varro[1] ; ou cette
autre, que les prétoriens, en trahissant Galba, donnent
un funeste exemple de licence qui pourra gagner la
province[2], comme si ce n'était pas de province déjà, et
proclamé par la 6ᵉ légion d'Espagne, que Galba lui-
même était venu à Rome occuper le pouvoir? Evidemment, dans ces morceaux isolés et qui sortent du cadre,
l'auteur se croyait autorisé à plus de libertés. Mais surtout,
rien n'était plus conforme à l'esprit de la rhétorique que
de montrer aussi peu de scrupules sur le choix des arguments et de sacrifier avec cette belle allégresse la
vérité des faits aux besoins de la cause.

III

Encore, dans les deux genres de discours qui précèdent, les fins secondaires sont-elles importantes, et parfois d'un extrême intérêt. Mais le plus souvent il arrive
que le discours est pour Tacite un sujet simplement
littéraire, un morceau d'art qu'il traite en lui-même
et uniquement pour lui-même, ou un sujet d'école
qu'il développe comme il l'eût fait dans une salle de
déclamation, avec tous les procédés de l'école. Alors la
rhétorique domine en maîtresse. C'est elle qui introduit
ces discours contradictoires, véritables *controversiae,* où
les deux thèses pour et contre sont débattues avec une
virtuosité égale, soit que les orateurs se répondent en
présence l'un de l'autre dans une même discussion, soit
qu'à plusieurs chapitres d'intervalle, ou même dans
deux livres différents (ce qui trahit à plein l'artifice), ils

---

1. I, 6. Dans ce chapitre Tacite donne lui-même un démenti à
Pison : « *Tardum Galbae iter et cruentum.* »
2. I, 30 : *Transcendet haec licentia in provinclas.*

se répondent sans le savoir et seulement parce que l'auteur l'a voulu[1]. C'est d'elle aussi que relèvent ces autres discours, non plus contradictoires, mais symétriques et parallèles encore, où Tacite se plaît à prendre et reprendre un même thème, pour montrer la fécondité de ses ressources et la souplesse de son talent[2]. Toute cette gymnastique oratoire vient de l'école. De l'école également, les monologues dramatiques, issus des *suasoriae,* où le personnage, placé dans une situation difficile, délibère avec lui-même sur la conduite à tenir[3]. De l'école toujours, les pensées générales qui visent à la profondeur, les maximes aiguisées en pointes et réservées pour le trait de la fin, les oppositions d'idées et de mots, les cliquetis, les *sententiae,* cette forme nouvelle sous laquelle, sans avoir renoncé à l'ancienne, la rhétorique se présentait au temps de l'Empire : le brillant et l'ingénieux désormais, ou le subtil et le piquant, à côté de l'emphatique et du sonore. De l'école enfin (mais ici son action avait meilleur effet), ce que j'appellerai les discours de vraisemblance. Ceux-ci du moins, s'ils n'ont pas été tenus, auraient pu l'être, parce que les idées ou les sentiments exprimés, les arguments développés sont ceux qu'il est *vraisemblable* de supposer, d'après la logique des choses et des caractères, que le personnage

1. Par ex. I, 29-30 Pison essaie de retenir les prétoriens dans le devoir; I, 37-38 Othon les pousse à la révolte. — IV, 7 Helvidius demande que les sénateurs députés auprès de Vespasien soient élus; IV, 8 Marcellus, qu'ils soient tirés au sort. — II, 32 Suetonius dans le conseil de guerre de Bédriac conclut qu'il faut temporiser; III, 2 Antonius, dans le conseil de guerre de Pœtovio, qu'il faut attaquer sur-le-champ.

2. Par ex. trois fois Othon, s'adresse aux prétoriens I, 37-38; I, 83-84; II, 47. — Trois fois Civilis excite les Bataves et les Gaulois contre les Romains IV, 14; IV, 17; IV, 32.

3. I, 21; II, 74-75. — Voir des sujets de *Suasoriae* analogues : *Deliberat Alexander an Oceanum naviget, an Babylona intret. — Deliberat Cicero an Antonium deprecetur, an scripta sua comburat,* etc.

historique, s'il avait pris la parole, aurait exprimés ou
développés pour son compte; discours souvent ano-
nymes d'ailleurs, qui sont la voix d'une collectivité et
par lesquels un groupe, une foule plus ou moins nom-
breuse analyse, à la place de l'auteur, la situation présente ou définit son état d'âme.

Lorsque les Lyonnais, jaloux des Viennois, poussent
l'armée flavienne à exterminer ces voisins qu'ils détes-
tent[1], lorsque les légionnaires murmurent contre Valens
leur général[2] et les Bataves contre leur chef Civilis[3],
lorsque l'entourage de Vitellius force l'empereur à
rejeter toute transaction avec ses adversaires[4], ou que
les Romains entrés dans Trèves demandent à Cerialis de
détruire la colonie rebelle[5], à quoi servent ces discours,
sinon à exprimer des réflexions collectives que Tacite
nous aurait, à peu près aussi bien, données en son nom?
Que de telles réflexions aient pu être exprimées sous
cette forme, il n'est point invraisemblable; qu'elles
l'aient été réellement, nous n'en savons rien, et Tacite
ne le savait pas davantage. L'historien a cru rendre ainsi
son étude plus vivante; le psychologue, sa psychologie
plus pathétique. Lui en ferons-nous un reproche? Les
discours compris de la sorte, c'est la part du drame dans
l'histoire ancienne.

Mais sur cette route on peut aller loin. Puisque, non
content de scruter les intentions, les mobiles, on veut
les rendre comme palpables au lecteur et donner une
voix aux plus secrètes pensées, pourquoi s'en tenir à
l'âme indistincte des foules? Pourquoi, recourant au
monologue, ne pas traduire également au dehors les
débats d'une âme individuelle en lutte avec elle-même?
La tragédie donnait des exemples, dont l'école avait

1. *Hist.*, I, 65. — 2. II, 28. — 3. V, 25. — 4. III, 66. —
5. IV, 72.

déjà fait son profit. Tacite imite ces exemples à son
tour; et ce sont bien des monologues de tragédie que,
deux fois au moins, nous trouvons chez lui. Rappelons-nous cette scène où Othon, après que l'adoption
de Pison a ruiné ses espérances, s'excite à la révolte
contre Galba qui l'a écarté de l'empire. Il se parle
ainsi : « Oui, le moment d'agir est venu, le moment
d'oser, tandis que Galba chancelle et que Pison n'est
pas encore affermi. Les transmissions du pouvoir sont
favorables aux grandes entreprises ; il n'y a pas à
balancer, quand le repos est plus dangereux que la
témérité »[1]. Et rappelons-nous ces chapitres où Vespasien, au moment de se décider à la guerre civile, s'in-
terroge anxieusement, calcule les dangers, nous révèle
ses raisons d'hésiter, comme Auguste dans le *Cinna*
de Corneille découvre pour le spectateur seul ses luttes
intérieures : « Quel jour, quelle audace de livrer aux
hasards de la guerre soixante années de vie et deux
fils dans leur fleur ! Un simple particulier, quand il
nourrit des projets, s'avance, se retire, risque plus ou
moins, à son gré, sur les coups de la fortune. Pour
qui aspire à régner, point de milieu entre le trône et
le précipice[2]. » Tacite, naturellement, imaginé ces
monologues. Conventions au théâtre, ce sont de pures
fictions en histoire. Soit; mais si la fiction est saisissante? si le vraisemblable, mis à la place du vrai, est
un vraisemblable rendu dramatique? Le but poursuivi
par l'auteur n'est-il pas atteint? Le biographe Plutarque, qui nous parle de la colère d'Othon[3], ne nous
la montre pas, comme l'historien, déjà presque en
action et s'épanchant devant nous. Il ajoute même que
les entretiens d'amis, qui étaient venus s'indigner auprès du candidat évincé et le plaindre, contribuèrent

1. I, 21. — 2. II, 74. — 3. Plutarque, *Galb.*, 23.

beaucoup à l'aigrir. Tacite a préféré le laisser seul en
face de lui-même, dans un tête-à-tête tragique avec sa
conscience où toutes les mauvaises passions ont déchaîné
l'orage[1].

Notez que cet art dramatique est souvent de l'art déclamatoire. La rhétorique, pour ne point inspirer seule le
monologue, ne consent pas à s'effacer. Drame et éloquence emphatique y associent leurs effets, selon les traditions les plus ordinaires de l'école. Ecoutez ce qui
suit : « Peut-on craindre d'agir, lorsque l'audace est
moins dangereuse que l'inaction? La mort, la nature la
fait égale pour tous ; l'oubli ou la gloire, toute la différence est là, dans la postérité. Coupable ou innocent,
s'il faut également périr, il est d'un homme plus mâle
de périr en l'ayant mérité[2]. » Othon a mis à son masque
l' « oncos » des tragédiens, il est sur une estrade, il
déclame. Et notez enfin de quoi est fait son couplet. Il
consiste en vérités générales, en maximes universelles.
Or c'est un trait qu'il convient de mettre en lumière :
Tacite recherche les grandes pensées, parce qu'elles lui
servent à introduire ses réflexions psychologiques, mais
aussi parce qu'elles lui sont une occasion d'antithèses,
de traits brillants, de formules sonores ; et pour cette

1. Le caractère de monologue que j'attribue au passage (I, 21)
ne me paraît guère contestable. 1° Avec *fingebat et metum* on ne
peut sous-entendre que *sibi*, et non *aliis* ou *ceteris*, à cause de *quo
magis concupisceret* qui suit. *Sibi* est d'ailleurs plus facile à sous-
entendre que *aliis* ou *ceteris*. — 2° La phrase *occidi Othonem
posse*, qui a surpris, et que l'on a supprimée comme une glose ou
corrigée en remplaçant *Othonem* par *Pisonem*, se comprend dans la
forme du monologue, où il n'est pas rare d'entendre un personnage s'interpeller par son nom (cf. le monologue d'Auguste dans
Cinna, IV, 2 : « Rentre en toi-même, Octave, et cesse de te plaindre — Octave, n'attends plus le coup d'un nouveau Brute »). Sans
compter qu'ici le nom propre prend une signification ironique ;
Othon seraille lui-même : « Oui, le bel Othon n'est pas à l'abri du
poignard. »
2. *Hist.*, I, 21.

raison, il n'en a mis nulle part autant que dans ses harangues.

Ainsi le discours de Mucien [1], destiné à persuader Vespasien d'accepter la candidature impériale, débute par des considérations sur les hommes qui méditent de hautes entreprises, et se termine par la *sententia* obligatoire, ramassée en quelques mots frappants qui s'opposent : « parler de rébellion, c'est être déjà rebelle, *qui deliberant desciverunt* ». — Les amis de Vitellius, quand ils veulent le détourner de composer avec le parti flavien et le poussent à la résistance, se conforment avec soin au précepte : *augere, amplificare rem*. Ils réservent, pour la fin de leurs exhortations, l'idée générale qui doit appuyer et renforcer les idées particulières : « Mourir pour mourir, mieux vaut périr vaincus que soumis ; seule importe la question de savoir si l'on rendra le dernier soupir sous le mépris et l'insulte ou dans l'effort d'un généreux courage [2]. » — Othon et ses soldats font assaut de sentences [3]. Lorsque, déprimé par les mauvaises nouvelles venues de Bédriac, l'empereur a résolu de se tuer, Plotius Firmus, au nom des prétoriens, le supplie de renoncer à son dessein : « Il y a plus de grandeur d'âme à souffrir le malheur qu'à s'y soustraire. Les braves, en dépit de la fortune, s'obstinent à espérer ; les faibles et les lâches sont précipités au désespoir par la crainte. » Il lui apporte comme arguments une série de maximes, auxquelles Othon, pour ne pas être en reste, répond par une autre série de maximes : « Il ne faut point calculer le temps que durent les faveurs du sort ; la modération est plus difficile, quand on n'a pas compté sur un long bonheur... Ne tardons pas davantage ; parler trop de sa fin est un commencement de lâcheté. La meilleure preuve de ma résolution immuable,

1. II, 76-77. — 2. III, 66. — 3. II, 46-47.

c'est que je n'accuse personne. Qui se plaint des dieux ou des hommes tient encore à la vie. »

Les exemples précédents, qu'on multiplierait sans peine, trahissent donc l'influence de l'école. L'école aimait les vérités de cette sorte, parce qu'étant très générales elles sont aussi très communes et que le lieu commun, qui est de la vérité *vraisemblable*, constitue la base même de la rhétorique. Mais, d'autre part, il lui fallait éviter la banalité, dont on s'accommodait aisément aux époques plus anciennes, quand tout ou presque tout du domaine moral paraissait chose neuve à des admirateurs un peu naïfs, mais dont on ne voulait plus dans des temps aussi cultivés que ceux de l'Empire. Elle était donc obligée de rajeunir la forme, ne pouvant rajeunir le fond, d'habiller les idées d'autrefois et de toujours à la mode du jour, de se faire pardonner ce qu'elle disait par la façon de le dire. Ingéniosité même subtile et obscure, finesse poussée jusqu'au raffinement, éclat même factice, il n'était rien en cet ordre qu'elle ne s'efforçât de mettre au service de l'expression. Or Tacite fait-il souvent autre chose dans ses discours? N'y recherche-t-il pas les traits à la Sénèque, cette manière épigrammatique de traduire sa pensée, qui ne s'attend point, laisse un instant à deviner et parfois aurait besoin de quelque commentaire? « *Satis clarus est apud timentem quisquis timetur.* — *Diutius durant exempla quam mores,* — *Optimus est post malum principem dies primus,* etc.[1] » Lui, d'ordinaire profond, ne continue-t-il pas d'affecter la profondeur dans ses harangues, même quand il a désespéré de l'atteindre? Lui, souvent merveilleux d'éclat, ne veut-il pas y briller encore, briller à tout prix, même si ce brillant ne doit plus être que du brillanté? Les légions de Germanie ont refusé de s'associer à la défection de la

____
1. II, 76; IV, 42; IV, 42.

flotte de Ravenne et s'indignent contre Cécina qui leur a
proposé de trahir Vitellius. En quels termes? « Quoi!
disent-elles, nous n'avons vaincu Othon que pour voir
tant de milliers d'hommes armés livrés comme un trou-
peau d'esclaves à Antonius, un banni! Huit légions se
mettront à la remorque de quelques gens de mer! Il a
plu à Cécina, il a plu à Bassus, après avoir volé au
prince palais, jardins, trésors, de lui voler aussi son
armée. Méprisée des Flaviens eux-mêmes pour s'être
rendue à eux sans combat, avec des forces intactes, que
répondra-t-elle, quand on lui demandera compte ou de
ses victoires ou de ses défaites[1]? » Est-ce ainsi que des
soldats ont dû parler? avec ces antithèses? sur ce ton? Je
ne reconnais plus l'historien soucieux d'être vraisemblable, sinon vrai? J'y vois l'homme d'école ou le lecteur
des *recitationes* occupé à flatter le faible de son public.

IV

C'est que — il faut en venir là au terme de notre enquête — Tacite n'a pas, sur le but à assigner aux discours en histoire, d'idée bien arrêtée, ni ne se restreint
par conséquent à l'emploi de procédés bien définis. Ou
plutôt il n'a qu'un but : faire quelque chose qui soit digne
de lui et de sa réputation d'orateur; et tout procédé lui
est bon qui saura l'y conduire. Nous avons établi plus
haut des catégories entre ses discours, mais pour la com-
modité de l'étude, et nous remarquions déjà qu'elles
se pénétraient l'une l'autre. Il est préférable maintenant
d'insister sur le principe commun dont elles dérivent :
quand Tacite fait parler un personnage ou un groupe
de personnages, il les fait parler en s'y appliquant de

1. III, 13.

son mieux, comme du temps où il était chez le rhéteur :
les discours qu'il leur prête, il les veut beaux, le plus
beaux possible, dans l'intérêt de sa gloire.

S'agit-il de mettre en scène Eprius Marcellus, délateur odieux, encore souillé du noble sang de Thrasea;
Eprius n'en prononcera pas moins dans le sénat des paroles qui seront la sagesse même au point de vue politique[1]. Cette bouche qui a vomi l'insulte aura la charge
de prêcher la modération; elle donnera d'utiles conseils
à la raideur intransigeante d'Helvidius. De même pour
Othon. Ses trois discours successifs aux soldats sont
caractéristiques de la position où entend se placer Tacite
orateur. Chaque fois qu'Othon prend la parole, il se présente à nous sous un jour avantageux, alors qu'en réalité, une fois au moins, les circonstances ne furent pas
telles qu'il dût apparaître en si belle posture.

Le voici venu au camp pour remercier ceux des prétoriens qui l'ont déjà proclamé empereur et solliciter le
concours des autres, dont il a besoin pour renverser
Galba. Selon Suétone, il se fit humble, petit, tâchant
de gagner les cœurs par des promesses, affirmant qu'il
ne garderait du pouvoir que ce que les soldats consenti-
raient à lui en laisser[2]. Et c'est ainsi, à coup sûr, que les
choses se passèrent; on ne se montre pas arrogant,
quand on recrute des complices pour un mauvais coup.
Chez Tacite l'attitude est tout autre[3]. Othon demande
résolûment qu'on le suive; il déclare à ses auditeurs
qu'il les tient enchaînés à sa cause, parce qu'il les a
compromis, et qu'il leur faut aller jusqu'au bout avec

1. IV, 8 : *Se meminisse temporum quibus natus sit...; ulteriora
mirari, praesentia sequi; bonos imperatores voto expetere, quales-
cumque tolerare.*
2. Suétone, *Oth.*, 6 : *id demum se habiturum, quod sibi illi reli-
quissent.*
3. Tac., *Hist.*, I, 37.

lui, ou mourir. Cette attitude-là n'est pas naturelle et elle
est contredite par celle que Tacite lui-même a dépeinte
dans le chapitre antérieur. Peut-il donc le prendre maintenant de si haut, ce candidat à l'empire que nous venons
de voir « tendant les mains vers la foule, prodiguant les
marques de respect, envoyant des baisers et faisant, pour
devenir le maître, toutes les bassesses d'un esclave, *omnia serviliter pro dominatione* »[1] ? Tacite a oublié son personnage, oublié la situation, et n'importe qui, voulant
ameuter les prétoriens contre Galba, aurait pu parler
comme Othon. Mais le morceau en lui-même, détaché
des circonstances particulières, a de l'éclat. Il fait admirer le talent de celui qui l'a composé. Cela suffit.

La seconde fois, à la suite d'une sédition où Rome
faillit être mise au pillage et une partie des sénateurs
massacrée, Othon s'est de nouveau rendu au camp de
la porte Viminale. Après avoir loué les prétoriens de
leur attachement à l'empereur (c'était par excès de zèle,
et croyant à un complot des nobles contre Othon, qu'ils
avaient voulu exterminer les ennemis de César), il leur
vante la nécessité de la discipline, sans laquelle il n'y a
plus ni chefs ni soldats ni succès à la guerre, et le respect dû au sénat, « tête de l'empire, élite et honneur de
toutes les provinces »[2]. Ici Tacite est porté par la situation. Il n'a point d'effort à faire pour trouver un thème
à beaux développements ; les événements eux-mêmes le
lui fournissent. Il se peut que, dans la réalité, Othon
ait moins songé que l'écrivain aux idées générales et, se
tenant plus près de terre pour marcher plus droit à son
but, se soit borné à traiter les quelques idées fort simples
que Plutarque mentionne : « je remercie la majorité de
son dévouement ; il y en a parmi vous dont les intentions ne sont pas aussi pures ; aidez-moi à punir les cou-

____
1. I, 36. — 2. I, 83-84.

pables[1]. » Tacite aura voulu encore embellir sa matière ; mais ces hautes considérations qu'il aime ne sont pas, après tout, inadmissibles en la circonstance : et nous savons qu'il n'en faut pas demander davantage aux historiens de l'antiquité.

La troisième fois Othon, sur le point de se suicider, expose à ses soldats pourquoi, malgré leurs prières, il demeure ferme dans son dessein[2] : « sa mort mettra fin à la guerre civile ; il se sacrifie pour la patrie ; en particuculier, il se tue pour que vivent les généreux citoyens qui soutenaient sa cause. » La vraie raison du suicide fut, nous le savons, d'un autre ordre, et de l'ordre physique plus que de l'ordre moral : comme les choses dès l'abord n'allèrent pas à son gré, ce nerveux, incapable de réagir contre le découragement, résolut d'en finir plutôt que de rester dans l'attente. Accessoirement, il est vrai, la pensée d'arrêter une effusion de sang qu'il jugeait inutile, dut se présenter à son esprit ; car Suétone, qui connaît ces événements de bonne source par son père, tribun de légion et témoin oculaire, rapporte que l'empereur, voyant un obscur soldat se percer de son glaive pour lui prouver sa fidélité, s'écria : « Non, je ne veux plus rejeter dans les périls de tels défenseurs, si braves et si dévoués[3]. » De cette idée accessoire Tacite s'est emparé, parce qu'elle prêtait à l'éloquence. Elle devient le canevas sur lequel il brode son discours ; mais parce qu'il y concentre tout son effort, il l'amplifie, l'exagère. Ce thème, traité comme un thème d'école, subit le grossissement habituel dans l'école. Othon apparaît comme un homme au grand cœur qui s'est mesuré avec la fortune et, vaincu par elle, noble victime, tombe et meurt sans se plaindre. C'est un stoïcien, c'est quel-

1. Plutarque, *Oth.*, 3.
2. Plut., *Oth.*, 15 ; Tac., *Hist.*, II, 47.
3. Suétone, *Oth.*, 10.

que héros des tragédies de Sénèque ou, si l'on préfère,
c'est un déclamateur. Il donne là un parfait échantillon
d'éloquence dans le goût des contemporains.

Ces discours des *Histoires*, qui tantôt reflètent la pensée des orateurs eux-mêmes et tantôt n'expriment que la
pensée de l'auteur, tantôt en conformité et tantôt en contradiction avec le caractère de ceux qui les prononcent,
respectant et violant la vraisemblance tour à tour, servant à expliquer une situation donnée ou ne cherchant
pas à être mieux que des hors-d'œuvre, ces discours,
avec leurs tendances diverses au point d'être opposées,
seraient déconcertants à étudier, si l'on ne découvrait la
clef de ces divergences bizarres dans une nécessité qui
aux yeux de Tacite, je le répète, prime toutes les autres.
Il veut qu'à chaque fois on puisse dire de lui : Comme
il a bien parlé! Mais aussi ses harangues ne sont pas
ce qu'il y a de meilleur dans son œuvre; loin de là.
Elles fournissent même à ses défauts l'occasion et le
moyen de se manifester davantage. Malgré tout, elles
demeurent intéressantes parce que, aucun monument ne
nous étant parvenu d'une éloquence qui fut la première
de son siècle et notre curiosité s'attachant à en relever
les moindres vestiges, ce sont elles encore, et elles seules,
qui nous permettent d'avoir quelque idée de ce que
fut autrefois, dans sa jeunesse, Tacite orateur.

V

Un point curieux reste à toucher : chez cet élève des
rhéteurs, les scrupules de l'historien parfois se réveillent.
Nous trouvons trop nombreux les discours des *Histoires?*
M. Jules Martha a très bien montré qu'ils ne le sont
pas autant qu'ils pourraient l'être[1]: Beaucoup d'entre

---

1. *Revue des Cours et Conférences*, 1895, t. III, 2, p. 562 et suiv.

eux sont en style indirect. Or cet emploi, à lui seul déjà,
est une indication. Se servir du style indirect, c'est
renoncer à donner l'illusion complète d'un discours réel;
autrement il est trop clair que le style direct s'impose.
Mais alors, si l'on ne cherche plus l'illusion, ne trou-
vera-t-on pas bientôt inutile de rédiger un discours avec
toute l'ampleur qu'il comporte? Ne jugera-t-on pas qu'il
suffit de se borner aux arguments principaux, et sans
même qu'il soit nécessaire de les développer? Un seul
argument paraîtra suffisant peut-être, celui en qui se résume la thèse de l'orateur; et du discours proprement dit
on finira ainsi par tomber au compte rendu, à l'analyse
pure et simple du discours. La chose s'est produite dans
bon nombre de passages des *Histoires* : Tacite abrège,
résume, poussé par son goût de condensation. Deux
exemples que cite M. Martha sont, entre autres, particulièrement instructifs, car ils sont empruntés à quelque
délibération en conseil chez l'empereur. Toute circonstance où l'on délibère est, on le sait, une assez bonne
occasion de harangues. Qu'on juge pourtant de ce qui
advient en celles-ci.

Après que Galba eut choisi Pison pour successeur, les
grands personnages réunis au Palais se demandaient par
quelle voie ils notifieraient l'adoption au public. Mon-
terait-on à la tribune? irait-on au sénat ou au camp?
De toute la discussion, qui dut être longue, Tacite ne
retient qu'un discours, et de ce discours il ne retient
que la raison qui parut décisive : « On résolut d'aller
au camp : cette préférence honorerait les soldats, qu'il
est mal sans doute de chercher à gagner par l'argent et
la brigue, mais dont la faveur est souhaitable, quand
elle s'acquiert par des moyens honnêtes[1]. » C'est tout.
Il y avait mieux à dire, on l'avouera, pour un historien

1. Tac., *Hist.*, I, 17.

ami des discours. — Dans l'autre conseil la discussion
fut orageuse; les orateurs étaient animés les uns contre
les autres « par des haines privées opiniâtres[1] ». En
outre on venait d'apprendre le complot d'Othon et la
révolte des prétoriens; la situation était trop grave pour
qu'aucun des personnages présents se renfermât dans le
silence. Cependant un seul est nommé, le consul Vinius;
l'opinion adverse demeure collective et anonyme. Et ce
n'est pas là, comme chez Thucydide, une simplification
idéale de la réalité. Thucydide aussi réduit le nombre
des discours, et dans les plus grands débats il ne fait entendre qu'une voix ou deux, jamais davantage; mais
le débat garde toute son ampleur; bien mieux, chaque
discours contient en lui tout ce qu'on peut dire, tout ce
qui a pu être dit par les différents orateurs d'une même
thèse dans la circonstance donnée ou par le même orateur, à diverses reprises, dans des circonstances analogues. Chez Tacite, c'est chaque discours qui est réduit à
l'essentiel; il y a volonté manifeste de ne pas faire œuvre
d'éloquence. « Vinius était d'avis que l'on restât au Palais, afin d'y armer les esclaves et d'en fortifier les ave-
nues, sans aller affronter des furieux. On laisserait ainsi
du temps aux mauvais pour se repentir, aux bons pour
se concerter. Le crime gagne à se précipiter; les sages
résolutions triomphent en se mûrissant. Enfin si, plus
tard, il semblait raisonnable de prendre l'offensive, on
le pourrait toujours; mais revenir sur ses pas, après
s'être trop engagé, cela ne dépendrait plus que d'autrui[2]. » Qui ne sent que c'est une matière de discours,
avec l'indication et l'ordre des paragraphes, mais que le
discours reste à faire?

Canevas ou résumés de discours, comme on voudra
les appeler, c'est encore quelque chose. Voici des cas

1. I, 33. — 2. I, 32.

où le discours, qu'on attendait, n'a même pas reçu
un commencement d'existence. Nous connaissons par
Tacite le noble langage que tint Galba dans la cérémonie où Pison fut adopté. Une question nous vient à
l'esprit : Pison n'a-t-il donc rien répondu ? Il remercia
au contraire, et en fort bons termes, avec respect
pour son père et son prince, avec modestie en ce qui
le concernait[1]. Mais Tacite ne nous permet pas d'en
juger : il se borne à nous apprendre que la réponse
eut lieu. A-t-il craint d'affaiblir, par un autre discours
placé en regard, l'effet de la harangue de Galba ? A-t-il
préféré remettre à plus tard, devant les prétoriens révoltés, le moment de peindre cette figure d'honnête
homme, « qui semblait mériter l'empire plus que le
désirer[2] » ? Constatons le fait : il y a eu un remercie-
ment de Pison à Galba, et Tacite ne l'a pas reproduit.
— Après avoir présenté Pison aux soldats, Galba le
présenta aux sénateurs. Il parla au sénat ; Pison parla
à son tour. Pour tout renseignement, dans l'ouvrage,
une seule remarque : le premier discours fut sans ornement, le second non sans prévenances[3]. Quant à donner les morceaux eux-mêmes, Tacite ou a négligé, ou
s'est abstenu de le faire. — Même négligence toujours
ou même abstention, quand l'Helvète Cossus, « connu
pour son éloquence », demande grâce aux Romains en
faveur de sa patrie vaincue[4], quand Othon pardonne à
Marius Celsus, le consul désigné, sa fidélité pour
Galba[5], quand les deux préfets du prétoire, Proculus et
Claudius, essaient de calmer leurs soldats dont la sédition a jeté Rome dans l'effroi, « l'un avec la douceur,

1. I, 17. — 2. I, 17. — 3. I, 19.
4. I, 69. — Le discours fut assez émouvant pour avoir arraché
des larmes aux vainqueurs.
5. I, 71. — Plutarque (*Oth.*, 1) donne un sommaire des deux
discours.

l'autre avec la sévérité de son caractère[1] », quand Vitellius au camp de Ticinum et plus tard à son entrée dans Rome, Mucien au théâtre d'Antioche, Vespasien à son quartier général de Césarée, haranguent leurs légions, la foule, le sénat[2]. Que d'occasions offertes et, du point de vue d'un ancien, que d'occasions perdues !

Mais nous, que devons-nous en conclure ? Ceci, semble-t-il : que Tacite, dans les *Histoires*, n'a pas pris un parti bien net (qu'il ne prendra, d'ailleurs, jamais complètement), entre son désir de respecter des traditions d'art, qui lui plaisent, et le sentiment, qui naît et grandit en lui, des exigences de la science. Ces traditions lui commandent d'insérer des discours dans son ouvrage, et des discours qu'il revêtira de son style, qu'il fabriquera au besoin ; ces exigences lui commandent de n'en point insérer, puisqu'il ne peut le faire qu'à des conditions auxquelles l'esprit scientifique refuse de souscrire. Le résultat est qu'il tâche de donner une place aux unes et aux autres, de concilier ses goûts d'artiste amoureux des belles paroles avec ses scrupules d'historien soucieux de la vérité. Il introduit des discours, mais non pas tous les discours qu'il pourrait introduire. Parmi ceux qui s'offrent, il choisit.

Comment procède-t-il dans ce choix ? Suivant une règle déterminée ou suivant son caprice ? M. Martha, ingénieusement, croit découvrir un système. Remarquant que les grands discours développés sont inutiles (entendez : ne servent point à l'intelligence des faits), et qu'on les supprimerait sans qu'il manquât rien au récit, il pense que c'est justement leur caractère de hors-d'œuvre qui leur a mérité d'être conservés par Tacite. Notre auteur aurait alors d'autant moins hésité

---

1. Tac., *Hist.*, I, 82. — 2. *Hist.*, II, 89 et 90 ; II, 80.

à lâcher la bride à son éloquence que ces morceaux, tenant plus mal au corps de l'ouvrage, donnaient moins le change sur ce qu'ils avaient de fictif ; du moment que l'on ne risquait plus de tromper le lecteur, il devenait sans danger de se permettre quelques brillants exercices d'école. Ainsi aurait pensé Tacite. Il serait donc intervenu un curieux compromis entre l'orateur et l'historien, tous deux s'entendant pour avoir chacun son domaine. A l'historien les discours vrais et qui font partie intégrante du récit, mais dont il ne sera plus rapporté qu'un sommaire. A l'orateur les discours fictifs, qui seront traités avec grand appareil, mais qui n'ont plus aucune utilité dans l'ensemble.

Encore une fois, la thèse est ingénieuse. Pour qu'elle fût sûrement exacte, il faudrait être en mesure de prouver la contre-partie, à savoir que tous les discours dont il n'est rapporté qu'un sommaire ont été réellement prononcés et font partie intégrante du récit. Or, quand on envisage soit un groupe soit un autre, on ne s'aperçoit pas qu'il y ait entre eux si grande différence. Les monologues d'Othon et de Vespasien sont en style indirect[1] ; en sont-ils moins tous deux des fictions évidentes ? et le premier en est-il moins théâtral ? Le discours d'Antonius au conseil de guerre de Poetovio se termine en style direct[2] ; cesse-t-il d'être utile à l'intelligence de ce qui va suivre ? Le discours d'Eprius Marcellus, présenté en style indirect et sous forme certainement abrégée, expose les idées personnelles de Tacite, tout comme le grand discours de Galba tenu directement à Pison[3]. Pourquoi, dans les deux cas, poursuivant le même but et faisant de son personnage un simple porte-parole, l'auteur a-t-il employé tour à tour deux procédés différents ? Pourquoi encore, de deux discours prononcés au

1. I, 21 et II, 74-75. — 2, III, 2. — 3. IV, 8 et I, 15-16.

sénat dans des circonstances semblables, l'un, celui
d'Helvidius Priscus contre le délateur Marcellus, est-il
seul analysé ? tandis que l'autre, celui de Curtius Montanus contre le délateur Régulus, est largement traité,
sous la forme directe [1]. Et pourquoi, s'il fallait varier la
manière afin d'éviter la monotonie, le traitement de
faveur s'est-il attaché à Montanus plutôt qu'à Helvidius ?

En réalité, la règle générale qui a guidé Tacite
dans chaque cas particulier, n'est pas facile à saisir, à
supposer qu'elle existe. Mais ce qui reste vrai, c'est que,
après avoir fait un choix entre les discours à récrire ou
à inventer et les discours à résumer ou à mentionner
seulement, et mis sa conscience d'historien en repos
par de fréquents hommages rendus à la vérité historique, Tacite s'est cru autorisé pour le surplus à
reprendre sa liberté d'orateur, et que, là où il l'a reprise,
sans arrière-pensée ni remords il s'est abandonné à ses
habitudes d'autrefois, à sa rhétorique, retombant avec
délices dans son péché de jeunesse.

1. IV, 7 et IV, 42.

CHAPITRE CINQUIÈME

LE STYLE

Parti de la forme cicéronienne et du style oratoire, qui sont ceux du *Dialogue* et même de l'*Agricola*, pour aboutir à la phrase des *Annales*, presque entièrement dépouillée d'éloquence, étonnante d'originalité, de hardiesse, de vigueur ramassée, de condensation d'où jaillissent des éclairs, Tacite a singulièrement évolué dans sa façon d'écrire, et peut-être plus qu'aucun autre Latin. Le disciple est devenu un maître à son tour, et quel maître ! Les *Histoires*, à mi-route, sont au point de croisement des influences, de celles qui regardent encore le passé et de celles qui préparent l'avenir, de l'éducation qui subsiste et du tempérament qui se fait jour. Là comme ailleurs, elles occupent cette position intermédiaire qui les rend si intéressantes à étudier.

De nombreux travaux, considérant, il est vrai, plutôt l'ensemble de l'œuvre que les ouvrages particuliers, ont paru sur la langue et le style de Tacite[1]. Il ne s'agit donc pas de refaire ce qui a été déjà fait, et parfois fort bien fait, et je me contente de renvoyer à ces travaux pour tout le détail de grammaire. Mais sur un écrivain comme celui qui nous occupe, chacun croit avoir, j'ajoute : doit avoir son mot d'appréciation à dire. C'est le mien que j'apporte, avant de prendre congé de notre auteur. Je me restreindrai au style des *Histoires*, et je m'attacherai surtout à ce qui est, avec le vocabulaire, le fond de tous les styles, à la structure de la phrase ; j'en marquerai les caractères généraux et les grands traits, des traits assez précis cependant pour achever de dessiner cette physionomie d'artiste, que les récits et les tableaux, les portraits et les discours nous ont plus qu'aux trois quarts présentée.

I

La période, la phrase oratoire par excellence, est aussi la forme préférée de l'art classique, qui trouve à y satisfaire son besoin d'ordre, d'unité, de logique, et son goût d'une certaine grandeur majestueuse et ample. Une période est un tout. Chaque période exprime une idée entière, j'entends une idée avec ce qui en dépend et l'explique. C'est donc plus qu'une longue phrase : il y a des phrases longues qui ne sont pas des périodes, et nous le verrons chez Tacite lui-même ; c'est un ensemble de propositions d'une savante architecture. La proposition principale se présente, flanquée de proposi-

1. Voir les indications bibliographiques dans Goelzer, édit. in-16 des *Histoires*, 1886, Hachette, p. 181, note 1, et dans Valmaggi, édit. 1891, *Introduzione*, p. xiv, note 2.

tions secondaires en aussi grand nombre qu'il y a de circonstances accessoires accompagnant le fait ou de preuves particulières capables de soutenir l'idée. De là une hiérarchie entre les éléments dont se compose l'ensemble. Non seulement tout se tient, mais tout est subordonné ; les parties moins importantes se rangent aux ordres de celles qui le sont davantage ; les membres divers se groupent et s'articulent autour d'un centre. La phrase ainsi construite devient un organisme, un être vivant, dont le sang circule du cœur aux extrémités, qui se meut et marche d'un mouvement régulier, d'un même rythme puissant, vers le but fixé d'avance. Et cet ensemble forme un circuit. On fait véritablement le tour de l'idée, qu'on envisage sous tous ses aspects, pour revenir au point de départ. Le cercle s'ouvre et se ferme. C'est bien la περίοδος des Grecs, le *circuitus* ou *ambitus verbórum* des Latins. Les anciens, pour désigner cette forme de phrase, ont choisi ce qui en marquait la perfection à leurs yeux, l'image de la circonférence, qui est la figure parfaite en géométrie.

Telle est la phrase d'un Isocrate, d'un Cicéron, d'un Bossuet dans les *Oraisons funèbres*, des grands orateurs d'allure académique. Puisque les *Histoires* de Tacite ne sont pas complètement dégagées des liens du passé, on ne sera pas surpris d'y rencontrer parfois, selon la première manière de l'auteur, de ces phrases larges, animées d'un souffle et pourvues d'un nombre tout oratoires. J'en ai cité déjà deux beaux exemples[1]. J'en citerai un encore, d'une sorte différente, où nous n'avons plus affaire, comme précédemment, à une réflexion de l'historien qui épanche son émotion, pitié, colère, tristesse ; c'est le simple énoncé d'un fait (les soldats envahissant le Forum pour massacrer Galba),

1. Voir p. 164-165 et 166.

mais d'un fait dont toutes les circonstances sónt ramassées en un tout et disposées suivant l'ordre rationnel,
l'ordre même où elles ont dû s'offrir aux spectateurs de
la scène : « *Igitur milites Romani, — quasi Vologesen
aut Pacorum avito Arsacidarum solio depulsuri ac non
imperatorem suum inermem et senem trucidare pergerent,
— disiecta plebe, proculcato senatu, — truces armis,
rapidi equis — forum irrumpunt*[1]. » J'ai séparé les diverses articulations ; on s'aperçoit aussitôt qu'elles répondent aux n ations successives de l'observateur : d'abord,
en tête de la phrase comme il convient, l'apparition des
prétoriens qui surgissent dans le haut du Forum ; puis
une impression très générale encore, la seule qu'on puisse
recevoir à distance, le zèle, l'ardeur, l'entrain que semblent apporter les soldats à leur misérable besogne,
comme s'il s'agissait d'abattre l'ennemi héréditaire de
la patrie ; puis la suppression de l'obstacle formé par la
foule, dispersion du peuple, du sénat lui-même, sans
égard pour quiconque ; puis, à mesure que les cavaliers
approchent, l'éclat terrible des armes, la rapidité de
l'allure, qui frappent de plus en plus ; enfin l'irruption
au centre de la place. C'est une période parfaite, le
type classique de la période dans la narration oratoire ;
car ce type de phrase n'est pas réservé à la harangue
ou à la seule expression des sentiments pathétiques ; il
se prête au récit, comme il sert aux grands coups d'éloquence ; il existe, quelle que soit l'occasion, dès que
certaines conditions sont remplies. Elles le sont ici. Il
n'est pas jusqu'à la symétrie de plusieurs membres
groupés deux par deux qui n'ajoute à l'équilibre et à la
cadence de l'ensemble.

Une symétrie complète, en soi, n'est pas indispensable ; encore moins un parallélisme étroit, à la Gor-

____

[1] Hist., I, 40.

gias[1], serait-il nécessaire. En revanche, une correspondance générale des parties est un élément de la période,
parce qu'elle est un élément du rythme. Elle relance en
particulier la phrase, la fait rebondir, lui imprime un
balancement qui l'empêche de toucher terre et la porte,
pour ainsi dire, jusqu'au point où, toutes les idées accessoires étant épuisées, se présente, afin de la recevoir
et de lui marquer le but, la solide assise d'un verbe essentiel : « *Nullam caedem Otho maiore laetitia excepisse,
— nullum caput tam insatiabilibus oculis perlustrasse
dicitur, — seu tum primum levata omni sollicitudine
mens vacare gaudio coeperat, — seu recordatio maiesta-
tis in Galba, — amicitiae in Tito Vinio — quamvis im-
mitem animum imagine tristi confuderat*[2]. » On aura
été sensible, je l'espère, à l'effet de rebondissement produit par la correspondance des parties, qui s'aide d'ailleurs volontiers, comme ici, de l'anaphore ou répétition d'un même mot en tête de plusieurs propositions.
Tout cela, symétrie, anaphore, parallélisme, est chez
Tacite un legs du passé, un reste de l'éducation ora
toire. Traces aussi des habitudes anciennes, les effets
cherchés de redondance, l'emploi des synonymes qui,
n'ajoutant rien à la pensée, ne redoublent l'expression
que pour arrondir le discours[3].

Il s'en faut néanmoins que ce soient ces survivances
qui donnent à l'ouvrage sa couleur particulière. Elles
sont assez rares, en définitive, et j'en ai parlé dès le
début pour n'avoir plus à y revenir. C'est au contraire
sur un fond de principes diamétralement opposés à ceux

1. On sait que le sophiste Gorgias allait jusqu'à opposer dans
des membres de phrase antithétiques, commençant et se terminant
de même, le même nombre de mots et, autant que possible, le
même nombre de syllabes.

2. I, 44. Type moins parfait pourtant que le précédent (I, 40).

3. Voir des exemples dans Goelzer, *ouv. cit.*, dans Constans,
Etude sur la langue de Tacite, 1893.

de la période que repose dans la majorité des cas le style des *Histoires*.

II

La période, ai-je dit, enchaîne et subordonne les idées ; Tacite, le plus souvent, les détache et les juxtapose. La période rend toute une pensée en une phrase unique ; Tacite fragmente la pensée en une série de phrases dont chacune exprime une circonstance ou une idée particulières, et il faut la réunion des phrases pour avoir la totalité de la pensée. La période ne vaut que par l'ensemble, et le verbe principal rejeté à la fin en marque pour l'oreille, comme pour l'esprit, la conclusion régulière et certaine ; les propositions de Tacite, placées sur le même plan, valent chacune par elle-même, et nous ne serions jamais avertis que nous approchons du terme, si l'une d'elles, à un moment donné, ne se faisait plus éclatante que les autres ; de là, en dehors du goût de l'époque pour ce qui brille, la quasi-nécessité de la *sententia*, sorte de signal lumineux qui annonce l'achèvement de l'idée. Le constructeur d'une période enfin procède, si l'on peut ainsi parler, suivant l'ordre circulaire ; il ne commence sa phrase que lorsqu'il en a déjà vu la fin ; il la tient tout entière d'avance sous son regard, enfermée dans un cercle d'où rien ne s'échappera, d'où rien ne peut s'échapper sans nuire à l'harmonie de la courbe. Tacite procède suivant l'ordre successif ; sa pensée se développe, se complète à mesure qu'il écrit, et les idées se disposent, comme elles sont nées dans son cerveau, les unes à la suite des autres. C'est juste le contre-pied de la méthode cicéronienne.

De cette constatation découlent diverses conséquences.

D'abord, Tacite recherchera la phrase courte, rapide, réduite au nécessaire. Tel est même son goût de la rapidité, qu'il supprime presque toujours les conjonctions de liaison et que des propositions, logiquement coordonnées, sont simplement juxtaposées dans sa prose. S'il fait un récit, il accompagnera chaque phrase de son verbe, parce que le récit, énonçant diverses actions qui se succèdent, a besoin d'exprimer à chaque fois le mot essentiel de l'action : *Varia legatorum sors fuit. Qui Petilio Ceriali occurrerant extremum discrimen adiere, aspernante milite condiciones pacis. Vulneratur praetor Arulenus Rusticus; auxit invidiam super violatum legati praetorisque nomen propria dignatio viri. Pulsantur comites; occiditur proximus lictor*[1]... Mais s'il fait une description, il ira jusqu'à supprimer le verbe lui-même, parce que, le tableau peignant un état qui ne change pas ou une même situation qui se prolonge, il est facile de sous-entendre le verbe « être » ou quelque verbe analogue[2]. Voici l'aspect des rues de Rome, pendant que Flaviens et Vitelliens sont aux prises[3] : *Saeva ac deformis urbe tota facies : alibi proelia et vulnera, alibi balineae popinaeque; simul cruor et strues corporum, iuxta scorta et scortis similes ; quantum in luxurioso otio libidinum, quidquid in acerbissima captivitate scelerum*[4]... Voici, plus frappant encore, sous forme de tableau mis

---

1. *Hist.*, III, 80.

2. Bien que le verbe *esse* soit sous-entendu par tous les auteurs latins, la question de fréquence est ici une question importante ; or nul ne l'a sous-entendu aussi souvent que Tacite, ni, avec la même hardiesse, aux divers temps de l'indicatif, du subjonctif ou de l'infinitif, dans les propositions subordonnées comme dans les propositions principales (cf. Goelzer, *ouv. cit.*, p. 227-228 ; Constans, *ouv. cit.*, p. 117 et suiv.).

3. III, 83.

4. Voir dans le même genre I, 51 *undique atroces nuntii...*; ou IV, 1, une suite de traits juxtaposés, petites phrases formant tableaux, avec un trait éclatant pour finir, la *sententia*.

en tête de l'ouvrage, le résumé des événements qui se
dérouleront dans la suite[1] : *Quattuor principes ferro in-
terempti; trina bella civilia, plura externa ac plerumque
permixta; prosperae in Oriente, adversae in Occidente res;
turbatum Illyricum, Galliae nutantes; perdomita Bri-
tannia et statim missa... Iam vero Italia novis cladibus
vel post longam saeculorum seriem repetitis afflicta :
haustae aut obrutae urbes,... pollutae caerimoniae, magna
adulteria; plenum exsiliis mare, infecti caedibus scopuli.
Atrocius in urbe saevitum... Corrupti in dominos servi,
in patronos liberti; et quibus deerat inimicus, per amicos
oppressi.* Le morceau est très oratoire par le mouvement général; il n'est nullement oratoire par la forme,
si l'on envisage la forme ordinaire de l'éloquence, la
période. Tacite a saisi là un moule, non pas entièrement
nouveau (Salluste, Sénèque en avaient préparé les modèles), mais qu'il a perfectionné, approprié à sa tournure d'esprit, et dans lequel sa pensée s'est coulée sans
effort.

Quand donc il fait des périodes, il semble qu'il s'applique et continue à subir l'enseignement de l'école
plutôt qu'il n'obéit à sa pente naturelle. Et il lui arrive
de les bien faire, parce qu'il est capable de réussir
là même où il contrarie son tempérament. Mais il lui
arrive aussi d'y être gauche, lourd, embarrassé[2]. Il
lui arrive même, chose plus intéressante, de les rejeter en cours de route comme un manteau qu'il n'aime
décidément pas à porter et, après avoir accepté de paraître à la mode de Cicéron, de terminer selon sa manière propre à lui, Tacite. Le discours de Galba à Pison
débute largement[3] : *Si te privatus lege curiata apud pon-*

1. I, 2.
2. Voir des exemples intéressants dans Goelzer, *ouv. cit.*,
p. 232, 6°.
3. *Hist.*, I, 15.

tifices, ut moris est, adoptarem, et mihi egregium erat Cn. Pompei et M. Crassi subolem in penates meos adsciscere, et tibi insigne Sulpiciae ac Lutatiae decora nobilitati tuae adiecisse. La phrase est belle, bien lancée, puis minutieusement balancée, terme à terme ; les mots y sont placés de façon à produire leur plein effet oratoire. En outre l'hypothèse émise par *si te...* appelle une contrepartie. Une seconde période, exprimant ce qui est la réalité (*nunc me...*), vient s'opposer toute à la première, de même qu'à l'intérieur de celle-ci les membres particuliers s'opposaient l'un à l'autre. La symétrie se développe, la construction s'étend, l'ampleur et le rythme s'accroissent : *nunc me deorum hominumque consensu ad imperium vocatum praeclara indoles tua et amor patriae impulit, ut principatum, de quo maiores nostri armis certabant, bello adeptus quiescenti offeram.* Mais ici la phrase est finie, logiquément et musicalement. L'esprit est satisfait et la voix ne peut prolonger son émission davantage ; *offeram* marque l'arrêt de la pensée et du souffle. Et cependant la phrase n'est pas finie chez Tacite. Deux ou trois lignes encore y sont jointes, j'allais dire s'y accrochent, tant l'attache est grossière : un ablatif d'influence, auquel est suspendue une longue proposition relative, et nous voilà sollicités de continuer le mouvement... *exemplo divi Augusti, qui sororis filium Marcellum, dein generum Agrippam, mox nepotes suos, postremo Tiberium Neronem privignum in proximo sibi fastigio collocavit.* Mais le mouvement n'en est pas continué pour cela. La période en réalité est rompue ; nous n'avons plus devant nous qu'un appendice péniblement ajouté, une queue traînante. La phrase, qui était bien partie, vigoureuse et sonore, se ralentit, peu à peu s'assourdit, s'éteint, s'affaisse. Or le propre de la période est de se relever à la fin et de terminer au plus haut. Il y a contradiction entre les deux procédés.

Tacite les a unis dans un même ensemble : le produit reste hybride.

Tacite n'a donc pas toujours, en écrivant, ce que j'appelle la manière courte, différent en cela de Sénèque dont les pensées se bornent, selon le joli mot de Fronton, à « trottiner[1] ». Chez lui cette manière est un premier type de phrase ; ce n'est pas le seul. Ce n'est peut-être même pas le plus curieux ni le plus personnel. A côté des phrases courtes, il a des phrases plus ou moins longues. Mais quand sa forme se développe, elle n'en devient pas nécessairement périodique. Il procède au moyen de participes (ou d'adjectifs) et d'ablatifs, deux moyens qu'il fond l'un dans l'autre lorsqu'il se sert de la proposition participiale à l'ablatif absolu, qu'il unit encore d'une façon étroite en donnant des ablatifs comme compléments aux participes. Et personne avant lui, non pas même Salluste, qui emploie beaucoup cependant le participe à l'imitation du grec, n'en avait fait un pareil usage. Voyez, dans les exemples suivants, participes et ablatifs se multiplier, se serrer, comme une végétation touffue qui envahit peu à peu toute la phrase : « *Igitur (Vinius) iussu Gai Caesaris oneratus catenis, mox* mutatione *temporum* dimissus, cursu *honorum* inoffenso *legioni post praeturam* praepositus probatusque, servili *deinceps* probro respersus *est, tanquam scyphum aureum in convivio Claudii furatus*[2]. — *Populus sentire paulatim belli mala,* conversa *in militum usum* omni pecunia, intentis *alimentorum* pretiis, *quae* motu *Vindicis haud perinde plebem attriverant,* secura tum urbe *et* provinciali bello, *quod inter legiones Galliasque velut externum fuit*[3] ». Il se présente même des

1. *Sententiae tolutares.* — 2. *Hist.*, I, 48. — 3. I, 89.

cas où les participes occupent presque le tiers de la
totalité des mots [1]. Dans une pareille accumulation
certains d'entre eux en viennent à dépendre des participes voisins. Tacite ne craindra pas d'écrire : *trans-
gressa in Africam... famem populo Romano haud
obscure molita* (Calvia Crispinilla ayant essayé, *après*
être passée en Afrique, d'affamer le peuple Romain [2]),
ou *arreptis e strage scutis ignorati* (n'étant pas reconnus, *grâce* aux boucliers qu'ils avaient ramassés [3]). De
même, accumulant les ablatifs, il les fera dépendre les
uns des autres. Il écrira : *variis segni adulatione vocibus*
ou *lubrico itinerum adempta equorum pernicitate* ou
immenso auctu (Tiberis) proruto ponte sublicio [4]. C'est
une caractéristique du style des *Histoires* que cet énorme
emploi des participes et de toutes les sortes de participes, des ablatifs et de toutes les sortes d'ablatifs [5].

Regardons maintenant de plus près. Les participes
entourent le verbe principal, de manière à grouper à ses
côtés tout un imposant cortège de circonstances. Je
reprends une phrase dont j'ai déjà cité quelques mots :
(*Calvia Crispinilla*) magistra *libidinum Neronis, trans-
gressa in Africam ad instigandum in arma Clodium*

---

1. III, 25 : *Is mox adultus...* 8 participes (+ 2 adjectifs attributs) sur 28 mots.

2. I, 73.

3. III, 23. — D'autres fois, il y a coordination de participes et
d'adjectifs, là où il devrait y avoir subordination : II, 22 *ne irrisus
ac vanus iisdem castris assideret*, c'est-à-dire *ne irrisus quia vanus*.

4. I, 36; I, 79; I, 86. — D'autres fois, des ablatifs absolus
qui se suivent, sans dépendre l'un de l'autre, correspondent à
des propositions subordonnées de nature différente : II, 32 *Germanos... tracto in aestatem bello, fluxis corporibus, mutationem soli
caelique haud toleraturos* (*tracto bello* = si *traheretur bellum* et *fluxis
corporibus* = *quia fluxa corpora*).

5. Cf. encore II, 21 : *fraude illata ignis alimenta credidit a quibus-
dam ex vicinis coloniis, invidia et aemulatione*; — II, 68 : *Igitur duobus
militibus... ad certamen luctandi accensis, postquam legionarius procide-
rat, insultante Gallo et iis... in studia diductis, erupere legionarii*, etc.

*Macrum famem populo Romano haud obscure molita,
totius postea civitatis gratiam obtinuit, consulari matri-
monio* subnixa *et apud Galbam, Othonem, Vitellium*
illaesa, *mox* potens *pecunia et orbitate, quae bonis
malisque temporibus iuxta valent.* Voilà en une seule
phrase, avec un seul verbe principal, résumée toute une
existence, dont les diverses étapes, de l'époque de Néron
à celle des Flaviens, sont indiquées chacune par un participe. Remarquons qu'une moitié de ces participes (ou
adjectifs) est rejetée après le verbe *obtinuit,* qu'ainsi
placés ils expliquent, développent l'idée principale, mais
qu'ils prolongent en même temps la phrase, laquelle
pouvait ou devait même normalement s'arrêter avec le
verbe. Nous sommes ici en présence d'une seconde manière, que j'appellerai la phrase, non pas longue (elle
ne l'est pas nécessairement), mais allongée ; car c'est au
moment où elle paraît terminée, où elle l'est réellement,
où l'on attend le signe qui en marquera la clôture,
qu'elle se rouvre afin de recevoir l'addition d'une idée,
d'un fait, d'une circonstance. Que sur l'idée ou le fait
ajoutés se greffent, au moyen d'un relatif par exemple,
une nouvelle idée, un nouveau fait, puis sur ceux-ci, au
moyen de quelque autre attache, encore une autre idée,
un autre fait, et la phrase va se prolonger, s'allonger
presque indéfiniment.

D'abord le cas le plus simple : *Is fuit filius Gai Piso-
nis,* || *nihil ausus,* « c'était le fils de C. Pison » (tué par
ordre de Mucien[1]). La phrase est finie au mot *Pisonis.*
Tacite se ravise et ajoute une réflexion : « il n'avait
pourtant rien entrepris » (contre Mucien ou Vespasien).
Nihil ausus est un appendice. — Cas plus complexes :
Igitur Sequanis Aeduisque... infensi expugnationes ur-

---

1. IV, 11. — Calpurnius Piso Galerianus, fils adoptif du Pison
qui avait conspiré contre Néron.

*bium, populationes agrorum, raptus penatium hauserant
animo,* || *super avaritiam et arrogantiam... contumacia
Gallorum* irritati, | *qui remissam sibi a Galba quartam
tributorum partem et publice donatos in ignominiam
exercitus iactabant*[1]. — *Munia imperii Caecina ac Valens
obibant,* || *olim* anxii *odiis* | *quae, bello et castris male
dissimulata, pravitas amicorum et fecunda gignendis
inimicitiis civitas auxerat,* | *dum ambitu, comitatu et
immensis salutantium agminibus contendunt comparan-
turque,* | *variis in hunc aut illum Vitellii inclinationibus*[2].
Dans cette dernière phrase, que j'ai donnée tout entière
malgré sa longueur, on voit que les diverses propositions subordonnées sont suspendues à l'adjectif *anxii,*
comme dans la précédente la proposition relative l'était
au participe *irritati.* Tel est souvent le but de ces adjectifs et participes servant de détermination attributive
ou circonstancielle au sujet : ils permettent de compléter après coup l'idée principale.

Tacite a cependant, pour prolonger sa phrase, un
procédé qu'il affectionne encore davantage. Ce procédé,
son vrai moyen de prédilection, c'est l'ablatif absolu ou,
plus exactement, la proposition participiale à l'ablatif
absolu. De l'emploi de cette forme les preuves abondent : il suffit d'ouvrir les *Histoires* et de prendre une
page à peu près au hasard. Voici un certain nombre
d'exemples, dont je traduirai l'essentiel : *Otho, comiter
administrata provincia, primus in partes transgressus
nec segnis, donec bellum fuit*[3] *; et inter praesentes splendi-
dissimus, spem adoptionis statim conceptam acrius in
dies rapiebat,* || *faventibus plerisque militum, prona in
eum aula Neronis ut similem*[4], « ...cet espoir d'une

1. I, 51. — 2. II, 92.
3. Le ms. porte *nec segnis et donec bellum fuit.*
4. I, 13.

adoption qu'il avait conçu dès le premier instant, Othon, le personnage le plus magnifique de la suite du prince, l'embrassait chaque jour avec plus d'ardeur. *Les vœux des soldats l'encourageaient*, et surtout les sympathies de l'ancienne cour, qui lui trouvait de la ressemblance avec Néron. » — *Pisonem Verania uxor ac frater Scribonianus, Titum Vinium Crispina filia composuere*, || *quaesitis redemptisque capitibus quae venalia interfectores servaverant*[1], « Pison fut enseveli par sa femme et son frère, Vinius par sa fille Crispina. On avait dû auparavant rechercher et racheter leurs têtes, que les meurtriers avaient gardées pour les vendre », — *Igitur Sextilius Felix cum ala Auriana et octo cohortibus ac Noricorum iuventute ad occupandam ripam Aèni fluminis, quod Raetos Noricósque interfluit, missus (est)*, || *nec his aut illis proelium tentantibus, fortuna partium alibi transacta*[2], « ... il alla occuper les bords de l'Inn, rivière qui sépare cette contrée de la Rhétie. *Du reste, ni d'un côté ni de l'autre on ne chercha le combat*; la fortune des partis se décidait ailleurs ». — *Flavianarum partium duces omissa prioris fortunae defensione pro Vespasiano magnifice, pro causa fidenter, de exitu securi, in Vitellium ut inimici praesumpsere*, || *facta tribunis centurionibusque retinendi quae Vitellius indulsisset spe*[3], « ...les chefs du parti flavien s'élevèrent contre Vitellius avec les violences de langage d'un ennemi. *Ils firent du reste* espérer aux tribuns et aux centurions la confirmation des faveurs que leur avait accordées Vitellius ». — *Rapiuntur arma metu proditionis; ira militum in Tampium Flavianum incubuit*, || *nullo criminis argumento, sed iam pridem invisus turbine quodam ad exitium poscebatur*[4], « la colère des soldats tomba sur Tampius. Ce n'est pas qu'on eût pour lors rien à lui

---

1. I, 47. — 2. III, 5. — 3. III, 9. — 4. III, 10.

reprocher, mais il était haï de longue date ». — *A laude Cluvii Rufi orsus, qui perinde dives et eloquentia clarus nulli unquam sub Nerone periculum facessisset, crimine simul exemploque Eprium urgebat,* || *ardentibus patrum animis* [1], « ... il accablait Eprius à la fois de ses propres crimes et de l'innocence d'autrui. *Les esprits des sénateurs étaient* enflammés ». — *Quibus obvenerant castra decimanorum, oppugnationem legionis arduam rati, egressum militem et caedendis materiis operatum turbavere,* || *occiso praefecto castrorum et quinque primoribus centurionum paucisque militibus; ceteri se munimentis defendere* [2], « ... ils bousculèrent les soldats en train de couper du bois. *Le préfet du camp fut* tué, cinq des premiers centurions et quelques légionnaires; les autres se défendirent derrière leurs retranchements ». Etc.

J'ai multiplié les exemples, pour faire toucher du doigt à quel point l'ablatif absolu terminant la phrase est une habitude de style familière à Tacite, un moule commode, qu'il a toujours en quelque sorte sous la main, auquel il revient sans cesse, parce que, non moins qu'au premier type (les phrases courtes et juxtaposées), sa pensée s'y adapte à merveille. On aura observé que ces ablatifs expriment des rapports très variés de cause, de temps, de concession, de simultanéité, emplois qui se rencontrent d'ailleurs à l'époque classique. Mais ce qui est la marque de notre auteur, c'est leur fréquence, bien plus considérable chez lui que chez ses devanciers, surtout c'est leur place, régulière, presque invariable, à la fin de la phrase, alors que la phrase semblait avoir atteint son terme [3] : conséquence de l'habitude d'esprit que j'ai signalée plus haut.

1. IV, 43. — 2. V, 20.
3. Dans l'exemple (III, 5) cité p. 248, quelques éditeurs ont fait erreur, en mettant un point ou une forte ponctuation après le verbe principal *missus (est).* Car *fortuna partium alibi trans-*

Tacite n'attend pas, pour écrire, d'avoir rassemblé tous ses faits, toutes ses idées. Il ne façonne pas d'ensemble et d'avance sa phrase dans sa tête, comme la façonne nécessairement quiconque a l'intention d'écrire en périodes. Il ajoute les idées et les faits les uns aux autres, au fur et à mesure qu'il les découvre, les voit, les apprend. La juxtaposition est, en conséquence, le procédé le plus commode, et aussi celui dont il use le plus volontiers. La coordination pourrait également lui convenir, si d'autre part son besoin de rapidité et son goût de forte antithèse ne l'entraînaient à supprimer les conjonctions de liaison. Par contre, la subordination, l'âme de la période, n'est point son affaire. Mais de toutes les formes dépendantes, la proposition participiale absolue est celle qui est le moins dépendante ; elle l'est à peine. Le lien qui la rattache à l'ensemble de la phrase est aussi mince et léger que possible. Le rapport de sens qui existe entre elle et la proposition principale, indéterminé par lui-même, n'arrive jamais à se préciser pour le lecteur avec la netteté que lui donnerait une autre tournure ; et lorsque le participe marque la simultanéité[1], c'est-à-dire n'indique plus que l'accompagnement pur et simple, ce rapport devient encore plus délicat et fragile. Tout cela fait une proposition facile à détacher, facile à déplacer, pour qui toutes les places sont bonnes, et qui accepte très aisément la dernière. C'est bien ce qu'en aime

acta n'est pas une seconde proposition principale, c'est un second ablatif absolu ; et le *nec* de la première proposition participiale s'oppose à *aut* qui suit, équivalent d'un second *nec* ou *neque*. Mais l'erreur même est intéressante; elle prouve que régulièrement la phrase est finie avec *missus.*

1. Comme il arrive souvent avec le participe passé passif ; voir des exemples dans Gantrelle, Goelzer, Constans. Je n'en citerai qu'un, caractéristique : IV, 34 *ex quibus (captivis) unus, egregium facinus ausus, clara voce gesta patefecit, confossus ilico a Germanis.* Il est bien évident que *confossus* ne peut marquer que la simultanéité, et non une action antérieure.

Tacite : sans être juxtaposée, elle supplée cependant à la juxtaposition. Remarquez que beaucoup de ces propositions absolues pourraient être remplacées par des propositions principales. Remarquez qu'elles l'ont été dans la traduction française, où le faible lien de dépendance s'est rompu de lui-même, pour laisser la juxtaposition reparaître[1]. Qu'il en fût de même en latin, le plus souvent il n'aurait tenu qu'à Tacite ; et dans le dernier exemple que j'ai cité, s'il avait écrit *militem caedendis materiis operatum turbavere*, occisus est praefectus castrorum…, *ceteri se munimentis defendere*, quelle réelle différence y aurait-il eu avec la phrase telle qu'elle est sortie de sa plume ? Peut-être, devant *ceteri se defendere*, n'a-t-il substitué l'ablatif absolu à une proposition principale que pour varier ses tournures.

Entre ces deux premiers types de phrase, la phrase courte et la phrase allongée, il y a donc plus de ressemblance qu'il n'apparaissait tout d'abord. Elles ont ceci de commun qu'elles respectent et reproduisent dans le style de l'écrivain le mouvement même de son esprit. Nous assistons à tout un travail intellectuel. Les différentes parties de la pensée naissent à nos yeux et se disposent au cours de la phrase, suivant l'ordre où elles ont pris naissance. Il en résulte qu'il ne faut pas s'étonner si, contrairement à l'ordre logique, la cause d'un fait est placée après le fait qu'elle explique ; Tacite étant parti du fait pour remonter à la cause, le fait, dans la phrase comme

---

1. Autres preuves : II, 69 *Batavorum cohortes, ne quid truculentius quderent, in Germaniam remissae*, principium interno simul externoque bello parantibus fatis, « … elles furent renvoyées en Germanie : *ainsi se préparaient, par l'effet du destin, les éléments d'une guerre à la fois civile et étrangère.* » — II, 86 *momentoque temporis flagrabat ingens bellum*, Illyricis exercitibus palam desciscentibus, ceteris fortunam secuturis, « un instant avait suffi pour allumer une guerre formidable : *les armées d'Illyrie avaient levé hardiment l'étendard, les autres étaient décidées* à suivre la fortune » etc.

dans son esprit, doit venir avant la cause[1]. Il ne faut pas
s'étonner davantage si, contrairement à l'ordre chronologique, une circonstance antérieure est rejetée après une
autre qui lui a succédé ; Tacite se les est représentées
dans cet ordre ; il voit d'abord le fait essentiel, même
s'il a été postérieur (Pison et Vinius ensevelis [2]) ; il
n'envisage qu'ensuite le fait secondaire, même s'il a eu
lieu auparavant (le rachat aux meurtriers des têtes des victimes). Il ne faut pas s'étonner enfin si certaines explications, qui sembleraient devoir être mises toutes sur le
même plan, apparaissent à des plans différents : Tacite
n'a songé à elles que successivement. Il croyait n'avoir
qu'une raison à donner. Une deuxième, une troisième
s'est offerte à lui. Il lui a fallu ajouter la nouvelle idée à
l'idée ou aux idées précédentes, sans revenir sur la chose
déjà écrite ; la proposition participiale absolue le lui a
permis, procédé plus souple que l'emploi du participe
se rapportant au sujet, moyen aussi souple que la juxtaposition, cadre tout prêt qui s'ajuste à tous les cas.

1. Cf. III, 7 *Desiderata diu res... in maius accipitur, postquam
Galbae imagines... recoli iussit Antonius, decorum pro causa ratus
si...* D'abord le fait : *desiderata diu res in maius accipitur.* Qu'est-ce
qui a produit ce fait ? L'ordre d'Antonius (*imagines recoli iussit Antonius*). Pourquoi Antonius a-t-il donné cet ordre ? *Decorum pro
causa ratus.* Trois temps donc, trois mouvements de la pensée qui
remonte successivement de cause en cause ; et successivement aussi,
le fait, point de départ, puis l'explication du fait, puis la raison
de cette explication viennent, selon le même ordre, se déposer dans
la phrase. — III, 11 *(eripuit Saturninum) obscuritas latebrarum
quibus occulebatur, vacantium forte balnearum fornacibus abditus.*
L'obscurité de sa cachette le sauva ; voilà le fait, exprimé en
premier lieu. Maintenant (second mouvement de l'esprit) quelle
était cette cachette ? Un fourneau de bain inoccupé, etc.
2. I, 47. — Cf. III, 10 : *Opposuit sinum Antonius stricto ferro,
qui militum se manibus aut suis moriturum obtestans...* Antonius
oppose sa poitrine aux mutins : attitude générale, qui est le fait le
plus frappant. Il a tiré l'épée, fait accessoire, dont l'observateur
s'avise ensuite et qu'il place *après*, alors qu'il aurait dû le placer
avant. Ce n'est pas l'ordre chronologique, c'est l'ordre *descriptif.*

Exemple : Les prétoriens ont nommé Flavius Sabinus préfet de Rome. Quels sont les motifs de cette nomination ? « *Urbi Flavium Sabinum praefecére (milites), iudicium Neronis secuti, sub quo eandem curam obtinuerat, | plerisque Vespasianum fratrem in eo respicientibus*[1] ». Tacite n'a d'abord aperçu qu'une raison : les prétoriens veulent respecter le choix de Néron, sous lequel Sabinus avait exercé déjà cette charge. Mais, tout en écrivant, il en aperçoit une seconde : beaucoup d'entre eux songeaient à s'attacher Vespasien. Il aurait pu, pour rendre celle-ci, juxtaposer une deuxième proposition principale (*plerique... respiciebant*). Il a préféré le procédé *plerisque... respicientibus* : l'office est à peu près le même. Si nous voulons en français garder la légère attache qui existe en latin, avec la nuance, malgré tout, que marque l'ablatif absolu, la locution *sans compter que*, à laquelle le traducteur aura recours, rendra ce mouvement supplémentaire de la pensée, qui relance la phrase, quand on la croyait arrêtée : « *sans compter que* beaucoup regardaient en Sabinus son frère Vespasien ». Objectera-t-on que les deux raisons ne sont pas de même force, l'une étant plus générale que l'autre, que tous les soldats obéissent au premier sentiment (respecter le choix de Néron), mais non pas tous au second (être agréables à Vespasien), que la différence des constructions ne fait donc que mettre en lumière la hiérarchie des idées ? On peut aussi bien prétendre que c'est justement parce que la seconde raison est moins générale, qu'elle s'est présentée seulement la seconde à la pensée de Tacite, et qu'en somme l'auteur s'est soucié de reproduire dans sa phrase moins l'ordre hiérarchique des idées que l'ordre de leur apparition successive.

Mais prenons un autre exemple. — Il était loisible à

---

1. I, 46.

Tampius Flavianus, venu en Italie, de se tenir à l'écart de la crise qui secouait la région du Danube. Il rentre en Pannonie et se range avec la province au parti de Vespasien. De nouveau, ici, deux raisons, dont rien ne prouve, cette fois, que l'une soit plus importante que l'autre. La structure de la phrase n'en est pas moins semblable à celle de la phrase précédente : *Flavianum... rerum novarum cupido legati nomen resumere et misceri civilibus armis impulerat, suadente Cornelio Fusco...*[1] Puisque les conseils reçus paraissent avoir entraîné Flavianus tout autant que l'amour du changement, le verbe principal devait en bonne règle avoir un second sujet, et le substantif *consilia* était tout indiqué pour remplacer *suadente*. Sans doute; mais il aurait fallu que les deux idées eussent été conçues par l'auteur en même temps, et avant qu'il se fût engagé dans la phrase. Or il n'a d'abord considéré que l'une des raisons, le goût du changement (*rerum novarum cupido*), et il avait déjà exprimé son verbe principal au singulier (*impulerat*), quand la seconde lui a été suggérée. Qu'importe? Née après coup, elle sera mise en appendice, rattachée à la première par une proposition participiale à l'ablatif absolu. Ordre successif encore, conforme à l'ordre de pensée : nous savons que le procédé ne déplaît point à Tacite[2].

Il lui déplaît si peu que je n'hésite pas à expliquer

1. III, 4.
2. Le caractère de proposition additionnelle donné aux ablatifs absolus ressort parfois du texte même de Tacite, qui emploie à côté du participe l'adverbe *super* (= *insuper*) ou *etiam*. Ex. : II, 34 *iactis super ancoris* (sans compter qu'on avait jeté des ancres); I, 22 *urgentibus etiam mathematicis* (sans compter que les astrologues le poussaient). On peut sous-entendre *insuper* avec toutes les propositions participiales du même genre : aucun autre mot n'en précise plus exactement la valeur. Nous lirons donc, dans les deux passages I, 46 et III, 4, comme s'il y avait : *plerisque (insuper) respicientibus; suadente (insuper) Cornelio Fusco.*

par là certaines phrases, pour lesquelles on serait tenté
de songer à une explication différente. Ainsi, quand
devant les progrès de l'émeute soulevée par Othon, les
partisans de Galba, affolés, sont incapables de s'entendre
sur aucun projet, Tacite écrit : *Turbavere consilium
trepidi nuntii ac proximorum diffugia,* | *languentibus
omnium studiis qui primo alacres fidem atque animum
ostentaverant*[1]. Trois motifs viennent rompre le dessein ;
deux d'entre eux, l'alarme jetée par les porteurs de
nouvelles et la dispersion de l'entourage du prince,
servent de sujets au verbe principal. Le troisième est
donné sous la forme participiale absolue. Est-ce pour
fuir la symétrie ? pour éviter la tournure *languor studio-
rum omnium,* avec deux génitifs dépendant l'un de
l'autre ? Disons plutôt que Tacite croyait sa phrase
finie et que nous avons là une réflexion ajoutée,
complémentaire. La traduction fera ressortir l'addition :
« *sans compter que* les dispositions se refroidissaient
chez tous ceux qui avaient commencé par étaler avec
transport leur zèle et leur courage ». — Sur le champ
de bataille de Bédriac on se livre à des manifestations d'allégresse, plus blessantes pour la nature humaine que les horreurs mêmes de la guerre : *Nec minus
inhumana pars viae, quam Cremonenses lauru rosaque
constraverant,* | *exstructis altaribus caesisque victimis
regium in morem.* Ne rattachons pas *exstructis alta-
ribus* à *inhumana* ; du moins, ne l'y rattachons qu'in-
directement, et par l'intermédiaire de *lauru constra-
verant.* L'explication de la pensée est successive encore ;
la proposition participiale apporte un complément à
l'explication qu'a fournie la proposition relative : « Non
moins révoltant était le spectacle d'une partie de la
route ; les habitants de Crémone l'avaient jonchée

---

1. I, 39.

de lauriers et de roses, *sans compter* les autels dressés,
les victimes égorgées sur ces autels, comme on eût fait
pour un despote[1]. »

Les conséquences du principe de succession vont désormais se dérouler pour la proposition participiale absolue, comme elles se sont déroulées déjà pour la proposition participiale se rapportant au sujet. Au substantif
la proposition absolue est assez souvent rattachée une
proposition relative. Qu'après celle-ci se présente une
nouvelle proposition participiale absolue, pour exprimer
une nouvelle idée complémentaire qui a surgi en cours
de route, que ce deuxième ablatif absolu lui-même entraîne à sa suite une deuxième proposition relative, et
voilà la phrase qui, deux fois sur le point de tomber,
se relève, repart, s'allonge toujours, sans qu'à vrai dire
on puisse en prévoir la fin. Elle pourrait continuer à
s'accroître ainsi par adjonctions successives, de même
qu'elle aurait pu cesser plus tôt. Elle n'a pas en elle-
même son terme nécessaire, — à la différence de la période qui s'arrête quand on a fait le tour de l'idée, parce
que le cercle est fermé. L'exemple suivant éclairera bien
ce que j'avance : *Quia naves saevitia hiemis prohibeban-
tur, vulgus alimenta in dies mercari solitum, cui una
ex re publica annonae cura, clausum littus, retineri
commeatus dum timet, credebat,* — | *augentibus famam
Vitellianis, qui studium partium nondum posuerant,* — |
*ne victoribus quidem ingrato rumore, quorum cupiditates
externis quoque bellis inexplebiles nulla unquam civilis
victoria satiavit*[2]. A deux reprises la phrase est finie ;
après *credebat*, après *posuerant*. Elle recommence pourtant, ou se prolonge, un peu essoufflée comme une personne qui, croyant toucher au but, est obligée plu-

1. II, 70.
2. IV, 38.

sieurs fois à un nouvel effort, parce que le but recule
sans cesse. La répétition de la conjonction *et*, en français, ne rendra pas mal cette idée d'un arrêt suivi d'une
nouvelle mise en marche : « ... *et* les Vitelliens donnaient
cours à ce bruit..., *et* ce bruit lui-même n'était pas
désagréable aux vainqueurs... » Il y a dans une pareille
structure quelque chose d'inorganique et comme d'in-
vertébré, puisque l'on couperait à volonté un ou plusieurs tronçons sans atteindre la phrase dans ses parties
vitales. Si le propre de la période, au contraire, est d'être
un organisme, dont aucune partie ne peut être retran-
chée que tout l'ensemble n'en souffre ou n'en périsse, on
achevera de saisir, par cette comparaison avec le monde
animal, l'opposition foncière entre la méthode classique
et celle de l'auteur des *Histoires*.

Il est évident que la persistance du type général n'ex-
clut pas les variétés individuelles et que, la phrase une
fois relancée par l'ablatif absolu, d'autres formes que
celle-là, et toutes sortes de conjonctions, pourront servir ensuite à exprimer et à joindre les idées ou circonstances complémentaires[1]. Tacite nous montre Othon
poussé à s'emparer du pouvoir par les gens à son
entourage immédiat, affranchis et esclaves, auxquels il
a donné sa confiance et qui réveillent en son âme de vo-
luptueux le souvenir des jouissances néroniennes[2]. Les
devins ayant joué un rôle également dans l'affaire, les
voici rattachés au groupe principal par le procédé habituel de la proposition absolue : *urgentibus etiam mathe-*

1. Même chose pour la proposition participiale (ou adjective) se
rapportant au sujet. Cf. II, 92 *Munia imperii Caecina ac Valens obi-*
bant,|*olim anxii odiis, quae... pravitas amicorum... auxerat, dum*
ambitu... contendunt comparanturque, variis in hunc aut illum Vitellii
inclinationibus.
2. I, 22.

maticis, « sans compter que les astrologues exerçaient de
leur côté une pression ». Mais les explications et réflexions
qui suivent sont elles-mêmes rattachées à cet ablatif de
manières très variées : proposition avec *dum* au sens
causal (*dum novos motus et clarum Othoni annum ob-
servatione siderum affirmant*), apposition (*genus hominum potentibus infidum, sperantibus fallax*), proposition
relative (*quod in civitate nostra et vetabitur semper et
retinebitur*). D'autres fois les propositions ajoutées seront concessives ou temporelles. *Donec,* en particulier,
est une conjonction qui revient fréquemment ; comme
elle marque un changement de situation, elle offre toute
facilité pour introduire le fait ou le sentiment nouveau[1].

Mais, quelle que soit la diversité des attaches, ce qu'il
faut bien voir, j'y insiste, c'est le mode de structure de
ces phrases, partout semblable, toujours successif. Qu'on
me permette d'analyser à ce point de vue un dernier
exemple[2]. Quand Othon partit pour la Haute Italie à
la rencontre des troupes de Vitellius, pourquoi le peuple
commença-t-il dès lors à ressentir les maux de la guerre?
C'est que les besoins de l'armée absorbaient tout l'argent,
conversa in militum usum omni pecunia. Conséquence :
le prix des vivres avait augmenté, *intentis alimentorum
pretiis.* Cette augmentation était telle que le peuple
souffrait plus qu'au temps de la révolte de Vindex :
quae[3] motu Vindicis haud perinde plebem attriverant. Et
pourquoi le peuple avait-il alors moins souffert? Parce
que Rome était tranquille, la guerre se déroulant en
dehors de l'Italie : *secura tum urbe et provinciali*

----

1. I, 35; I, 82; II, 8; II, 84; III, 10; III, 78; III, 82 etc.
2. I, 89.
3. Il n'y a aucune raison pour rapporter *quae* à *belli mala* placé
dans la proposition principale et beaucoup trop loin. L'antécédent
est *alimentorum pretiis* qui précède immédiatement. Explication
plus naturelle, et conforme à l'usage de Tacite, chez qui les idées
se suivent, et non seulement se suivent, mais s'engendrent.

bello. Conséquence : cette lutte entre les légions et les Gaules semblait être une guerre étrangère : *quod inter legiones Galliasque velut externum fuit.* Voilà bien net ce que j'entends par l'ordre successif : au groupe principal *succède* un groupe secondaire, appendice plus ou moins long, dont les parties, se *succédant* elles-mêmes au nombre de trois, quatre, parfois davantage, sortent les unes des autres, amenées, entraînées les unes par les autres, et de circonstance en circonstance acheminent la phrase, non point à sa fin logique, mais seulement à la fin qu'a voulue l'auteur [1].

Revenons maintenant aux participes (ou adjectifs) se rapportant soit au sujet soit au complément de la proposition principale. Il y a un troisième type de phrase, la phrase dense ou condensée, qui consiste, au moyen de ces participes (ou adjectifs), à ramasser dans une seule proposition, autour d'un seul verbe principal, des circonstances qu'un autre auteur n'eût exprimées qu'à l'aide de plusieurs propositions subordonnées [2].

Exemples. — Participes se rapportant au complé-

---

1. Une variante de ce deuxième type de phrase est le cas où le groupe principal est réduit au sujet et au verbe. Alors le verbe est hardiment jeté en tête de la phrase, laquelle se déroule ensuite, selon l'usage que nous connaissons, avec son cortège secondaire d'ablatifs absolus ou de participes se rapportant au sujet : I, 40 *Agebatur huc illuc Galba, vario turbae fluctuantis impulsu, completis undique basilicis ac templis, lugubri prospectu.* — I, 54 *ascisciitur auxiliorum miles, primo suspectus tanquam..., mox eadem volens...*

2. Ou que Tacite lui-même, voulant employer un autre tour, eût exprimées par une suite de propositions principales juxtaposées. Voir l'exemple ci-après : *consalutatum et sellae impositum rapiunt* pouvait devenir *consalutant, imponunt, rapiunt.* Nous serions alors retombés dans le premier type de phrase, la phrase courte.

ment : *Ibi tres et viginti speculatores* consalutatum *imperatorem ac paucitate salutantium trepidum et sellae festinanter* impositum *strictis mucronibus rapiunt*[1]. — Participes se rapportant au sujet : *Domitianus prima irruptione apud aedituum occultatus, sollertia liberti lineo amictu turbae sacricolarum immixtus ignoratusque, apud Cornelium Primum paternum clientem iuxta Velabrum delituit*[2].

De telles phrases sont proprement intraduisibles. Le français est obligé de desserrer l'étroit faisceau, de faire circuler un peu d'air dans la masse compacte ; il remplace les participes, au moins un certain nombre d'entre eux, par des modes personnels ; il a recours à des équivalents. « Là, vingt-trois soldats de la garde le saluent empereur et, tout tremblant qu'il était à la vue de leur petit nombre, le jettent dans une litière, mettent l'épée à la main et l'enlèvent. — Domitien, retiré dès la première attaque chez le sacristain (d'un petit temple d'Isis au Capitole), dut à l'adresse d'un affranchi de pouvoir échapper sous le déguisement d'une robe de lin, mêlé à une troupe de sacrificateurs, et il alla se cacher près du Vélabre dans la maison d'un client de son père. » Nous avons beau nous évertuer, nous demeurons assez loin du latin. Le caractère exact du texte n'a pu être pleinement conservé.

Mais ce caractère n'est-il pas en contradiction avec celui de la phrase étudiée précédemment et que j'appelais la phrase allongée ? Et n'est-il pas étonnant qu'un même esprit ait conçu deux procédés si divers, presque opposés ? L'opposition est plus apparente que réelle. Car ni la phrase dense ni la phrase allongée ne traduisent par leur forme extérieure la hiérarchie des idées, comme

1. *Hist.*, I, 27. Il s'agit de la proclamation d'Othon.
2. III, 74.

fait la période. Tous ces attributs du complément ou du sujet dans la phrase condensée sont placés sur un même plan, simplement coordonnés ou juxtaposés, quoiqu'ils soutiennent entre eux des rapports de sens qui diffèrent beaucoup de l'un à l'autre. Le *consalutatum* du premier exemple (I, 27) marque une action antérieure à *impositum* : la forme employée n'en laisse rien voir. *Trepidum* a une valeur concessive par rapport à *impositum* : on ne le voit pas davantage. Dans le second exemple (III, 74), les trois participes passés passifs *occultatus, immixtus, ignoratus,* bien qu'ils soient rapprochés et sur le même plan eux aussi, expriment l'un une action plus ancienne que les suivantes (*occultatus,* « dès le début il s'était caché »), l'autre la cause (*immixtus,* « parce qu'il se mêla »), l'autre la conséquence (*ignoratus,* « si bien qu'il passa inaperçu »). En fait, tous trois ne marquent au dehors que l'antériorité par rapport à *delituit.* D'où vient donc l'emploi de ces tournures ? De ce que Tacite continue d'obéir à l'habitude d'esprit qui, dans le type précédent, lui faisait placer les propositions les unes à la suite des autres, comme elles naissaient dans son cerveau. Maintenant, c'est dans une même proposition qu'il dispose les participes les uns à côté des autres ; mais le principe qui le guide n'a pas changé ; c'est toujours le principe de succession. Ainsi, jusque dans les phrases de condensation, Tacite rapproche, juxtapose ou coordonne, plus qu'il ne subordonne ; et au total, pas plus qu'entre la phrase courte et la phrase allongée, il n'y a de différence vraiment profonde, radicale, entre la phrase allongée et la phrase condensée.

Ce qui le prouve encore, c'est que les deux types peuvent s'amalgamer dans un même ensemble. La phrase, qui a commencé par être dense, se poursuit en s'allongeant d'après le procédé connu ; *Flavianum, omissa Pannonia ingressum Italiam et discrimini exemptum, rerum novarum cupido legati nomen resumere et misceri civilibus armis impulerat* (type dense, avec participes se rapportant au complément), — *suadente Cornelio Fusco* (phrase allongée par la proposition participiale absolue, à laquelle se rattachent deux autres propositions, causale et finale : *non quia industria Flaviani egebat, — sed ut consulare nomen surgentibus cum maxime partibus honesta specie praetenderetur* [1]). A la réflexion, cet amalgame ne doit pas surprendre. Le groupe secondaire prolonge la phrase par l'addition de parties successives ; mais rien n'empêche ces diverses parties d'être denses chacune pour leur compte. Que l'on se reporte à des passages comme les suivants : « ... *faventibus plerisque militum, prona in eum aula Neronis ut similem ; .., audiente Othone idque ut laetum e contrario et suis cogitationibus prosperum interpretante ; ... ipso Vespasiano inter initia imperii ad obtinendas iniquitates haud perinde obstinante, donec indulgentia fortunae et pravis magistris didicit aususque est ; ... haud defutura consciorum manu, ni Scribonianus abnuisset, ne paratis quidem corrumpi facilis, adeo metuens incerta* [2] » ; l'ensemble se trouve allongé, mais chaque élément complémentaire a exprimé la nouvelle circonstance sous une forme ramassée. Si le groupe principal lui-même se développe par l'adjonction d'une proposition subordonnée, la subordonnée subira au besoin la condensation qui s'étend à la principale tout entière : *Is mox adultus, inter septimanos a Galba conscriptus, oblatum forte patrem et vulnere stratum dum semianimem scrutatur, agnitus agnocensque et exsanguem amplexus, voce flebili precabatur placatos patris manes* [3].

Ablatifs et participes sont donc pour Tacite un excellent moyen, soit de condenser, soit d'allonger la phrase,

1. III, 4. — 2. I, 13 ; I, 27 ; II, 84 ; IV, 39. — 3. III, 25.

soit de la condenser et de l'allonger tout ensemble[1] ; et
c'est bien pourquoi il les a employés avec une fréquence,
avec une régularité, dont on serait tenté de dire qu'elle
dégénère un peu en manie.

III

Tous les types de phrase des *Histoires* ne se rédui-
sent pas à ceux que j'ai examinés, et je ne prétends
point dresser un catalogue complet. Il y a les types
intermédiaires, dont il faudrait aussi tenir compte[2].
Il y a le type classique, celui qui se retrouve dans la narration courante d'un Tite-Live[3]. Il y a, — plus rarement, mais il y a tout de même, pour rendre un détail
sans importance, — le type banal, que vingt auteurs
auraient pu employer[4]. Je n'ai retenu que les manières

1. La phrase s'allonge alors, je le répète, par une série de propositions condensées.

2. Ex. III, 68 : *In sua contione Vitellius, inter suos milites, pro-
spectantibus etiam feminis, pauca et praesenti maestitiae congruentia
locutus, cedere se pacis et rei publicae causa, retinerent tantum memoriam sui, fratremque et coniugem et innoxium liberorum aetatem mise-
rarentur, simul filium protendens, modo singulis modo universis com-
mendans, postremo fletu praepediente assistenti consuli (Caecilius
Simplex erat) exsolutum a latere pugionem, velut ius necis vitaeque
civium, reddebat.* Voilà une longue phrase, qui n'est pas une
période malgré le début et la fin (le rythme est brisé dans le
milieu), qui n'est pas non plus une phrase condensée, malgré le
grand nombre des participes de toute sorte (présents, passés, attributs du sujet ou du complément, ablatifs absolus), qui s'accroît
successivement par l'adjonction de nouvelles circonstances, mais
de circonstances toutes placées, cette fois, avant le verbe principal
et dans l'ordre chronologique.

3. Ex. II, 70 : *Inde Vitellius Cremonam flexit et spectato munere
Caecinae insistere Bedriacensibus campis ac vestigia recentis victoriae
lustrare oculis concupivit.*

4. Ex. II, 9 : *Galatiam ac Pamphyliam provincias Calpurnio Aspre-
nati regendas Galba permiserat.*

originales, les formes caractéristiques, celles qui défi-
nissent et classent un écrivain. Elles sont, on l'a vu, au
nombre de trois : forme courte, forme allongée, forme
condensée.

Chacune d'elles, ayant ses mérites propres, devrait
permettre à Tacite d'atteindre mieux que telle autre
tel ou tel but particulier qu'il a en vue. La première
semble offrir à l'antithèse, au choc d'idées, un terrain de
choix pour le choc des mots. Par le seul rapprochement
de deux membres de phrase très courts ou la seule juxtaposition de deux phrases très courtes, les mots ont
déjà tendance à se heurter. Que maintenant sur un fond
semblable de part et d'autre s'enlèvent deux termes qui
s'opposent ou, procédé inverse, que sur un fond différent
l'œil et l'esprit soient attirés par deux termes qui se
ressemblent, voilà l'antithèse constituée sous ses apparences les plus simples. *Nusquam est qui ubique est*[1] :
cette phrase de Sénèque fournit un exemple parfait de
la figure en question. Aussi bien Sénèque, le maître
de l'antithèse entre Salluste et Tacite, est-il avec Salluste le modèle sur lequel Tacite a les yeux.

De son côté, la forme développée, précisément parce
qu'elle s'accroît de circonstances rejetées en appendice
et assez peu liées au groupe principal, se prête aisément
à l'introduction de la *sententia*, ce trait brillant de la fin
qui, pour produire tout son effet, a besoin d'être détaché. La forme condensée, enfin, convient naturellement
à l'expression des grandes vérités générales, des réflexions profondes, qui donnent à entendre plus encore
qu'elles n'expriment, et ouvrent des horizons à la
pensée.

Effectivement Tacite se servira pour l'antithèse de la
petite phrase rapide : *Cum timeret Otho, timebatur.* —

---

1. Sénèque, *Ep.*, 2, 2.

Nihil in vultu (Pisonis) ... mutatum, quasi imperare posset magis quam vellet. — Othoni nondum auctoritas inerat ad prohibendum scelus, iubere iam poterat. — Ipsi (Galbae) medium ingenium, magis extra vitia quam cum virtutibus. — In ipso (Vespasiano) nihil tumidum, arrogans aut in rebus novis novum fuit. — Amicitias (Vitellius)... meruit magis quam habuit[1].

Il se servira pour la *sent: entia* de la phrase qui, se prolongeant et isolant du groupe principal les parties ajoutées, leur donne le relief nécessaire : *Quod si vita suppeditet, principatum divi Nervae et imperium Traiani, uberiorem securioremque materiam, senectuti seposui,* || *rara temporum felicitate, ubi sentire quae velis et quae sentias dicere licet*[2], — *Quam velut publicam largitionem Otho secretioribus apud singulos praemiis intendebat, adeo animosus corruptor ut Cocceio Proculo... agrum sua pecunia emptum dono dederit,* || *per socordiam praefecti, quem nota pariter et occulta fallebant*[3].

Il se servira de la phrase condensée pour les vérités générales : *Nemo unquam imperium flagitio quaesitum bonis artibus exercuit. — Utque evenit in consiliis infelicibus, optima videbantur quorum tempus effugerat. — Imperium cupientibus nihil medium inter summa aut praecipitia etc.*[4].

Mais comme la *sententia*, ou pensée à effet, est souvent une antithèse, comme il lui arrive souvent aussi de s'élever à l'idée générale, il est vain de vouloir ranger antithèse, *sententia* ou maxime sous une rubrique définie. Chacune déborde et empiète sur ses voisines. Comment classer, par exemple : *alieno imperio felicior quam suo*[5]? Antithèse ou *sententia*? C'est une *sententia* anti-

---

1. Tac., *Hist.*, I, 81 ; I, 17 ; I, 45 ; I, 49 ; II, 80 ; III, 86.
2. I, 1. — 3. I, 34. — 4. I, 30 ; I, 39 ; II, 74. — 5. I, 49.

thétique. Et *gnarus civilibus bellis plus militibus quam ducibus licere*[1]? C'est tout ensemble une maxime, une antithèse et le trait qui termine le paragraphe. Même chose pour : *faciliore inter malos consensu ad bellum quam in pace ad concordiam*[2]. Puisqu'il y a ainsi pénétration de l'antithèse dans la *sententia*, de l'antithèse et de la *sententia* dans la maxime, il ne saurait être question d'enfermer aucune d'elles dans un type déterminé de phrase avec interdiction d'en sortir. Laissons-les donc s'exprimer comme il leur plaît, dans l'une ou l'autre des formes que j'ai indiquées plus haut; et sans être surpris qu'elles se soient adressées à toutes trois presque indifféremment, considérons maintenant, non plus le moule, mais le contenu.

La *sententia* jette sa lueur, la plus éclatante possible, soit à la fin d'une phrase, soit à la fin d'un ensemble de phrases. J'ai déjà parlé de son rôle en ce dernier cas, lorsque, après une suite de toutes petites propositions juxtaposées (sans verbe s'il se peut), comme égrenées sur la route, elle prend une valeur de signal pour marquer la fin d'un développement qui n'en aurait pas nécessairement par lui-même. Donnons des exemples. — On se rappelle le début des *Histoires*, l'énumération des catastrophes de l'année 69, tous ces maux dépeints en phrases qui se succèdent pressées, haletantes. Tableau déjà singulièrement sombre. Pour finir cependant, un trait encore, le plus fort, celui qui rendra le mieux l'affreuse misère des temps qu'on vivait : *et quibus deerat inimicus, per amicos oppressi*[3]. — Au moment où éclate la guerre civile entre Othon et Vitellius, l'état des esprits à Rome est lamentable. Sénateurs, nobles, chevaliers, c'est à qui luttera de faiblesse et de peur. Mais chez d'autres il y a

---

1. II, 29. — 2. I, 54. — 3. I, 2.

pis, une honteuse perversion morale. Beaucoup, dont
le crédit est ruiné, que la paix angoisse, se réjouissent
du désordre entrevu, trouvant leur sûreté parmi les
hasards : *turbatis rebus alacres et per incerta tutissimi*[1].
Voilà le coup de pinceau qui achève. Et telle est la
façon générale de peindre : une série de touches rapides,
alignées sur un même plan; puis soudain, une touche
plus frappante, la dernière.

Pour être sûr de frapper davantage, Tacite fait coïn-
cider d'ordinaire la phrase à effet avec la fin d'un paragraphe ou d'un chapitre. Très exceptionnellement la
sententia ouvre le tableau[2]. Sa véritable fonction est de le
clore et sa place normale en réserve. Elle ne doit apparaître qu'à l'instant favorable, quand on passe d'un développement à un autre, lorsqu'une pause intervient et
que la suite des événements, suspendue, permet à l'esprit de se reprendre, de réfléchir, d'admirer. C'est alors
qu'il convient d'apporter au lecteur une pensée de choix
exprimée dans une forme rare. Si l'ouvrage est produit
en séance publique, c'est le moment de fixer l'attention
de l'auditoire; on l'arrête sur la chose ingénieusement
et curieusement dite, et par la secousse inattendue on
soulève ses applaudissements. N'oublions pas l'influence
des *recitationes* sur notre auteur. Tacite n'a peut-être
mis autant de *sententiae* au bas de ses chapitres que
pour mieux remporter le succès auprès de son public
mondain.

Non moins fréquentes que les *sententiae* sont les vérités générales, qui cherchent souvent, elles aussi, à être
des traits brillants[3]. On les rencontre à la fin des cha-

1. I, 88.
2. Voici une de ces exceptions : I, 47 *Exacto per scelera die novissimum malorum fuit laetitia*, début du développement et du chapitre.
3. « Il est si plein de sentences, dit Montaigne (*Essais*, III, 8),
qu'il y en a à tort et à droit; c'est une pépinière de discours éthiques

pitres. De grandes pensées sous forme de petites phrases, le contraste plaît évidemment à Tacite; il en fait une manière. On les rencontre plus encore dans les discours; les orateurs des *Histoires* parlent tous à grand renfort de maximes, Galba à Pison, Mucien à Vespasien, Titus à son père[1]. Le cas de Titus est particulièrement instructif. « Non, disait-il à Vespasien en faveur de Domitien son frère, ni légions ni flottes ne sont d'aussi fermes soutiens du pouvoir que le nombre des enfants; car le temps, la fortune, la passion, l'erreur refroidissent, déplacent, éteignent les amitiés. Le sang forme des liens indissolubles, surtout entre les princes, dont la prospérité profite aussi à d'autres, dont les disgrâces retombent sur ceux qui les touchent de près. » Quel étrange langage d'un fils à son père! Est-ce là de l'intimité? Il est vrai qu'Auguste n'en avait guère, lui qui écrivait par avance ce qu'il voulait dire à sa femme. Mais dans le discours en question, on sent que Tacite le moraliste se tient derrière son personnage, et Titus parle peut-être en Romain ami des sentences, mais surtout en bon élève qui répète une leçon.

Il n'est pas rare non plus qu'un fait particulier soit généralisé par les incises *ut fit, ut evenit, ut solet, ut sunt hominum ingenia, more vulgi,* ou quelque autre du même genre. Exemples : En Germanie des soldats se sont révoltés contre l'empereur. Bientôt pas un n'ose demeurer fidèle à Galba; *sed quod in seditionibus accidit, unde plures erant, omnes fuere*[2]. — Les assiégés du Capitole, au lieu de se rallier à un chef, s'agitent en désordre; tous commandent, personne n'exécute. Est-ce le résultat du hasard? Non; c'est la conséquence habituelle d'une situation désespérée : « *quod in perditis rebus accidit,*

et politiques, pour la provision et ornement de ceux qui tiennent quelque rang au maniement du monde. »

1. I, 15 ; II, 76 ; IV, 52. — 2. I, 56.

omnes praecipere, nemo exsequi[1]. » — Vitellius s'est
enfui, puis brusquement il revient sur ses pas et retourne au Palais. Il agit comme tout homme qui a peur,
auquel la situation présente paraît toujours être la
pire : « *quae natura pavoris est, cum omnia metuenti
praesentia maxime displicerent, in Palatium regredi-
tur*[2]. » Ainsi de suite. Ce qui intéresse Tacite, c'est de
rentrer dans l'observation générale de l'humanité.

Souvent le fait particulier et l'idée générale sont
fondus plus étroitement; la phrase, commencée avec
l'un, s'achève avec l'autre : *Crebriores apud ipsum (Ves-
pasianum) sermones (erant), quanto sperantibus plura
dicuntur*[3]. Du seul Vespasien candidat à l'empire, la
pensée de l'auteur est passée à tous ceux qui nourrissent
de vastes espoirs. La généralisation se trahit ici par
l'emploi du pluriel *sperantibus* et du présent *dicuntur*.
Mais alors même qu'elle n'est marquée par aucun signe
extérieur, fréquemment encore elle existe. Exemples :
*Inviso semel principi seu bene seu male facta parem in-
vidiam afferebant*[4]. Il ne s'agit pas uniquement de
Galba, et la remarque vaut pour tous les princes. La
preuve en est que, deux mots de ce passage étant d'une
lecture incertaine dans le manuscrit[5], on a voulu en profiter pour tirer la phrase vers le sens général et la trans-
former en maxime : *inviso semel principe seu bene seu
male facta premunt.* Ce n'est plus le texte, mais c'est bien

1. III, 73. — 2. III, 84.

3. II, 78. Cf. encore I, 76 : *eadem formido provinciam Narbo-
nensem ad Vitellium vertit, facili transitu ad proximos et vali-
diores.* — IV, 38 : *vulgus..., retineri commeatus... credebat, au-
gentibus famam Vitellianis qui studium partium nondum posuerant, ne
victoribus quidem ingrato rumore, quorum cupiditates externis quoque
bellis inexplebiles nulla unquam civilis victoria satiavit,* etc.

4. I, 7.

5. Le manuscrit donne *pminuit id*, qu'il faut évidemment corriger; mais *principi* doit être gardé et *afferebant* maintenu dans la
phrase.

l'idée. — *Hiantes in magna fortuna amicorum cupiditates ipsa Galbae facilitas intendebat*[1]. Le participe *hiantes* est l'équivalent de *quae solent hiare*. — A propos de Valens : *inopi iuventa, senex prodigus*[2]. Nous sommes tentés de traduire : « à jeunesse indigente, *vieillesse prodigue* ». Ainsi à chaque instant et sans effort, presque inconsciemment, nous dégageons l'idée générale enveloppée sous le cas particulier. C'est que l'observation, lorsqu'elle creuse assez avant dans l'âme individuelle, atteint nécessairement le fond commun de sentiments et de passions qui est celui de la nature humaine tout entière. Les réflexions psychologiques de l'historien, appliquées à des personnages déterminés, acquièrent une portée universelle. Comme d'ailleurs ce fond qu'elles découvrent est presque toujours trouble, chargé de lie, elles y prennent aussi ce goût d'amertume qui s'attache aux pensées des moralistes pénétrants. De là ce qu'on appelle le mot à la Tacite, vérité triste, idée forte, condensée sous une forme très simple et présentée d'ordinaire en antithèse, raccourci vigoureux dont le relief se grave dans la mémoire, airain vibrant dont les résonances se prolongent dans l'esprit : « *Isque habitus animorum fuit ut pessimum facinus auderent pauci, plures vellent, omnes paterentur*[3]. — *Otho protendens manus adorare vulgus, iacere oscula et omnia serviliter pro dominatione. — Non tumultus, non quies, quale magni metus et magnae irae silentium est. — Centuriones (Vitellius) occidi iussit, damnatos fidei crimine, gravissimo inter desciscentes*[4]. » Ces mots que l'auteur jette à pleines mains dans son ouvrage, comme un habile tisseur, dit

1. I, 12. — 2. I, 66.
3. M. Fabia (*Rev. de Phil.*, 1912, p. 90) fait remarquer la double gradation : ascendante (*pauci, plures, omnes*), descendante (*auderent, vellent, paterentur*).
4. I, 38 ; I, 36 ; I, 40 ; I, 59.

Juste Lipse, sème l'or et la soie sur son étoffe, ce ne
sont pas toutes les beautés du style des *Histoires*, mais
c'en est une des beautés originales. C'est le grand style
de Tacite, qui est très grand.

IV

Si, pour terminer, prenant les choses de haut, l'on
embrasse d'une seule vue ce style de Tacite, on s'aper-
cevra qu'un principe commun explique les différents
caractères que je viens d'analyser. Ce principe, c'est le
désir d'innover. Il domine, d'ailleurs, toute la littérature
de l'époque. Un courant général portait le siècle vers le
rajeunissement, la nouveauté; et non seulement l'auteur
des *Histoires*, mais Sénèque et Lucain, mais les orateurs,
Aper et ses semblables, étaient entraînés à parler ou à
écrire autrement que n'avaient écrit ou parlé les grands
hommes de la République finissante. Un trait de cette
transformation est surtout à retenir, l'abaissement des
barrières qui séparaient jusque-là les deux langues de la
poésie et de la prose. Elles se rapprochent désormais,
se mélangent, vocabulaire et syntaxe. On veut partout
de la couleur poétique[1]. Même ceux qui réagissent, même
un Quintilien qui prêche le retour au purisme de Cicéron, ne sont cicéroniens qu'avec bien des tempéraments,
et par leurs concessions au goût contemporain ils aboutissent surtout à se donner une manière bâtarde. Tacite
subit donc la pression de son milieu et de son époque;
mais comme il a une personnalité plus puissante, il
s'empare avec plus de force de la tendance du siècle et
la réalise avec plus d'éclat.

---

1. *Exigitur... poeticus decor* (Tac., *Dialog.*, 20).

Tout n'était pas mauvais dans ce désir d'innover. D'abord, il y avait effectivement du nouveau à dire. Il y a toujours à dire du nouveau. L'esprit humain ne peut rester stationnaire. S'arrêter, pour lui ce serait mourir. Chaque âge apporte de nouvelles nuances d'idées ou de sentiments; il faut exprimer ces nuances. La pensée marche, la sensibilité se modifie; le style doit suivre. Tous les écrivains de l'Empire s'essayent dans cette voie. Seulement Tacite, plus nerveux, vibre davantage; il sent d'une manière plus dramatique. La langue ordinaire est trop pauvre ou trop faible pour rendre le frémissement qu'il éprouve. Il la violente pour lui faire traduire sa passion. De là ses emprunts répétés aux poètes, à Virgile notamment, ses créations de mots généralement pleins, sonores, expressifs, ses emplois de termes anciens dans des acceptions nouvelles, ses alliances de mots, ses brusqueries de syntaxe.

Le désir du nouveau dans le style, c'est encore l'horreur du banal; et cette aversion est une des qualités essentielles de l'artiste. Certes le premier rang appartiendra toujours à l'invention de l'idée; mais après celle-ci, l'invention de la forme a, elle aussi, son mérite; et s'appliquer à trouver pour chaque idée, même ancienne, l'expression la plus neuve, énergique ou fine, saisissante ou ingénieuse, est une tâche digne de tenter bien des efforts. L'écueil est ici, quand la chose a déjà été dite en perfection, de vouloir la redire tout de même à sa façon et, quand il est impossible de faire mieux, de chercher à faire autrement. Nécessairement alors on raffine, on exagère; on sort du naturel et du simple pour tomber dans le rare ou l'extraordinaire. Ne pouvant atteindre la nouveauté qui dure, on s'arrête à la nouveauté qui surprend et, à défaut de l'invention vraie, on se contente de l'imprévu.

Cette préoccupation de la surprise, que nous avons

constatée dans d'autres parties de son art, Tacite la porte
également dans le style. Je ne dirai donc pas, comme
on le dit volontiers, qu'il prend les substantifs abstraits
au sens concret; car d'autres fois il prend les mots con-
crets dans un sens abstrait[1]. Je ne dirai pas non plus
qu'il prend le verbe simple pour le composé; car d'autres fois il prend le composé pour le simple[2]. Sa règle
semble être de n'en point avoir; ou, si l'on veut, ce qu'il
aime, c'est de substituer à l'expression courante, atten-
due, celle qui « ne s'attend point du tout ».

De même pour l'arrangement des mots dans la proposition. On est frappé à quel point l'ordre classique est
bousculé, rompu. Assez souvent l'on s'explique que
le verbe, au lieu d'être réservé pour la fin, ait été
jeté en tête : il y avait un effet à rendre et il fallait concen-
trer la lumière sur le mot essentiel. Dans l'une de
ces deux phrases : *agebatur huc illuc Galba, vario turbae
fluctuantis impulsu...* ou *torpebat Vitellius...*[3], déplacez
le verbe, l'effet disparaît. Mais parfois aussi le verbe
reste à la première place dans le récit, et l'on n'aperçoit à cela d'autre raison que le désir, le seul désir, de
briser l'ancien moule. Quand d'autre part le verbe est à
la fin, il semble y avoir été mis avec une intention spéciale. Exemple : *Occulta fati et ostentis ac responsis destinatum Vespasiano liberisque eius imperium... post fortunam credidimus*[4]. Si les points de suspension ne sont
pas dans le texte, la pause qu'ils indiquent est conforme
à la pensée du passage. Je traduis : « Qu'un destin secret, révélé par des prodiges, eût destiné l'empire à

---

1. *Servitia* pour *servi* I, 32 et III, 84 ; *exsilia* pour *exsules* I;
2 etc... ; mais aussi *gaudentium* pour *gaudii* I, 4 ; *exsule* pour *exsi-
lio* I, 10, etc.

2. *Propinquare* pour *appropinquare* II, 18 ; mais aussi *approbare*
pour *probare* I, 3, etc.

3. I, 40 ; I, 62. — 4. I, 10.

Vespasien, ... nous avons attendu son élévation pour le croire. » La malice a été retardée, suspendue, afin d'être mieux décochée. Mais il semble aussi que, l'intention spéciale venant à manquer, Tacite préfère, en dépit de l'usage classique, ne pas renvoyer le verbe à la fin. Et pourquoi, sinon pour agir précisément au rebours de cet usage? Pourquoi avoir écrit en effet : *postquam pandi viam et mare prosperum accepit, de se (Titus) per ambages interrogat caesis compluribus hostiis*, au lieu de *caesis compluribus hostiis per ambages interrogat*[1]. L'ablatif absolu aurait pu d'autant mieux précéder le verbe principal, qu'il marque une action antérieure. Pourquoi encore avoir écrit : *indomitus miles... ruere et retinenti duci tela intentare spretis centurionibus tribunisque*[2]? Si l'on se place au point de vue de la discipline militaire, désobéir aux centurions ou aux tribuns est moins grave que de tourner d'un air menaçant la pointe de ses armes contre son général. La gradation était donc mieux observée, si *duci tela intentare* avait suivi *spretis centurionibus*. Mais les ablatifs absolus en fins de phrases sont une de ces nouvelles tournures que Tacite affectionne, et Tacite a fait passer la nouveauté avant la logique ou la chronologie.

Je rattache à ce même goût du nouveau et de l'imprévu la manière, sur laquelle j'ai longuement insisté plus haut, de construire les phrases par addition de propositions qui naissent successivement et les unes des autres, procédé si contraire au procédé périodique. Cette phrase à tiroirs (qu'on me passe l'expression) est un peu une phrase à surprises. On ne sait jamais bien, quand on s'y engage, où elle vous mènera ni ce qui en sortira. C'est par cela même qu'elle séduit Tacite. Elle pique l'attention et ménage des effets.

1. II, 4. — 2. II, 18.

Ainsi, qu'il s'agisse de ranger les mots dans la proposition ou de ranger les propositions dans la phrase, l'ancienne disposition classique est rejetée. Plus d'ordre cicéronien, synthétique, du moins à l'ordinaire ; et, conséquence intéressante, mais qui devait se produire, l'ordre nouveau prend par moments une singulière ressemblance avec l'ordre français. Une phrase comme celle-ci : *Africa... contenta qualicumque principe post experimentum domini minoris*[1] se traduira, sans qu'on ait à faire autre chose qu'à mettre sous le mot latin le mot français correspondant : « L'Afrique se contentait de n'importe quel prince, après l'essai (qu'elle avait fait) d'un maître trop médiocre ». De l'ordonnance des mots dans la proposition passons-nous à l'ordonnance des propositions entre elles, mêmes analogies à relever : *Vires luxu corrumpebantur, contra veterem disciplinam et instituta maiorum, apud quos virtute quam pecunia res Romana melius stetit*[2], « leurs forces s'énervaient dans le luxe, contrairement à l'ancienne discipline et aux maximes de nos ancêtres, chez qui le courage plutôt que l'argent maintint et affermit la puissance ». — *Tertia legio exemplum ceteris Moesiae legionibus praebuit ; octava erat ac septima Claudiana, imbutae favore Othonis, quamvis proelio non interfuissent*[3], « la 3ᵉ légion donna l'exemple aux autres de Mésie ; c'étaient la 8ᵉ et la 7ᵉ Claudienne, passionnées pour le souvenir d'Othon, quoiqu'elles n'eussent point paru dans la bataille. » En présence de ces phrases et de leurs pareilles, auxquelles il est si aisé de communiquer l'allure française, on peut mesurer le chemin parcouru depuis l'époque de César ou d'Auguste : nous sommes dans un nouvel âge littéraire, presque à l'antipode du précédent.

Un caractère non moins saillant de ce style est l'ab-

1. I, 11. — 2. II, 69. — 3. II, 85.

sence voulue de symétrie entre les différents mots ou
les différents membres de la phrase. Tacite semble fuir
la symétrie avec autant de soin que Cicéron la recherche. Dès le prèmier chapitre il hasarde cette construction bizarre : *neque amore quisquam et sine odio
dicendus est* (proposition négative et proposition affir-
mative côte à côte)[1]. On trouvera cataloguées dans les
ouvrages spéciaux les formes diverses sous lesquelles se
manifeste cette « asymétrie » ou *inconcinnitas* ; mais (ce
qui nous intéresse pour le moment), le principe dont
elles procèdent toutes, n'est-il pas encore et toujours ce
besoin d'imprévu qui tourmente l'auteur ? La symétrie
est chose régulière et prévue. Cicéron ne veut point surprendre. Il aime au contraire la belle cadence qui flatte
l'oreille, dont l'oreille attend le retour; il divise ses
périodes en compartiments symétriques. Tacite cherche
les rudesses de l'asymétrie, qui heurtent le cerveau et
lui imposent la sensation de la chose neuve. Remarquez
qu'il n'y a qu'une façon d'être symétrique, mais qu'il y
en a vingt, qu'il y en a cent de ne pas l'être. Le procédé est susceptible d'étonnantes variétés; Tacite les
emploie, de manière à étonner en effet.

La *sententia* est également un procédé pour exciter la
surprise. Prenez les deux phrases suivantes : *exacto per
scelera die novissimum malorum fuit... laetitia*, et : *trans-
vectum est tempus quo posses videri concupisse, confu-
giendum est... ad imperium*[2]. Que l'on ait l'impression
d'une chute, comme avec la première, ou au contraire
celle d'une ascension, comme avec la seconde, dans les
deux cas l'effet est obtenu par une rupture d'équilibre;
c'est toujours une secousse donnée au lecteur par quelque chose d'inattendu! Or vouloir de l'imprévu sans
cesse, rechercher à tout prix ce qui sort de l'ordinaire,

____

1. I, 1. — 2. I, 47 ; II, 76.

est un des traits de l'esprit précieux. Il y a de la préciosité dans les *Histoires*. Nous l'avions déjà noté; on en connaîtra maintenant la source. Le précieux ne reste jamais dans la mesure; il exagère, soit qu'il grossisse, soit qu'il subtilise; il renchérit sur l'expression courante pour la rendre plus forte, il raffine sur la sienne propre pour la rendre plus ingénieuse. Si Tacite a des expressions un peu emphatiques, de ces mots, comme dit Nisard[1], qui surfont les choses, s'il a de l'affectation et de l'apprêt, c'est qu'il n'a pas su échapper complètement à la contagion régnante des écoles et des cercles, qui consistait à mettre de l'esprit partout, et non seulement « dans des pensées rares qui n'en sont pas moins justes, mais dans des pensées communes qui veulent paraître rares[2] ».

Cette affectation conduit à l'obscurité, autre défaut de la préciosité. Tacite est obscur par brièveté sans doute, par condensation de l'idée, laquelle, visant à s'exprimer dans le moins de mots possible, supprime tous les mots qui ne sont pas nécessaires — et quelquefois ceux qui le sont[3]; multipliant les figures comme l'ellipse et

1. — D. Nisard, *Les quatre grands historiens latins*, 1884, p. 300.
2. *Ibid.*, p. 297.
3. Par ex. I, 6 : *Invalidum senem Titus Vinius et Cornelius Laco, alter deterrimus mortalium, alter ignavissimus, odio flagitiorum oneratum contemptu inertiae destruebant.* La phrase aurait dû être quelque chose comme ceci : *invalidum senem Vinius et Laco, alter deterrimus mortalium odio flagitiorum onerabat, alter ignavissimus omnium contemptu inertiae destruebat.* Mais obéissant à son habitude de condenser deux phrases en une seule, Tacite a voulu remplacer le premier verbe principal par un participe, d'autant plus que l'idée de *destruere* (ruiner dans l'opinion, démolir) s'appliquait en fait à Vinius comme à Laco. Ceci le conduisait à écrire : *invalidum senem Vinius et Laco odio flagitiorum oneratum ab altero... destruebant.* Mais *ab altero* pouvait à la rigueur se sous-entendre; il a été supprimé. D'où enfin la phrase telle que nous l'avons, et qui n'est pas très claire. — III, 23 *neutro inclinaverat fortuna, donec adulta nocte luna surgens ostenderet acies falleretque.* La lune en se levant montre les

le zeugma, il n'est point toujours clair dès l'abord[1].
Mais il est obscur aussi par recherche, et pour ne pas
vouloir parler comme tout le monde, directement. Il
n'est pas fâché qu'il y ait, ne fût-ce qu'un instant, à
deviner dans sa pensée et que celle-ci n'apparaisse dans
tout son jour qu'au second moment, à la réflexion ou
quand on relit. Il sait qu'on l'admirera d'autant plus
alors, qu'on s'admirera un peu soi-même de l'avoir si
bien pénétrée. « *Sortem civilium armorum* misera laetitia
detestantes[2] », dira-t-il des vainqueurs et des vaincus après
Bédriac, parce qu'à la joie de la paix conclue se mêle la
tristesse de tout le sang versé. Et des habitants de Lyon
et de Vienne : *uno amne discretis conexum odium*[3], « un
seul fleuve les séparant, leurs haines étaient toujours
aux prises » (l'antithèse tourne au jeu de mots). *Satis
clarus est apud timentem quisquis timetur* ou *optimus est
post malum principem dies primus*[4] (le style devient
épigrammatique, à la Sénèque).

Mais ses finesses de langage seraient-elles encore plus
cherchées et son obscurité plus « ambitieuse », des
compensations se rencontrent, qui effacent les traces de
préciosité et font négliger les coins d'ombre. Car cette
passion de l'écrivain pour les locutions neuves ou renouvelées, pour les expressions imprévues en elles-mêmes
ou imprévues dans leurs rapports avec les expressions

deux armées l'une à l'autre, mais n'en trompe qu'une seule, celle
où l'on prend pour des corps les ombres allongées sur le sol; l'armée
qui est éclairée par derrière, se trouve au contraire en excellente
posture et favorisée. Il faut très souvent ainsi interpréter la pensée
de Tacite, qui ne s'exprime pas avec le nombre de mots suffisant.
  1. Voir Goelzer, *ouv. cit.*, p. 227-230, Valmaggi, *ouv. cit.*,
p. 171 (et les notes 1 et 2), Constans, *ouv. cit.*, p. 117 124.
  2. Tac., *Hist.*, II, 45. — 3. I, 65. — 4. II, 76; IV, 42.

voisines, c'est elle qui nous vaut ce qu'il y a de pittoresque, d'imagé, d'éclatant dans le style des *Histoires*.
Disons un dernier mot de ce pittoresque du style.

Tacite use peu de la comparaison, à l'inverse d'un
Michelet, chez qui les comparaisons abondent, variées
et brillantes à souhait. Quand il y recourt, on a observé
que c'était moins pour comparer sous un aspect semblable deux objets ou deux êtres, différents par ailleurs,
que pour comparer un seul objet ou un seul être avec
lui-même dans deux circonstances différentes[1]. Il montre
bien Vitellius « sous les ombrages de ses jardins, couché
comme ces animaux qui demeurent engourdis auprès
de leur pâture » (*ut ignava animalia, quibus si cibum
suggeras, iacent torpentque*[2]). Mais la comparaison prend
plutôt avec lui le tour suivant : « Le peuple assistait aux
combats qui se livraient dans les rues, *comme s'il* était
aux jeux du cirque, encourageant de ses cris et de ses
applaudissements les deux partis tour à tour » (*aderat
pugnantibus spectator populus, utque in ludicro certamine hos, rursus illos clamore et plausu fovebat*)[3].

A la comparaison Tacite préfère la métaphore, non pas
tant celle du substantif (assez rare)[4], ni même celle de
l'adjectif[5], que celle du verbe. Voici, par exemple,
les cupidités qui s'agitent autour des puissants, convoitises à la bouche ouverte, au cou tendu (*hiantes
in magna fortuna amicorum cupiditates*[6]), la porte de

---

1. Vianey, *Quomodo dici possit Tacitum fuisse summum pingendi
artificem*, 1896, p. 24-25.
2. Tac., *Hist.*, III, 36. — 3. III, 83.
4. III, 73 *audaciam pro latebra habebant* ; II, 92 *abditis pecuniis
per occultos aut ambitiosos sinus* ; III, 42 *segnitia maris* ; IV, 6 *ruina
soceri*.
5. II, 46 *maesta fama* ; II, 34 *segne otium* ; II, 2 *audentioribus
spatiis* ; III, 36 *(Vitellium) in nemore Aricino desidem et marcentem* ;
I, 7 *servorum manus subitis avidae*, etc,
6. I, 12.

l'Italie dont on lève le verrou pour y faire passer l'in-vasion (*iam reseratam Italiam*[1]), un chef qui descend dans l'arène, champion déclaré de la cause qu'il a em-brassée (*descendisse in causam videbatur*[2]), la fortune au-devant de laquelle il faut courir, déployant les pans de sa toge (*panderet modo sinum et venienti Fortunae occur-reret*[3]), un malheureux déjà compromis, chancelant, et qu'on pousse de l'épaule pour le faire tomber tout à fait (*impulit ruentem*[4]), les soldats qui s'élancent aux premiers rangs ou dont la vague reflue aux derniers (*in primam postremamve aciem prorumpebant aut relabe-bantur*[5]), les légions frémissantes, quand d'un coup d'œil circulaire elles dénombrent leurs forces (*fremere miles et vires suas circumspicere*[6]), la carapace de bou-cliers que forme une troupe d'assaut, désunie sous les coups de lances qui la sondent, disjointe par les piques et devenue comme flottante (*disiectam fluitantemque testudinem lanceis contisque scrutantur*[7]). Voici des per-sonnifications : la curiosité publique assiège le palais, impatiente de quelque grande révélation (*circumsteterat Palatium publica exspectatio, magni secreti impatiens*[8]), les routes emplissent l'Italie de vacarme (*strepentibus ab utroque mari itineribus*[9]), la barbarie et la débauche ont renversé Néron de dessus la nuque de l'État (*Neronem sua immanitas, sua luxuria cervicibus publicis depu-lerunt*[10]; métaphore ancienne, employée par Cicéron et Tite-Live, mais en progrès de hardiesse chez Tacite).

Telle est souvent la façon dont son imagination lui représente hommes et choses, idées et sentiments. Non seulement il sait voir les formes concrètes; mais il anime l'inanimé, il fait vivre l'abstrait; et ce qu'il voit et ce qu'il sent, il le traduit par de brillantes figures. Cepen-

1. III, 2. — 2. III, 3. — 3. I, 52. — 4. II, 63. — 5. II, 41. — 6. II, 6. — 7. III, 27. — 8. I, 17. — 9. II, 62. — 10. I, 16.

dant il ne faudrait pas croire que son style soit tout mé-
taphorique. Il y a des écrivains comme Montaigne ou
Victor Hugo, qui parlent presque uniquement par
images, parce qu'ils pensent presque uniquement en
images, chez qui sensation et pensée c'est tout un,
dont le style, selon le mot de Sainte-Beuve, « est une
figure perpétuelle et à chaque pas renouvelée[1] ». Don
éminent du poète que de peindre ainsi par images ; il
colore, il transforme tout ce qu'il touche. Par là Montaigne est un poète, au même titre que Victor Hugo. Et
Tacite aussi en est un, en tant qu'il a eu « cette baguette
d'enchantement ».

Mais il est une autre façon d'être poète, parce qu'il
est une autre façon de peindre. Au lieu de termes figu-
rés, on peut se servir des mots de tout le monde, à la
condition pourtant de les bien employer et les bien disposer, ce dont tout le monde n'est pas capable. « Quand
on joue à la paume, dit Pascal[2], c'est une même balle
dont on joue l'un et l'autre, mais l'un la place mieux. »
Le pittoresque — et le poétique, dont le pittoresque est
un élément — sera donc aussi l'art de faire valoir les mots
les uns par les autres, comme les phrases les unes par
les autres, comme les sons les uns par les autres. Du
simple assemblage de termes propres, de mouvements
et de sons justes, on tire des effets inattendus. De cette
manière encore Tacite est poète, et plus souvent même
que de la précédente. Il peint par le rythme des phrases,
il peint par la disposition des mots, il peint par le choix
des sons ; il peint même par deux de ces choses ensemble ou par toutes les trois réunies[3].

---

1. Sainte-Beuve, *Port-Royal*, t. II, liv. III, ch. 3, p. 443.
2. *Pensées*, art. VII, 9 (édit. Havet). Pascal le dit de la disposition des pensées dans le discours, mais on peut l'appliquer à la disposition des mots dans la phrase.
3. M. Vianey (*ouv. cit.*, p. 26) prononce ici le nom de La Fon-

Il obtient par l'accumulation de ses petites propositions juxtaposées, qui se pressent comme des flots,
d'extraordinaires effets de rapidité. « *Alium crederes
senatum, alium populum : ruere cuncti in castra, anteire
proximos, certare cum praecurrentibus, increpare Galbam, laudare militum iudicium, exosculari Othonis ma-
num ; quantoque magis falsa erant quae fiebant, tanto
plura facere*[1]. » Ce mouvement, à la fois précipité et
brisé, en harmonie avec la pensée, ne donne-t-il pas à
merveille l'impression d'une foule qui se rue, se bouscule, multiplie les démonstrations et les gestes, faisant
chacun d'eux avec une hâte fébrile et passant à d'autres
sur-le-champ, par crainte de n'en jamais faire assez?
Tel est, à la mort de Galba, l'empressement de courti-
sanerie qui s'empare comme un vertige du Sénat et du
peuple et les jette, lâches et tremblants, aux pieds
d'Othon le vainqueur.

Par de plus amples propositions, au contraire, et des
mots heureusement choisis, Tacite obtient de remar-
quables effets de lenteur et de lourdeur. Les légionnaires
d'Espagne gagnent l'Italie à travers les Pyrénées et les
Alpes, voyage fatigant qui les rebute. La phrase aussitôt
se moule sur la sensation à exprimer : *Labores itinerum,
inopia commeatuum, duritia imperii, atrocius accipie-
bantur, cum Campaniae lacus et Achaiae urbes classibus
adire soliti | Pyrenaeum et Alpes et immensa viarum
spatia aegre sub armis eniterentur*[2]. La longueur des
mots de la proposition principale, dont les trois sujets, qui énumèrent les causes de mécontentement,
sont rapprochés sans conjonction copulative, la lourdeur des compléments du verbe subordonné accrue par

taine, et il a raison. C'est par des qualités de ce genre que La Fon-
taine a été l'admirable artiste en vers que l'on connaît.
1. Tac., *Hist.*, I; 45. — 2. I, 23.

la répétition de *et* entre chaque terme, le dur hiatus
de *spatia aegre*, la pause obligatoire avant et après
sub armis, enfin le verbe *ēniterēntur* avec ses cinq
syllabes dont trois longues, tout concourt à peindre
l'ennui, l'accablement, les marches épuisantes, une
armée qui se traîne et murmure.

Une même phrase, par le choix des mots et des sons,
peut offrir le contraste de l'immobilité silencieuse, suivie d'une explosion d'activité. Quand les troupes de
Germanie, que Cécina, leur chef, a livrées aux Flaviens,
ont la révélation brusque de cette trahison, quand elles
voient le nom de Vespasien inscrit sur les enseignes,
les images de Vitellius abattues, c'est d'abord pour elles
la stupeur : *vastum primo silentiam*[1], et les deux premiers mots de quatre spondées, allongés par l'intervalle
qui les sépare, le grand substantif qui les suit et les
prolonge avec ses quatre syllabes, elles-mêmes coupées en
deux moitiés égales (deux iambes), forment un ensemble
qui tombe lourd et sourd devant un fort arrêt de la pro-
nonciation : *vāstūm|prīmō||sĭlĕntĭūm|||*. Puis soudain :
mox cuncta simul erumpunt. La phrase est repartie,
vive, rapide, avec un monosyllabe, deux dissyllabes,
celui-là mordant (*mox*), ceux-ci fluides, presque tout
en brèves (*cunctă sĭmŭl*), pour s'achever sur le pesant
ērūmpūnt (le flot a crevé de sa masse le barrage et se
déverse maintenant par la trouée qu'il a faite).

S'agit-il de représenter Vitellius s'acheminant vers
Rome et tout l'incroyable encombrement de gens, de
bagages, de services de toute sorte qu'il traîne à l'arrière,
vivandiers, valets d'armée, courtisans, bouffons, comédiens, cochers ; les mots de quatre, cinq, six syllabes,
les spondées, les génitifs pluriels en *-orum*, en *-arum*,
les imparfaits en tête des propositions se multiplient.

1. III, 13.

Tout le chapitre 87 du second livre est très curieux à
cet égard et mériterait d'être étudié de près[1]. — S'agit-il
de peindre un défilé d'armées prisonnières, Tacite trouve
les sonorités graves et tristes, les harmonies sourdes qui
conviennent : *maestum inermium agmen, deiectis in ter-
ram oculis, sequebatur* ou *silens agmen et velut longae
exsequiae*[2]. Ajoutez l'effet que produisent, dans la première phrase le long *sequebatur* détaché du reste, dans
la seconde tous ces mots qui semblent marcher au pas
et s'avancent en groupes de deux syllabes, à intervalles
réguliers, l'hiatus enfin de *longae exsequiae* qui ralentit
le funèbre cortège. Ce n'est pas de l'harmonie imita-
tive, procédé toujours artificiel ; c'est l'expression d'une
pensée vivement émue, qui se traduit d'elle-même dans
la forme appropriée.

V

Quant au détail proprement grammatical des *genres,*
des *nombres,* des *cas,* des *temps* et des *modes,* je n'ai
pas à y insister ; il a été relevé avec soin par les érudits
qui s'en sont occupés. Je me bornerai, pour finir, à
deux remarques. D'abord, on ne peut manquer d'être
frappé par les libertés, les hardiesses même de cette
syntaxe. Dans l'emploi des adjectifs au pluriel neutre,
des génitifs marquant l'objet ou la relation, des datifs
de but, des ablatifs d'instrument, des participes, des
infinitifs, des cas absolus, des appositions, dans cent
autres emplois Tacite se comporte avec l'audace d'un

---

1. II, 87 : *Vitellius contemptior in dies segniorque ad omnes muni-
cipiorum villarumque amœnitates resistens, gravi urbem agmine petebat. Sexaginta milia armatorum sequebantur... Onerabant multitudi-
nem obvii ex urbe... Aggregabantur e plebe...*
2. III, 31 ; IV, 62.

poète[1]. Puis la syntaxe acquiert chez lui une souplesse qu'elle ne connaissait pas encore, à la fois par l'imitation du grec, ressaisi à travers Salluste et Virgile, et par l'imitation de la langue des gens du monde, où la correction extérieure et grammaticale est moins sévère et se subordonne à une sorte d'intelligence rapide des rapports entre les choses.

De tout cela s'est formé un style d'une vivacité et d'un relief extraordinaires, toujours varié, brusque, imprévu, non pas précisément obscur, mais qu'il faut pourtant un peu d'effort pour comprendre, qui n'a point, qui ne veut point avoir cette clarté lumineuse, grâce à laquelle, du premier coup, le lecteur n'a plus rien à chercher, un style enfin qui, tout en prenant aux devanciers, aux contemporains, demeure éminemment original et personnel, le plus personnel et original peut-être qu'il y ait dans la littérature latine.

1. Beaucoup de ces hardiesses résultent d'une extension par analogie. Tacite étend une manière de dire usuelle, ou du moins qui n'est pas sans précédents, à des cas nouveaux où elle prend souvent un air d'étrangeté. Cf. I, 44 : *omnes conquiri et interfici iussit... munimentum ad praesens, in posterum ultionem* C'est un cas de double extension. Car si l'on rencontre chez Cicéron, en apposition à une proposition entière, non seulement le nominatif, mais encore l'accusatif d'un substantif, cet accusatif n'est jamais que celui du substantif *rem*, et encore le substantif *rem* est-il accompagné d'un adjectif (ex. *rem haud sane difficilem*); Tacite emploie, lui, à l'accusatif toute espèce de substantifs, et sans même qu'ils soient accompagnés d'adjectifs. En outre, chez Cicéron l'apposition sert simplement à qualifier l'action marquée par la proposition; chez Tacite elle peut exprimer, comme ici, le but de cette action : « Il les fit rechercher et mettre à mort, *pour sa sécurité* dans le présent et *pour sa vengeance* dans l'avenir. » — Je pourrais citer quantité d'autres exemples plus ou moins analogues. Le procédé est constant.

CONCLUSION

Concluons brièvement sur l'art des *Histoires*. Il y a
un côté par où Tacite se rattache à son époque, c'est le
moins bon. Il y en a un autre — excellent —, par où il
la dépasse. A ses imitations, à ses emprunts il a ajouté
son génie. Par son génie, il se débarrasse de plus en
plus des influences; il quitte l'éloquence pour rentrer
dans la poésie, et s'élève au-dessus de l'artifice pour
atteindre au grand art.

Quintilien déclarait que l'éloquence et l'histoire sont
choses distinctes, que la plupart des qualités de l'une
deviennent chez l'autre des défauts, que leurs procédés
diffèrent et même les principes sur lesquels elles reposent,
l'historien écrivant pour raconter et non pour prouver[1],
ce qui revient à dire que, si l'orateur vise à la vraisemblance, l'historien doit poursuivre la seule vérité. Rien
de plus juste que ces réflexions. Mais à Rome, il était
difficile qu'il n'y eût pas confusion entre l'éloquence et
l'histoire. Les historiens, tous partis de l'étude et de la
pratique de l'éloquence, ne pouvaient modifier leur manière de la veille et appliquaient nécessairement au nouveau genre leurs habitudes d'orateurs. Comme d'autre
part, même à l'époque républicaine, éloquence et rhétorique avaient toujours tendu à se confondre, et que sous
l'Empire l'éloquence avait bel et bien fini par n'être plus
que la rhétorique, on voit le résultat : c'était la rhétorique introduite ou même versée dans l'histoire.

1. *Inst. Orat.*, X, 1, 31.

Elle y était versée avec toutes ses mauvaises conséquences, dont la plus générale est la poursuite de l'effet.
De là, et pour nous en tenir aux cadres de cette rhétorique, dans la recherche ou l'*invention* le petit détail imaginé, le coup de pinceau de trop, l'atteinte portée à la
vérité, dans la *disposition* le groupement factice qui, en
voulant rendre les faits plus saisissants, les altère, dans
l'*élocution* un grossissement d'expression qui les déna-
ture ou un raffinement de subtilité qui les obscurcit. J'ai
noté des traces de tout cela dans les *Histoires*. C'est l'empreinte des influences antérieures (éducation par l'école,
milieu des lectures publiques, pli professionnel dû à
vingt ou vingt-cinq ans d'exercice oratoire). Et tout cela
est, assurément, plus facile à saisir que les beautés d'une
œuvre, lesquelles, échappant d'ordinaire au procédé, ne
laissent guère surprendre leur secret et se sentent plus
qu'elles ne s'analysent. Au contraire, qui dit procédés,
dit mécanisme qu'on peut démonter. Si j'ai insisté sur
ceux-ci plus que sur celles-là, c'était la pente où le sujet,
inévitablement, m'entraînait : celui qui s'attache à déterminer les procédés, est souvent contraint à la critique
des défauts. Et puis, comment définir sans délimiter?
Or ce sont leurs défauts qui limitent les hommes[1].

Mais que l'étude dont nous sortons nous ait montré
le passé gardant une prise relativement aussi forte jusque
sur Tacite, cette constatation est pleine d'enseignement.
Elle prouve que la rhétorique a été à la fois la grande
passion des Romains et le vice essentiel de leur littérature, surtout de la littérature impériale. Sauf Pétrone,
Martial et Suétone, personne n'y a échappé.

Suétone est un érudit, un fureteur, auquel la recherche du document ne laisse pas le temps de faire des
phrases. Pétrone et Martial ont sans doute été garantis

1. Faguet, *Études littéraires sur le XIXᵉ siècle*, p. 166.

par la nature des sujets qu'ils traitaient. Peintres de la vie quotidienne et vulgaire, auteurs malsains au point de vue moral, leur réalisme a eu du moins cet avantage de préserver leur santé littéraire. Mais Juvénal a beau détester les déclamateurs et les lectures publiques, il a été déclamateur lui-même une partie de sa vie et dans ses satires continue son ancien métier. Tacite aussi se montre sévère pour les rhéteurs et n'est pas loin de reprendre à son compte le mot du censeur Crassus sur ces écoles de comédiens qui sont « des écoles d'impudence[1] ». Il ne peut faire cependant qu'il n'ait été leur élève et ne se souvienne, comme malgré lui, de leurs leçons.

Faut-il lui en tenir rigueur? Après tout, le contraire eût été étonnant. C'est merveille plutôt que, passé la quarantaine, à un âge où l'on n'a guère l'habitude de changer, il ait inauguré le grand changement littéraire de sa vie et que, l'ayant commencé, il l'ait poursuivi avec obstination jusqu'aux *Annales*, en progrès constant sur lui-même, rejetant chaque jour davantage ce poids de la rhétorique qui comprimait son essor personnel. C'est merveille aussi, et force de tempérament peu commune, que non seulement il ait pu, dès les *Histoires*, tourner souvent en beautés les défauts mêmes qu'il tenait de son temps et, préoccupé de l'effet, aboutir à d'admirables effets, mais qu'il se soit assez dégagé des liens de toute sorte où il semblait retenu, pour affirmer ses qualités propres, l'éclat de sa vision des hommes et des choses et l'audacieuse vigueur de son style. Les sensations d'art qu'il nous donne ne se rencontrent point chez les autres. N'eût-il écrit que les *Histoires*, il aurait déjà sa place à part, et aux premiers rangs, dans les lettres latines.

---

1. *Ludus impudentiae* (Tacite, *Dialog.*, 35).

PASSAGES CITÉS DES « HISTOIRES »

(L'exposant à droite du chiffre de la page indique le numéro de la note.)

I, 1, page 13[1], 14-18, 32[2], 67[1], 265[2], 276[1].

I, 2, p. 19-22, 157[2], 242[1], 266[3], 273[1].

I, 3, p. 24, 43[1], 273[2].

I, 4, p. 31[1], 35[2], 37[3], 49[2], 51[3], 86[3], 273[1].

I, 5, p. 32[3], 77[1], 96[3], 178[1].

I, 6, p. 33[1], 50[4], 51[1], 85[1], 88[2], 217[1], 277[3].

I, 7, p. 46[3], 269[4], 279[5].

I, 8, p. 15[1], 46[3], 98[1].

I, 9, p. 46[3], 78[4].

I, 10, p. 173[1], 273[1], 273[4].

I, 11, p. 131, 46[5], 53[3], 275[1].

I, 12, p. 185[1], 210[3], 270[1], 279[6].

I, 12-14, p. 63[1].

I, 13, p. 62[2], 78[3], 94[1], 247[3], 262[2].

I, 14-19, p. 64[1].

I, 15, p. 242[3], 268[1].

I, 15-16, p. 210[2], 233[5].

I, 16, p. 212[1], 212[2], 213[1], 214[1], 214[2], 280[10].

I, 17, p. 229[1], 231[1], 231[2], 265[1], 280[3].

I, 18, p. 57[2], 77[1], 210[6].

I, 19, p. 145[4], 231[3].

I, 20, p. 33, 57[4], 69[1], 69[2].

I, 21, p. 57[3], 218[3], 220[1], 221[1], 221[2], 233[1].

I, 22, p. 254[3], 257[2].

I, 23, p. 87[1], 282[2].

I, 23-24, p. 62[3].

I, 24, p. 265[3].

I, 27, p. 62[4], 75[2], 260[1], 261, 262[2].

I, 28, p. 270[4].

I, 29, p. 146[2], 207[1], 216[2].

I, 29-30, p. 218[1].

I, 30, p. 207[1], 217[2], 265[4].

I, 32, p. 188[2], 230[2], 273[1].

I, 33, p. 230[1].

I, 34 et suiv., p. 146[3].

I, 35, p. 96[3], 151[6], 178[2], 178[3], 188[4], 258[1].

I, 36, p. 128[1], 151[5], 226[1], 245[3], 270[4].

I, 37-38, p. 218[1], 218[2], 225[3].

I, 39, p. 19[1], 255[1], 265[4].

I, 40, p. 85[4], 132[7], 141[2], 161[1], 162[2], 189[2], 233[1], 239[2], 259[1], 270[4], 273[3].

I, 41, p. 62[4], 79[1], 89[4], 161[1], 162[3], 189[2].

I, 43, p. 85[4].

I, 44, p. 79[4], 80[1], 239[2], 281[1].

I, 45, p. 86[9], 188[2], 188[4], 265[1], 282[1].

I, 46, p. 253[1], 253[3].

I, 47, p. 85[3], 86[3], 88[3], 179[3], 186[5], 248[1], 252[1], 267[2], 276[3].

I, 48, p. 244[2].

I, 49, p. 175[2], 177[1], 265[1], 265[5].

I, 50, p. 41-42, 76[1], 86[7], 145[3], 146[1], 179[1].

I, 51, p. 136[3], 241[4], 247[1].

I, 52, p. 81[3], 280[3].

I, 54, p. 128[1], 259[1], 266[2].

I, 55, p. 128[1].

I, 56, p. 181[5], 268[2].

I, 57-58, p. 128[1].
I, 59, p. 193[4], 270[4].
I, 62, p. 273[3].
I, 64, p. 193[4].
I, 65, p. 219[1], 278[3].
I, 66, p. 99[5], 270[2].
I, 69, p. 231[4].
I, 71, p. 180[2], 180[3], 231[5].
I, 72, p. 62[4].
I, 73, p. 245[2].
I, 74, p. 186[1].
I, 76, p. 86[2], 186[2], 269[3].
I, 79, p. 114[1], 245[3].
I, 81, p. 146[4], 265[1].
I, 82, p. 196[2], 232[1], 258[1].
I, 83-84, p. 218[2], 226[2].
I, 84, p. 186[3].
I, 85, p. 187[1].
I, 86, p. 69[4], 245[3].
I, 87, p. 85[2].
I, 88, p. 187[2], 267[1].
I, 89, 244[3], 258[2].
I, 89-90, p. 88[4].
II, 1, p. 147[1].
II, 2, p. 147[1], 279[5].
II, 4, p. 274[1].
II, 5, p. 175[4], 245[3].
II, 6, p. 51[2], 53[2], 56[1], 192[2], 280[6].
II, 7, p. 51[2].
II, 8, p. 258[1].
II, 9, p. 263[4].
II, 17, p. 86[1].
II, 18, p. 194[1], 195[1], 195[4], 273[2], 274[2].
II, 18-19, p. 111[2].
II, 20, p. 131[2].
II, 21, p. 245[4].
II, 22, p. 86[6], 132[2], 132[4], 245[2].
II, 23, p. 100[2].
II, 24, p. 113[1].
II, 24-26, p. 108[1].
II, 25, p. 86[6], 108[2].
II, 26, p. 99[9], 194[4].
II, 27, p. 99[3], 193[4].
II, 27-29, p. 111[3].
II, 28, p. 219[2].
II, 28-30, p. 136[5].
II, 29, p. 151[2], 151[6], 194[2], 266[1].
II, 30, p. 99[3], 175[3], 195[1].
II, 31, p. 99[3], 180[1].
II, 31-33, p. 99[5].
II, 32, p. 112[1], 218[1], 245[3].
II, 33, p. 88[5], 88[6], 89[1].
II, 34, p. 254[2], 279[5].
II, 37, p. 93[1], 93[2], 193[2].

II, 40, p. 90[2], 101[1].
II, 41, p. 280[5].
II, 41-42, p. 115[3].
II, 42-43, p. 115[1].
II, 43, p. 19[1].
II, 44, p. 86[4].
II, 44-45, p. 65[1].
II, 45, p. 66[1], 90[1], 151[3], 278[2].
II, 46, p. 151[4], 279[5].
II, 46-47, p. 222[3].
II, 46-49, p. 90[3].
II, 47, p. 90[4], 218[2], 227[2].
II, 49, p. 62[4], 191[1].
II, 50, p. 57[1], 96[1], 176[4], 181[1].
II, 51, p. 70[1].
II, 52-54, p. 187[3].
II, 55, p. 187[4].
II, 56, p. 186[5], 195[9].
II, 62, p. 81[1], 81[2], 181[5], 280[9].
II, 63, p. 280[4].
II, 64, p. 96[4].
II, 65, p. 99[6].
II, 66, p. 99[4], 193[4].
II, 68, p. 181[5], 193[5], 245[4].
II, 69, p. 231[2], 251[1], 275[2].
II, 70, p. 80[3], 99[2], 127[2], 142[1], 161[3], 162[1], 256[1], 263[3].
II, 71, p. 181[5].
II, 73, p. 182[3].
II, 74, p. 70[3], 220[2], 265[4].
II, 74-75. p. 218[3], 233[1].
II, 76, p. 223[1], 268[2], 276[2], 278[4].
II, 76-77, p. 222[1].
II, 78, p. 269[3].
II, 79-80, p. 70[3].
II, 80, p. 52[3], 91[1], 232[2], 265[1].
II, 84, p. 258[1], 262[2].
II, 85, p. 275[3].
II, 85-86, p. 107[1], 148[1].
II, 86, p. 175[1], 175[2], 183[4], 251[1].
II, 87, p. 99[1], 123[2], 127[4], 161[3], 162[4], 181[5], 183[1], 284[1].
II, 89, p. 127[3], 131[1], 161[3], 162[4].
II, 90, p. 232[2].
II, 91, p. 127[4], 186[4].
II, 92, p. 247[2], 257[1], 279[4].
II, 98, p. 99[1].
II, 101, p. 93[1], 191[1].
III, 1-2, p. 111[3], 147[2].
III, 1-14, p. 101[2].
III, 2, p. 218[1], 233[2], 280[1].
III, 3, p. 195[5], 195[6], 195[7], 280[2].
III, 4, p. 254[1], 254[3], 262[1].
III, 5, p. 248[3], 249[3].
III, 7, p. 251[2].

III, 8, 102[1], 103[1].
III, 9, p. 103[2], 195[5], 248[3].
III, 10, 125[1], 128[2], 133[1], 151[1], 248[4], 252[1], 258[1].
III, 10-11, 110[2], 194[5].
III, 11, p. 111[1], 251[2].
III, 13, p. 224[1], 283[1].
III, 14, p. 104[1].
III, 15-20, p. 105[1].
III, 17, p. 127[1], 202[1], 202[2].
III, 19, p. 133[3], 195[1], 195[3].
III, 19-20, p. 110[3].
III, 20, p. 133[1], 133[2], 202[1].
III, 21, p. 106[1], 195[1].
III, 22, p. 106[3], 193[1].
III, 22-25, p. 115[4].
III, 23, p. 117[2], 245[2], 277[3].
III, 24, p. 19[1], 117[2], 133[1], 133[7], 141[1], 191[4], 202[1].
III, 25, p. 19[1], 97[2], 153[1], 245[3], 262[3].
III, 27, p. 133[8], 280[7].
III, 29, p. 93[3].
III, 31, p. 284[2].
III, 31-34, p. 161[4].
III, 32-33, p. 154[1].
III, 36, p. 182[4], 279[2], 279[5].
III, 38, p. 151[8].
III, 39, p. 205[3].
III, 42, p. 279[4].
III, 51, p. 97[3], 154[2].
III, 54, p. 182[2].
III, 55, p. 183[1].
III, 56, p. 191[1].
III, 58, p. 183[2], 188[3].
III, 63, p. 183[3].
III, 66, p. 219[4], 222[2].
III, 67, p. 142[2], 161[3].
III, 67-68, p. 137[1].
III, 68, p. 86[3], 143[1], 151[7], 161[3], 166[1], 263[2].
III, 69, p. 140[1].
III, 70-72, p. 161[5], 163[1].
III, 72, p. 164[1].
III, 73, p. 269[1], 279[4].
III, 74, p. 97[1], 260[3], 261.
III, 78, p. 258[1].
III, 80, p. 241[1].

III, 81, p. 154[3].
III, 82, p. 258[1].
III, 83, p. 41[1], 161[6], 186[3], 241[3], 279[3].
III, 84, p. 138[1], 158[2], 159[1], 269[2], 273[1].
III, 85, p. 81[6], 159[1].
III, 86, p. 176[3], 181[3], 265[1].
IV, 1, p. 241[4].
IV, 2, p. 129[2].
IV, 3, p. 186[5], 188[1].
IV, 5, p. 175[1].
IV, 6, p. 154[4], 279[4].
IV, 7, p. 218[1], 224[1].
IV, 8, p. 218[1], 225[1], 233[3].
IV, 11, p. 246[1].
IV, 12, p. 34[2].
IV, 14, p. 218[2].
IV, 15, p. 132[6].
IV, 17, p. 218[2].
IV, 22, p. 132[3].
IV, 24-27, 110[1].
IV, 25, p. 195[8].
IV, 27, p. 194[3], 196[1].
IV, 28-30, p. 114[8].
IV, 32, p. 218[2].
IV, 34, p. 97[2], 133[5], 195[2].
IV, 35-36, 110[1].
IV, 38, p. 189[1], 256[2], 269[3].
IV, 39, p. 151[1], 262[2].
IV, 40, p. 157[1], 184[1].
IV, 42, p. 223[1], 223[2], 234[1], 278[4].
IV, 43, p. 249[1].
IV, 51, p. 99[1].
IV, 52, p. 99[1], 268[1].
IV, 54, p. 165[1].
IV, 62, p. 127[1], 133[6], 184[2], 284[2].
IV, 72, p. 219[5].
IV, 73, p. 202[3].
IV, 73-74, p. 209[1].
IV, 74, p. 40[5], 54[1].
IV, 81, p. 99[1].
IV, 83-84, p. 93[2] (fin).
V, 15, p. 113[2].
V, 17, p. 132[5].
V, 20, p. 249[2].
V, 22, p. 133[4].
V, 25, p. 219[3].

TABLE DES MATIÈRES

BIBLIOTHEQUE   NATIONALE

SERVICE DES NOUVEAUX SUPPORTS

58, rue de Richelieu, 75084 PARIS CEDEX 02 Téléphone   266 62 62

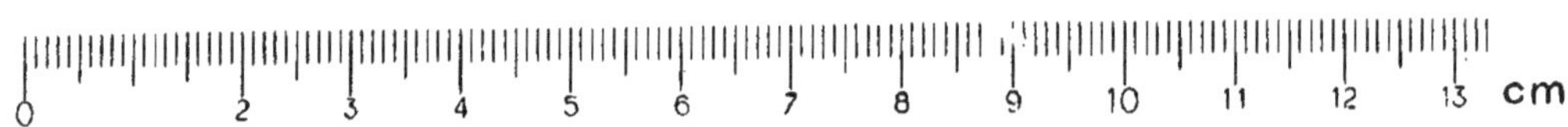

Achevé de micrographier le :   21 / 12 / 1976

Défauts constatés sur le document original

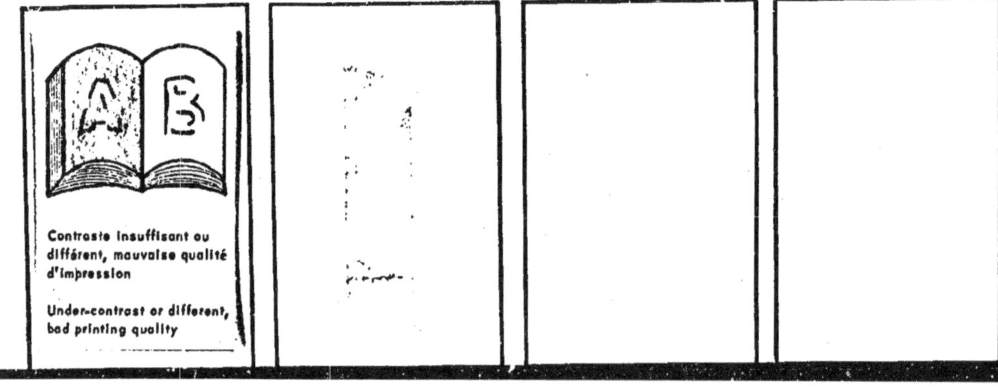